员工追随行为与创造性工作行为的关系研究

RESEARCH ON THE RELATIONSHIP BETWEEN EMPLOYEE FOLLOWING BEHAVIOR AND CREATIVE WORK BEHAVIOR

王晓燕◎著

中国经济出版社
CHINA ECONOMIC PUBLISHING HOUSE
·北京·

图书在版编目（CIP）数据

员工追随行为与创造性工作行为的关系研究 / 王晓燕著. -- 北京：中国经济出版社，2023.8（2025.4 重印）

ISBN 978-7-5136-7455-3

Ⅰ. ①员… Ⅱ. ①王… Ⅲ. ①企业管理 - 研究 Ⅳ. ① F272

中国国家版本馆 CIP 数据核字（2023）第 168351 号

责任编辑 杨元丽
责任印制 李 伟
封面设计 任燕飞设计

出版发行 中国经济出版社
印 刷 者 北京艾普海德印刷有限公司
经 销 者 各地新华书店
开 本 710mm × 1000mm 1/16
印 张 16.25
字 数 249 千字
版 次 2023 年 8 月第 1 版
印 次 2025 年 4 月第 2 次
定 价 69.00 元
广告经营许可证 京西工商广字第 8179 号

中国经济出版社 **网址** www.economyph.com **社址** 北京市东城区安定门外大街 58 号 **邮编** 100011
本版图书如存在印装质量问题，请与本社销售中心联系调换（联系电话：010-57512564）

自序 PREFACE

领导理论从其产生到现在可以认为是围绕着领导的特质和领导的过程而展开研究的，追随理论是在领导理论研究的过程中逐渐发展起来的。特质理论主要研究领导者身上不同程度具有的一种或一组特殊属性，而这种属性是有选择的，只有那些具有天生特质的人才能胜任领导。而过程理论则认为，领导存在于领导者和追随者相互影响的环境中，每个人都能成为领导；因为领导是一种过程，所以能从领导者的行为中观察并学习领导的相关知识。

领导特质理论的研究者首先系统地开展了领导理论研究的尝试，其研究的重心是确定能明显区别出领导者和追随者的特质，特质理论激起了研究者们想弄清楚特质是如何影响领导的兴趣，研究者们发现个性特质与领导者个人洞察力有着紧密的联系，而柯克帕特里克和洛克（Kirkpatrick and Locke，1991）则认为有效领导者在一些重要方面确实与众不同。史托迪（Stogdill，1948，1974）鉴别出了一些重要的领导特质，他的研究表明，扮演领导角色的个人与团队成员在以下八种特质上有所不同：智力、警觉性、洞察力、责任心、主动性、毅力、自信和社交能力。1974年，史托迪通过调查确定了与领导积极相关的性格特点：责任感以及完成任务的动力、完成目标的精力和毅力、解决问题时的冒险精神和创新精神、在社会情境中勇于创新的主动性、自信心与自我认同感、愿意接受决定和行动后果、愿意缓解人际压力、愿意忍受挫折和延误、影响他人行为的能力、为实现目标而建构社会相互作用系统的能力。从事这方面研究的学者还有很多，到了20世纪90年代，研究者们开始关注与“社会智力”相关的领导特质，这种能力表现为能理解自己和他人的情感、行为和想法，行动得体（Marlowe，1986）；扎卡罗（Zaccaro，2002）把社会智力定义为社会意识能力、社会才智、自我监控能力、在突发状况和社会环境下给予最适合的回应的能力。大量的实证研究表明，这些能力是是否具有有效领导的关键特质，因而美国学者诺斯豪斯（Peter G. Northouse，2012）将领导特质总结为如下五种：智力、自信、决心、诚实正直、社交能力。进而有一批学者将大五人格因素——神经质、外向性、开放性（智力）、宜人性和尽责性（可靠性）与领导特质联系起来，荣格等（Juge，Bono，Ilies and Gerhardt，2002）发现大五人格特质和领导之间有着紧密的联系，具有某种人格特质似乎与成为有效的领导者是有关系的，外向性与领导的关系最紧密，它是有效领导者身上最重要的特质；依次排在外向性后面的是尽责性、开放性和低神经质；而宜人性人格特质与领导的关系不大。很明显，有关领导特质方面的研究成果都过于主观，注意力与焦点集中在领导者的特征本身，所关注的是领导者与追随者之区别，并未关注组织中的另外一个主体——追随者，这个主体被忽视或忽略了。然而，追随者在领导过程中、在领导的形成与发展中起着重要作用，在领导实现组织目标中起着不可或缺的作用。这类研究也没有重视领导效果与有效性、没有关注领导者所面临的情境因素，而这种情境因素则与有效领导密切相关。

领导过程理论则关注的是领导行为与领导情境，主要理论成果包括领导行为理论、权变领导理论等。

领导行为理论研究主要集中在领导行为的两个方面：领导职能和领导风格。对领导职能的研究是从使组织有效地运行和领导所要履行的职能角度来研究领导的行为特征；领导者风格研究则关注领导者指导和影响追随者的过程，领导者所乐于表现的各种行为方式。二战以后，有关领导理论的研究集中于推动追随者朝向目标的领导者行为。在俄亥俄州和密歇根大学，弗来里曼和他的同事们（Fleishman，1953；Stogdill，1950）对领导者的行为进行了全面的研究，这些研究集中于两类领导行为：那些专注于任务和工作情境（例如，指示性的和目标导向的行为）的领导行为和那些专注于领导者与追随者之间关系（如关系导向的行为）的领导行为（Judge，Piccolo and Ilies，2004；Korman，1966）。事实上，后者被俄亥俄州研究人员称为“关怀”行为，表明领导者可以通过显示对追随者的关心和关注激励追随者获得更高水平的任务绩效。俄亥俄州立大学的研究认为，领导者风格的核心是领导者为追随者提供组织任务结构，并培养其去完成任务，研究集中于两种最基本的领导行为类型：“定规”（initiation structure）行为和“关怀”（consideration）行为。定规行为主要是任务行为，包括组织工作、根据工作情境设立工作结构、界定角色责任、计划工作事务等；关怀行为主要是关系行为，包括在领导者和追随者之间建立起同志般的友谊、互相尊重、信任和喜欢。他们的研究表明，这两种行为是显著的、独立的，是两个不同的连续体。一个领导者可以有较高的定规行为或者较低的关怀行为，而另一个领导者则可以有较低的定规行为或者较高的关怀行为。许多研究是为了确定哪种领导风格在特殊情境下最有效：在有些情境下，高的关系行为最有效，在另一些情境下，高的定规行为最有效，还有一些情境是两种行为都强，这是最佳的领导形式。密歇根大学的研究则特别关注领导者的行为对小团体的影响，将领导行为划分为两种——员工导向（employee orientation）和生产导向（production orientation），研究这两种独立的领导行为的最佳组合，使得这些行为对追随者的满意度和绩效产生最大的影响。著名的管理行为模型就是领导方格法（模型），解释领导者如何通过“关心生产”（concern for production）和“关心人”（concern for people）两种因素来帮助组织实现目标。在这个模型中，横轴代表领导关心生产结果的行为，竖轴代表领导关心人的行为，领导方格法描绘了五种主要的领导风格：权威—顺从型（9，1）、乡村俱乐部型（1，9）、贫乏型（1，1）、中庸型（5，5）、团队型（9，9）。不难看出，相关学者的这些研究的本质是，领导者仍然只是导致追随者采取行动的杠杆，追随者依然是组织中被动的一方，研究者忽视了追随者在组织中的作用及其在形成领导者与领导过程中的作用。

领导研究发生的一个重大转变被称为情境或权变模型、权变领导理论，它主要关注的是具体情境中的领导。其基本假设是：不同的情境需要不同的领导行为，要求领导者的领导风格要与追随者的能力和积极性相匹配，有效的领导者能够认识追随者的需要，然后调整自己的领导风格以满足这些需要。这种权变领导理论将追随者看作一个情境因素，领导者需要操纵追随者以获得特定的结果（Fiedler，1967；Hersey and Blanchard，1977）。领导者和追随者之间在重要性归因上是不平衡的，Vroom 和他的同事提出的决策 / 规范理论（Vroom and Jago，1978；Vroom and Yetton，1973）就是一个最好的例子，根据他们的理论，只有在特定的情况下领导者才要求在决策过程中带入追随者，领导者负责做出团体的决策，只有到了必须让追随者协作行动选择过程的某种程度时，决策过程才包含追随者。这就是说，在权变理论中，追随者是领导的一种情境，但没有提出领导者与追随者是互为因果的存在，追随者在组织完成任务中只是被动的一元，学者们依然认为领导者也还是追随者采取行动的杠杆。

魅力型领导理论强调追随者对领导者情感的反应，其研究重心也几乎完全集中在领导者这个组织二元中的一元上。豪斯（Houes，1976）在魅力型领导理论中提出，魅力型领导者的行为是独特的，对他们的追随者有特殊的魅力影响，其个性特征包括：强烈的支配欲和影响欲、自信、很强的自我价值观。Conger 和 Kanungo（1987，1988）专注于魅力型领导显示的自信和为激励追随者设计的清晰的愿景；魅力型领导成功的另一个关键是对追随者的敏感性。近年来，魅力型领导者的追随者受到了人们的关注，例如，Shalit、Popper 和 Zakay（2010）研究表明，魅力型领导的动机和追随者的人格特质之间存在相互作用。

20 世纪 80 年代中期，Bass（1985）提出了一种范围更广、更加完善的变革型领导理论。当前变革型领导理论是最流行的领导理论（Bass and Riggio，2006），这种理论更多地关注追随者（而不是领导者）的需求，其可以适用于那些产出消极成果的情境中。变革型领导理论认为领导者在追随者实现目标承诺和应对挑战，鼓舞、激励追随者履行职责中是有帮助的。变革型领导关注追随者的需求和成长发展的能力，实质上是领导者将看起来价值较小的追随者变成更加积极的追随者（Bass and Riggio，2006）。然而这个理论还是没有特别认识到追随者的特质和主动性。变革型领导理论关注了领导—追随关系质量的提高，但它仍然是以领导为中心的，它没有以一种更深入的方式看待追随者。变革型领导者的理论假设有一定的进步，但还是忽视追随者及追随行为，追随者及其追随行为只是领导者发挥作用的工具。

通过以上分析，不难发现，其实人们早就知道追随者和追随对领导是必不可少的，尽管如此，直到最近的有关领导理论的研究才对追随者及追随行为有了一定的关注（Baker，2007；Bligh，2011；Carsten，Uhl-Bien，West，Patera and McGregor，2010；Kelley，2008；Sy，2010）。当考虑到追随者时，他们被认为是领导影响力的接受者或调节者（即以领导为中心的观点）（Bass，2008）；或者被认为是领导者和领导力的构造者（即以追随为中心的观点）（Meindl，1990；Meindl，Ehrlich and Dukerich，1985）。追随者通过实施追随行为成为领导过程中的关键组成部分，但有关领导理论研究的大部分文献依然忽视了对追随者作为二元组织中另一元的研究。对追随研究的忽视主要是因为对追随构念和追随与领导关系的混淆及误解，人们没有完全认识到领导是在人与人之间的社会关系和相互作用中共同创造的一个过程（Fairhurst and Uhl-Bien，2012）。在这个过程中，有了追随者及其追随行为才产生了领导，没有追随者及其追随行为就没有领导者及领导行为。也就是说，追随行为是领导过程的一个重要组成部分，追随行为代表愿意在某种程度上听从另一个人，并共同完成组织的目标，领导者与追随者都是在为组织目标而共同努力。领导者与追随者的个人目标可能不一致，但他们都通过组织目标的实现来实现自身的目标。

20 世纪 80 年代出现的领导—成员交换（LMX）理论，把领导定义为一种过程，其关注的是领导者和追随者之间的相互作用（interactions），将领导者和追随者之间的这种二元关系（dyadic relationship）视为领导过程的核心。领导—成员交换理论强调领导是建立在领导者和追随者之间的一个交易或交换基础上的思想（Graen，Novak and Sommerkamp，1982；Graen and Scandura，1987；Liden，Sparrowe and Wayne，1997），即领导过程是领导者与追随者之间相互交易的过程。LMX 理论专注于领导者和追随者如何一起形成并产生有效领导的高质量的工作关系的结果（Graen and Uhl-Bien，1995）。早期的垂直二元（配对）联结研究将这些追随者描述为帮助领导者应对工作中任务挑战的值得信赖的助手（Dansereau，Graen and Haga，1975）。后来的研究集中于当他们在高质量关系背景下合作时，追随者如何作为领导者积极的合作伙伴进行合作（Uhl–Bien，Graen and Scandura，2000）。虽然 LMX 理论承认了关系过程中的追随者，但它仍然给予领导者作为关系建立过程驱动者的特权（Uhl–Bien et al.，2000），领导者与追随者在二元关系中具有不对称关系，领导者是这种关系中的主动者和驱动者。

随着学者们对追随者及追随行为在领导理论研究中的重视，有关以追随为中心的研究就出现了。DeRue 和 Ashford（2010）描述追随行为是授予另一个人领导者身份和声称自己为追随者身份。Uhl–Bien 和 Pillai（2007）把追随行为称作某种形式的对领导的顺从："如果领导是积极地影响他人，那么追随就是允许自己被影响。"Shamir（2007）认为，追随相对于领导十分重要，从而否定了共同分享领导的构建："只有当一个个体（有时是两个人或一个小团体）对他人施加不对称的、非强制性的影响时，领导才是存在的。"追随对领导的重要意义表明，如果没有理解追随本身，那么对领导概念的理解就是不完整的。这样，在研究领导过程中的追随者和追随行为的性质和影响时逐渐形成了追随理论。追随理论的实证研究视角有：正式的层级角色（作为追随者）和在领导过程背景下的追随（追随作为一个行为来帮助共同建构领导）。前者重点是从一个从属地位的组织成员或追随者角度来研究追随行为，后者的重点则是从追随行为与领导行为结合起来共同建构领导及其结果角度来研究追随行为。

以追随者为中心的研究视角的出现，是以领导者为中心观点的一种镜像，其关注的是在构建领导者和实施领导中追随者的角色。以追随为中心的研究者认为领导是一种社会建构，领导者是在追随者认知、归因、社会认同过程中产生的，而不是天然的，领导者是在领导过程中由追随者的作用形成的。Meindl 和他的同事研究发现，西方文化特别关注作为团队过程主要因素的领导者的领导，他们称之为"领导艺术"，将领导描述为追随者们创造的一个社会建构（Meindl，1990；Meindl et al.，1985），在很大程度上这是一个社会心理过程。关于魅力型领导理论，Meindl（1990）还提出了一个"社会传染"的过程，即追随者在压力或兴奋时体验到高度的集体唤醒，传染源来自领导者，当团队朝着实现目标迈进时他们就会发现领导者充满魅力。内隐领导理论（Implicit

Leadership Theory，ILTs）的研究也持有追随者为中心的观点（Eden and Leviatan，1975；Phillips and Lord，1981；Rush，Thomas and Lord，1977）。内隐领导理论研究提出追随者有对领导者行为的信念和图式，这种信念和图式影响着追随者对领导有效性和规范性的评价（如“好”或“坏”），影响了领导结果的归因及归因程度。他们使用这些图式来编码领导信息，作为“组织意义上的”基本要素（Weick，1979，1995）。追随者的内隐领导是通过社会化和过去的经验形成的（Epitropaki and Martin，2004；Schyns and Meindl，2005），当追随者将领导行为与记忆中已存的领导分类或原型相匹配时（Lord，1985），领导（角色和行为）就被激活。领导的社会认同理论桥接了以追随者为中心的观点，它认为领导有效性依靠追随者与领导者合作的动机以及领导者影响追随者的能力（Chemers，2001；Hogg，2001；Van Knippenberg and Hogg，2003；Yukl，2001）。作为群体行为理论的社会认同领导理论的核心宗旨是：人们（领导者和追随者）自我概念的一部分源于他们所归属的社会团体（或自我分类），即他们所意识到的“自我”是其所属社会群体的自我（Hogg and Reid，2006）。这种对群体的认同增加了群体原型对个体行为的影响力。当一个人强烈认同一个群体，或者强烈地渴望被接受时，他就在努力增加自我评价好感度中提升了群体原型的一致性。从这个角度来看，领导成为群体的一个结构特征，它产生于自我分类和基于原型的人格解体过程（Hogg and Terry，2000）。这个过程和关系的观点是一致的，将领导者和追随者的角色看作相互依存地内嵌在一个以群体成员为界的社会系统中（Hogg，2001）。然而，社会认同理论家指出，群体原型可能至少和拥有广泛地关联于一个特定领导类型的特质一样重要。在一个群体中，层次结构成为其他群体成员（追随者）授予一名群体成员（领导者）的一个奖励，因为该名成员代表最典型的原型（Hogg，2001）。在这个方面，社会认同理论可以被认为是一个以追随者为中心的理论，因为群体接受的原型行为创造了领导者操作和创新权限的边界条件。社会认同理论是对领导者认同的理论，是由追随者对领导者认同的领导理论，也就是说，没有追随者就没有领导者。

综上所述，研究领导理论的学者一直认为领导是发生在领导者和追随者之间相互作用的一个过程。当我们追踪从以领导者为中心的研究到以追随者为中心的研究，再从以追随者为中心到关系观的明显进展时，就必然会得到如下认识，即领导是领导者和追随者之间在组织情境中共同建构的过程，领导者是被追随者建构出来的。现在人们普遍认为，如果不考虑领导过程中追随者的作用，则不能完全理解领导。

现有的研究都止步于组织中领导者与追随者及二者行为的二元关系中，并未进一步研究这种二元关系的目的，似乎完全忘记了领导是组织的领导、追随者是组织的成员。特别是有关追随理论研究的最新进展都集中在追随者中心问题上。而领导过程理论十分重视领导的本质——组织目标与工作绩效。本书的观点是在领导理论的研究中，对领导特质理论、领导风格理论、领导情境理论、领导权变理论的研究是一种对领导本质研究的深化，体现了领导的真实性是与组织目标相关联的；而在领导理论的研究中，从领导中心理论的研究到追随者中心理论的出现是对组织二元性、领导形成过程的本质的揭示与还原，无疑是更大的进步。

但是目前在有关追随理论本身的研究中，人们的重点还是追随者、追随行为、追随者在领导形成过程中的作用以及在领导过程中追随者的行为。本书认为这是不够的，因为追随者的追随行为是在组织中的追随行为，这种追随行为不仅在组织领导形成中发挥作用，更重要的是在组织的目标实现中发挥作用。领导者的追随者是组织的成员，其追随行为是在完成工作中表现出来的，或者说追随行为是表、工作行为是里。然而这方面的研究还是没有在文献中明确体现出来，本书试图在这方面进行研究。

本书试图揭示追随行为的本质，并将追随行为深化到工作行为层面。本书认为作为组织成员的追随者的行为是一种计划行为（TPB）。根据LMX理论，组织中的领导—成员交换的质量是不同的，那么，为什么会出现这种现象？同样都是追随者，为什么在领导过程中，在为组织工作的过程中会形成“圈内人”和“圈外人”，而且领导与成员交换的质量有高有低？现有理论不能给予很好的解释，只是当作存在或事实进行研究，本书认为这是因为组织中成员的追随行为是一种“计划行为”，是理性行为，是一种考虑了追随行为控制的追随行为，这可以说是一种假设，而这种假设可以很好地解释作为追随者的“圈内人”和“圈外人”的形成问题，也可以解释领导者与成员交换中的质量高低的问题。本书经过实证研究，对这种假设进行了检验，得出结论：组织中员工的追随行为是计划行为。

基于计划行为（TPB）的有效追随行为可以产生追随者内在动机，并将其转化为或衍生为工作行为，创造性地或常规地完成工作。其核心是追随者在组织目标实现中的积极参与行为和非盲从行为，而这种积极参与行为是由于追随者对组织及其领导的认同感所导致的，换言之，是追随者在长期的组织活动中与组织中的领导者相互认同，这种认同一方面是由于追随者个人的各种层面的需要，另一方面是久而久之会产生并增强追随者与组织及领导者之间的情感关系所导致。也就是说基于计划行为理论（TPB）的追随者有效追随行为可以强化追随的内在动机。追随者在内在动机的驱使下，会为组织着想、为领导着想，为实现组织目标而不懈努力，并将追随行为转化为工作行为表现出来，（不同程度地）创造性地完成工作。Amabile（1997）指出，“这种内在动机的创造性原则不仅适用于科学创造性，而且适用于商业创造性”，“有大量证据表明，当人们主要出于内在动机时，他们将是最有创造性的，而不是出于外部动机的预期评价、监督、与同龄人的竞争、上级的指示或奖励的承诺”，“创造性是创新的第一步，就是成功地实施那些新颖、合适的想法，而创新对于企业的长期成功绝对至关重要”。

本书分析了有效追随行为的不同维度与创造性工作行为的不同维度之间的关系，基于社会交换理论、内在动机理论，分析有效追随行为所衍生的工作行为的性质及维度，进而揭示有效追随行为与其所衍生的创造性工作行为之间的内在关系。在有效追随行为中区分了两个不同的维度，即积极参与追随行为、非盲从追随行为；在创造性工作行为中区分了激进创造性工作行为、渐进创造性工作行为及非创造性常规工作行为。提出了有效追随行为（两个维度）与衍生创造性工作行为（三个维度）之间关系的假设，并通过本书的样本数据进行了检验与确证，其核心是追随者的有效追随行为可以衍生出不同的创造性工作行为。同时引入了研究组织支持感与包容型领导两个变量作为组织氛围的变量，以探讨这两个变量在有效追随行为与员工创造性工作行为之间的作用，论证了组织中的包容型领导、组织支持对有效追随行为（两个维度）与衍生创造性工作行为（三个维度）之间关系的调节作用，提出相应的假设，并通过本书的样本数据进行检验，使相关假设得到确证。发现组织支持、包容型领导这两个组织因素在有效追随行为的不同维度与衍生创造性工作行为的不同维度之间的调节作用是不同的，即组织支持与包容型领导对积极参与追随行为与（激进与渐进）创造性工作行为之间的关系具有正向强化的调节作用，而对非盲从追随行为与（激进与渐进）创造性工作行为之间的关系具有负向（弱化）调节作用。

本书的研究工作所取得的成果，具有如下管理启发性：①组织中追随者的（激进与渐进）创造性工作行为与追随者的积极参与追随行为和非盲从追随行为正相关，这个结果所给出的管理启示是，追随者积极参与行为越强，越有利于其激进（原创）创造性工作行为；其次有利于其渐进创造性工作行为，同时追随者还应具有一定程度的非盲从性。②追随者积极参与追随行为与激进创造性工作行为的正相关性相比其与渐进创造性工作行为较强，追随者非盲从追随行为与激进创造性工作行为的正相关性相比其与渐进创造性工作行为较弱。其管理启示是，在有效追随行为中，非盲从追随行为的得分高反而创造性的程度下降，即在一定条件下，非盲从追随行为过分则不利于追随者的创造性工作行为。③组织中追随者的非创造性常规工作行为与其有效追随行为中的积极参与行为负相关，与非盲从行为无显著相关。这个结果表明，如果一个追随者的工作行为是非创造性的，这是因为，其不具有积极参与性追随行为，也就是说，当追随者不愿采用积极参与追随行为时，其工作行为就往往是非创造性的常规工作行为。所以，组织中的领导一定要设法使所有的组织成员都成为积极追随者，具有积极参与的追随行为，这样才能更好地实现组织的目标。④组织支持感会强化追随者积极参与追随行为与创造性工作行为之间的关系，会弱化非盲从追随行为与创造性工作行为之间的关系。其管理启示是，对于采用（激进或渐进）创造性工作行为的追随者而言，当组织期望提高追随者积极参与追随意愿时，可以强化组织支持；反之，当组织希望增加追随者非盲从工作行为的作用时，可以淡化组织支持。可以通过增加追随者的组织支持感来强化参与性追随行为对创造性工作行为的作用，也可以通过降低追随者的组织支持感来增加追随者非盲从追随行为对创造性工作行为的作用。⑤包容型领导会强化积极参与追随行为与创造性工作行为之间的关系，会弱化非盲从追随行为与创造性工作行为之间的关系。其管理启示是，对于采用（激进或渐进）创造性工作行为的追随者而言，当组织期望提高追随者积极参与追随意愿时，领导者应该提高自身的包容性；反之，当组织希望增加追随者非盲从工作行为的作用时，领导者的包容性可以适当降低。可以通过增加领导的包容性来强化参与性追随行为对创造性工作行为的作用，也可以通过降低领导包容性来增加非盲从追随行为对创造性工作行为的作用。⑥组织中采用非创造性常规工作行为的追随者，其感知不到组织支持与领导的包容性，原因在于其采用的是非有效追随行为。其管理启示是，其一，要想调动所有追随者（员工）的创造性工作动机，使其在工作中都有一定程度的创造性，首先要使其产生内在的追随动机，促使其积极参与追随行为，使其产生有效追随行为，进而衍生出创造性工作行为；其二，要使这类追随者感知到组织支持与领导包容性，调节这类追随者有效追随行为对创造性工作行为的作用强度。

本书是在笔者博士论文的基础上修改完成的，就研究本身而言无疑存在许多不足，现在呈现在大家面前，希望得到批评指正。

王晓燕于西安航空学院

2022年12月

目 录 CONTENTS

第 1 章

绪　论

1.1 选题背景及问题提出

领导与追随是现实组织的基本规定，很难想象一个只有追随者没有领导者的组织，同样也很难想象一个只有领导者而没有追随者的组织，正如Dvir和Shamir（2003）指出的，没有追随者，就没有领导者。一个企业领导有非常好的发展战略，很难想象没有追随者的追随这个战略目标就能实现。实践表明，领导者与追随者共同实现了一个事业或完成了一项任务，运作了一个组织。离开领导者及其领导，追随者就无从谈起，而离开追随者的领导者也根本不可能存在，也不可能有所作为（Carsten and Uhl-Bien，2013）。

在组织中，领导者与追随者是共存的两个方面。特别是在今天，组织越来越扁平化、作业越来越多元化、权力越来越分散化，追随者与领导者共同规定一个组织、运作一个组织，共同完成一项事业。一种以团队为基本形式的组织越来越受到重视，而团队的领导与成员之间的关系也相应地成为研究的一个热点，从而为领导与追随理论提供了新的实践素材。近年来，对追随问题的研究越来越受到重视，研究者已从对领导问题的研究扩展到对领导与追随问题的研究，进而扩展到对追随者及其追随行为的研究，再从对追随行为的研究扩展到对其他衍生行为的研究。

从数量上讲，相比于领导理论视角的研究，追随理论视角的研究还不多见，说明人们更重视组织中的领导者及其领导，而对追随者及其追随行为有所轻视。这种不对称研究来自人们的研究习惯与偏见，认为在组织中领导的重要性相比追随者的重要性更大，在组织中领导占主导地位，因而对追随者的研究显得相对薄弱，对追随者在组织中的作用及其如何发挥作用也研究得不足。人们在研究领导理论时，重心还是领导者；在研究追随理论时，一般到追随行为或追随力为止，并未将领导者—追随者—追随行为—工作行为联系起来，而是相对独立地研究。

对追随者的研究主要集中在追随者的类型、追随力、追随行为，大多是以领导为中心的研究，近年来才转而以追随者为中心进行研究（Dvir and Shamir，2003）。还有一些研究是二元对等研究，即认为领导者与追随者同等重要，因而在研究中，研究领导力、追随力等之间的关系（Carsten and Uhl-Bien，2013）。另外就是研究领导特性与追随者（组织成员）的创新行为、组织公民行为等，在这种研究中，并未将追随者作为一个主动者对待（彭坚、曹兵兵，2021），而是作为领导者及领导过程的“附带品”。

正是基于这些考虑，本书选择了这个研究主题，试图从理论上论证组织中追随者的追随行为既是一种理性行为，又是“计划行为”（TPB）；进而论证这种有计划的追随行为会转化成内在动机，转化为追随者的创造性工作行为，并探讨追随行为的不同维度与创造性工作行为不同维度之间的内在关系。

1.1.1 实践背景

在现代组织中，无论采取哪种形式，组织中二元性是没有发生变化的，依然可以分为领导者和追随者。决策权分散化导致的目标不一致、成本与知识向上传递导致的机会与时间成本的均衡决定了组织的结构，这种组织结构是组织中追随者与领导者的二元禀性，为追随者提供了发挥能动性的空间。

本书所处的时代具有如下特征：知识经济、信息与人工智能技术、组织中人与人的交往越来越密切。知识经济表现在任何一种产业中，产品生产的知识含量都在提高；而信息与人工智能技术，使组织的生产与作业方式正在发生变化、劳动形式在发生变化，员工（追随者）的能动性在不断提高；与此对应的是组织中成员的受教育程度不断提高，员工的流动性不断增强，对组织的选择性越来越多。所有这些变化都使组织中的领导与成员或领导者与追随者之间的关系发生变化，同时组织中的领导者与追随者对组织的作用也在发生变化。

变化之一是组织领导者的权威性正在从绝对走向相对。随着决策分散化、组织团队化，团队中的追随者对团队领导的追随行为的作用越来越大：一方面，追随者与领导的心理距离减小、平等性增加，从而对领导者的影响也在加大；另一方面，在团队中的追随行为表现为更为积极的追随行为，即不仅要积极地参与团队的工作、完成团队的目标，特别是追随者会发挥自己的主观能动性创造性地工作，还要不盲从，具有独立思考与判断能力，充分发挥自己在组织和团队中的作用。新东方创始人俞敏洪及其追随者（合伙人）徐小平、王强就是一个团队，在这个团队中，俞敏洪与徐小平、王强实际上是在一个相互作用过程中，由追随者徐小平、王强等塑造了领导者；徐小平、王强作为追随者，实际上的积极的追随者，参与新东方的创建，他们与俞敏洪的意见有时并不一致（甚至会吵架）①，然而他们创造性地创立了新东方。

变化之二是组织成员或追随者正在从被动追随走向积极主动的追随。这种积极主动的追随表现为在组织目标的引导下，组织成员即追随者创造性地完成工作，而不是常规性地、仅仅是照章完成工作。这一方面是由于现代组织的工作与传统组织的工作相比性质发生了质的变化，现代组织中的工作的知识性越来越强，而组织中的成员则是相关知识的承载者；另一方面组织成员特别是团队型组织成员的分工合作，要求决策权前移、下移。这就为组织的追随者在积极参与组织的条件下创造性地完成工作提供了空间，而成员会将创造性地完成工作作为追随行为的一种具体表现。

在这种实践背景下，本书不得不思考：成功的组织中领导者与追随者这种二元关系正在发生什么变化？追随行为是仅仅对领导者的追随吗？什么样的追随行为才是有效的追随行为？什么样的领导者与追随者的关系最有利于组织的发展？

1.1.2 理论背景

被后世称为组织理论之父的马克斯·韦伯论及正当性与支配时，认为

① 1995年，新东方的学生已经发展到了15000人，俞敏洪已经不再考虑出国的事情了，同为北大教师的徐小平和北大同学王强回国加盟新东方。三人号称新东方的“三驾马车”。参见：俞敏洪.在痛苦的世界中尽力而为［M］.北京：当代中国出版社，2019：74.

组织中的领导者与其成员之间是一种支配与被支配的关系，只不过他用支配与正当性来度量领导者对其成员的支配，提出了一套官僚组织的体系与理论框架（马克斯·韦伯、阎克文，2010）。显然在他的理论中组织中的领导者与追随者之间是依靠权威与服从相互作用的，领导者与追随者之间是支配与顺从的关系[①]。

20世纪80年代之前，追随研究主要是从领导者的视角来探讨，追随者被认为是领导者的附属品，是领导者实现其效能的手段（Wortman，1982），这种追随理论还是以领导者为中心的消极追随理论。领导—成员交换理论（LMX）则采用了另外一种方法，即把领导定义为一种过程，关注的是领导者和追随者之间的相互作用，是一种二元相互作用理论（VDL），领导者与整个工作群体的关系被视为一系列垂直二元体。在评估这些垂直二元体的特点时，研究者们发现两种基本的联系：一种是基于扩大的和协商的角色的职责（额外职责），被称为圈内人（in-group）；另一种是基于正式的雇用合约（规定职责），被称为圈外人（out-group）。显然，这种理论是将领导与追随作为一个二元体，发现了其中的积极追随（in-group）与消极追随（out-group）关系的形成机理（Dansereau et al.，1975）。但是这些理论无论如何，都是以领导为研究的中心，研究的是在领导者与追随者这个二元体系中领导形成及其与追随的关系，未能把追随者及其追随行为的产生与持续作为研究的中心议题。

尽管LMX理论取得了非常好的成果，在解释组织中领导与成员的关系方面具有独到性，而且很成功，但是还有很多疑问：其一，为什么在一个组织中，有些追随者是圈内人，而有些追随者是圈外人？如果一个组织中的人都是理性的，为什么有些人的追随是主动行为，而有些人则是只按契约（被动）完成任务行为？其二，LMX理论解释并分析了圈内人、圈外人，认为领导与成员之间的交换质量不同是由于受资源限制而导致的领

① 韦伯认为，支配就是某些具体命令（或全部命令）得到既定人员群体服从的概率。就这个意义而言的支配（“权威”）可能会建立在极为不同的顺从动机之上。统治一个数量可观的人员群体，通常需要一个班子，这是一个通常能够受托执行总体政策和具体命令的特定群体。这个行政班子的成员定会出于习俗、情感纽带、纯粹物质上的利益、情绪、观念动机而服从他们的上司（或上司们）。参见：马克斯·韦伯.经济与社会：第一卷［M］.上海：上海人民出版社，2010：318-319.

导与不同追随者发展差异化社会关系（Rockstuhl et al.，2012；祝振兵等，2017），但这种解释是从领导对成员的选择角度来看的，把 LMX 看成是单向的，并未解释同样都是具有理性的追随者，为什么有些人选择了高质量的领导成员交换成为圈内人，而有些人则选择了低质量的领导成员交换成为圈外人。其三，为什么组织中有些人开始是圈外人，后来成为圈内人，而有些人开始是圈内人，后来选择了退出成为圈外人？这些因素可能与追随行为控制有关。

随着研究的不断深入，逐渐出现了以追随者为中心的积极追随理论的研究，这可以认为是一种重大的转变。基于追随者视角的追随研究认为，追随者是一个积极的角色，是能够塑造领导者的一种积极存在，通过对领导胜任力的感知来决定反馈（Hollander，1992，1995），进而塑造领导者。对追随者积极观点影响最大的学者主要是 Kelley 和 Chaleff，在组织中多数领导者同时也是追随者的现实让 Kelley 认识到了追随者的重要作用，他认为积极有效的追随者既有独立、批判性的思维，又有积极参与的行为（Kelley，1992；Chaleff，2008）。Chaleff 认为追随者是积极的、有勇气的（Chaleff，1997，2009）。Kelley 和 Chaleff 的研究为积极追随理论打下了坚实的基础。后来有关学者基于此研究成果，将追随相关的概念量化为变量，取得了许多研究进展：彭坚等（2016）研究积极追随特质与工作产出之间的关系；凌茜等（2019）则研究领导类型与有效追随行为的特征，特别是与公仆型领导相关的有效追随行为的特征，显然他们注意到了追随行为与领导类型之间的匹配关系，从某种侧面指出追随者对其领导是具有选择性的，即追随是一种理性的决策行为；而 Carrington 等（2019）则就领导团队与追随团队相互作用过程中共识的形成机制进行研究，强调追随与被追随是一个相互认知的过程，是一个理性的选择过程；魏丽萍等（2018）认为真实型的领导导致了真实型追随，即追随行为是领导行为的一个结果，真实型的领导者作为一个下级的榜样，构建了积极的组织环境等；而 Avolio 等（2004）认为，真实型追随是一个主动过程，由追随者决定其是否追随一个领导者，根据人的行为在自主条件下的理性特征，可以认为追随者的行为并不是一种盲目的追随，而是一种理性的行为。

那么这种理性的追随行为的具体内容是什么？ Kelley（1992）在已有理论的基础上提出了“积极追随行为”的概念，这种概念将组织中追随者的追随行为划分为两个维度：其一，积极参与的追随行为；其二，追随者的批判性思维。显然在这种二维追随概念中，其所表达的是追随者与被追随对象——领导者共同为组织的目标而努力的一种关系。对领导的追随本身不是目的，追随者追随一个领导是为了提高这个领导者的最终工作绩效，提高追随者与领导者共同服务的组织的绩效。所以，这种批判性追随行为是一种对领导者的非盲从行为。本书思考这样一个问题，研究追随问题不能终止于追随行为，而应该在此基础上进一步研究追随者在组织中的创造性工作行为。

一些研究组织问题的人，已开始将组织中的追随行为与追随者的创造性工作行为相联系，例如：宋继文等（2017）研究了追随力视角下组织中员工的挑战性行为，祝振兵等（2019）分析了追随原型与团队创新行为之间的关系，李焕荣和张建平（2015）的研究结果表明，员工追随力对其工作绩效和建言行为均存在显著的正向影响。

也就是说，已有少量学者开始将组织中的追随力、追随行为的研究推向更为深入的程度——研究追随者的追随行为与其创造性工作行为的关系。但这种研究还不多，不具有深入性与系统性。

1.1.3 问题的提出

在理论与实践背景下，组织中二元关系正在发生深刻的变化。从实践中可见，组织成员与组织领导的地位与关系正在朝着平等、互利与共赢的方向发展，即成员的积极有效追随行为是组织成功的关键之一；从理论上看，组织中追随者的追随行为的相关理论不可停留在追随相关概念的演进与测量上，而是要进一步研究追随行为的结果是什么。这就启发了本书研究的主题：组织中追随者的追随行为到底是一种什么样的行为，这种行为的主要结果是什么？

结合实践背景与理论背景，本书提出需要研究的科学问题如下：

其一，在现代背景下组织中的追随者的有效追随行为是一种什么样的行为？从理论上讲，人的行为是理性支配的行为，那么组织中追随者的行为是否具有理性；如果是理性追随，那么是什么因素决定着有效追随行为，影响人们有效追随行为的因素都有哪些？本书基于 TPB 理论，猜想追随者的有效追随行为是一种计划行为，因而，试图从计划行为的范式来分析并确证有效追随行为本身的特性。

其二，在一个组织中，有效追随行为并不是追随者的目的，也不是组织的目的，组织的所有目的可以归结为实现组织目标。那么，在组织目标的引导下，这种有效追随行为会衍生出什么样的创造性工作行为，才是关键所在。所以，本书研究的第二个科学问题是：有效追随行为所衍生的创造性工作行为有哪些类型，创造性工作行为与有效追随行为的内在关系是什么，追随者的有效追随行为是如何影响其创造性工作行为的选择的？

其三，任何一个组织目标都是由其领导及组织中的支持因素与追随者协同完成的。那么，从追随者积极的追随行为到其所衍生出来的创造性工作行为还需要什么样的条件，组织中的支持因素与领导类型是如何影响追随者的创造性工作行为的，组织中的组织支持与领导行为又是如何影响有效追随行为与创造性工作行为之间的关系的？

以上三个问题的逻辑关系是：基于 TPB 理论的有效追随行为是以实现组织目标为前提，导致组织中的成员的有效追随行为体现在其工作行为中，只是不同的人在完成组织目标时其创造性工作行为的程度有所不同，这种衍生创造性工作行为受到组织支持因素、组织领导类型的调节。这就是本书要研究的主要问题。

1.2　研究的目的与意义

1.2.1　研究的目的

本书的研究目的是解答上文所提出的三个问题，从理论上进行分析与论证，并提出假设，再用调查所得到的数据进行假设检验。

其一，从理论上论证在现代组织中追随者的主动性的提高，论证追随者有效追随行为是一种什么行为。本书试图采用计划行为理论（Theory of Planned Behavior，TPB）的思路去证明，证明组织中追随者的追随行为是一种理性的计划行为，进而通过相关数据进行实证。

其二，从理论上论证基于计划行为的有效追随行为可以衍生出创造性工作行为，正是这种创造性（当然不是所有人都会去创造性地完成工作）工作行为使得领导者与追随者共同高质量、高效率地实现了组织的目标。

其三，从理论上论证追随者有效追随行为在产生衍生行为——创造性工作行为时，所需要的组织条件是什么，这些条件是什么类型的变量，其是如何影响或作用于本书所设定的自变量与因变量的。

1.2.2　研究的理论意义

本书的理论意义在于从理论上揭示以下几点：

其一，组织中积极的追随行为的前因是什么。从理论与实证两个层面证明，追随者的有效追随行为是一种计划行为，所以，有效追随行为本质上是由追随者的追随行为意图所决定的，而追随行为意图则是由追随行为态度、感知追随行为主观规范、感知追随行为控制等因素决定的。

其二，追随者的有效追随行为的后果或衍生创造性工作行为中最重要的行为是什么。应该是与领导共同合作高效率地提升组织的目标，高效率地实现组织的目标，这种行为应该是追随者的创造性工作行为。揭示追随者有效追随行为所衍生的创造性工作行为的内在结构，这些有内在结构（不同维度）的追随者创造性工作行为是如何被有效追随行为决定的。

其三，揭示组织中其他因素（如领导包容与组织支持等）是怎样影响有效追随行为与追随者创造性工作行为之间的关系的。主要分析组织支持对追随行为与创造性工作行为之间关系的影响方式，包容型领导在有效追随行为与追随者创造性工作行为之间关系中的作用，即揭示组织支持、领导包容所起的作用。

当从理论上论证了这些相关概念的内在关系之后，进而通过实证检验证明，那么，本书就会对组织中的领导与追随理论增加一点新的见解。

从追随者的积极追随行为的研究扩展到对其前因的研究，揭示有效追随行为是如何产生追随者不同类型（维度）创造性工作行为的，本书称此创造性工作行为为追随行为衍生创造性工作行为。

1.2.3 研究的实践意义

本书的实践意义体现在以下方面：

其一，当从理论上证明了积极的追随行为的前因或决定追随者有效追随行为的是追随行为意图，而追随行为意图的影响因素是追随行为态度、追随行为主观规范、追随行为控制，这就为组织影响追随者的追随行为提供了依据，为组织在入职教育、领导者与追随者互动的过程中提供方法和指导。

其二，当追随者有效追随行为的不同维度对追随者的创造性工作行为的影响不同被揭示与实证后，就可以用来指导组织中的追随者的创造性工作行为选择；当揭示了有效追随行为与创造性工作行为不同维度之间的相互关系之后，可以去引导追随者更具创造性地工作，为组织目标的实现做出更大贡献。

其三，当揭示了组织支持与包容型领导是如何影响追随者的有效追随行为与创造性工作行为之间的关系后，就可以在这些组织因素方面，有意识、有方向地进行调整，以实现追随者创造性工作行为指向组织目标的最大化，从而提高组织的效率。这样可为领导者行为选择与组织政策选择提供参考，即在什么条件下可以促进追随者的创造性工作行为，从而提升追随者的追随绩效，实现组织的目标。就是要在政策等方面提供有效支持，使追随者更愿选择创造性的工作行为。

1.3 研究的内容与方法

如前所述，本书研究的问题有三个：一是试图论证组织中追随者的有效追随行为是一种计划行为；二是只有当有效追随行为衍生出追随者的创造性工作行为时，有效追随行为才是有意义的，即有效追随行为与其衍生的创造性工作行为的关系；三是在有效追随行为与追随者的创造性工作行为之间，其他组织因素是如何起作用的。因此，本书研究的主要内容就是解决上述三个问题。

1.3.1 研究的内容

（1）研究的内容之一：基于计划行为理论的追随者有效追随行为

主要研究：追随者的追随行为态度是由什么因素所决定的，分析都有哪些行为态度的信念、信念结果的评估；追随者在产生追随行为意图时，其他社会关系是如何影响追随者行为意图的，在这里主要是指追随者认为重要的他人是如何“看待”自己的追随行为的，而这种“看待”是追随者自己的感知；追随者除了对追随结果的评估以外，还要评估自己的追随能力，或者进行追随领导所需要能力的自我评估，这就是追随行为控制。通过这些内容的研究就可以证明追随者的有效追随行为是一种计划行为。

当然在研究有效追随行为是理性特征、计划行为特征的同时，进一步分析相关概念的内涵与外延，并对这些概念的量化定义进行分析，设计出追随行为态度、感知追随行为主观规范、感知追随行为控制、追随行为意图、有效追随行为五个概念的测量量表，这也是本部分的重要研究内容。

（2）研究的内容之二：有效追随行为与追随者创造性工作行为之间的关系

组织中的追随者与领导者是由组织目标联系在一起的，所以只研究领导与追随是不够的。本书认为组织中追随者的有效追随行为既然是一种计划行为，这种计划行为应该通过一种内在机制转化为追随者的创造性工作行为。所以本书将分析有效追随行为在追随者的内心产生的内在动机是什么，在组织中追随者的角色行为是如何通过社会交换来转化为创造性工作行为的；而创造性工作行为有哪些类型，这些类型与有效追随行为不同维度之间的关系是怎样的。通过对这些内容的研究，试图证明有效追随行为只有衍生出相应的创造性工作行为才能使追随行为有意义。

同样，在这里也要对有效追随行为的衍生创造性工作行为的概念进行深入分析，并设计出相应概念的测量量表。

（3）研究的内容之三：组织中的组织因素在追随者有效追随行为与创造性工作行为之间关系中的作用

在研究组织中员工的行为时，涉及各种概念以及由这些概念所组成的理论。就本书所研究的组织成员（追随者）的追随行为而言，其衍生的创造性工作行为才是实质。那么在现有的分析中，人们将创造性工作行为与员工绩效相联系，分析影响员工绩效的因素中，主要用的是组织支持、领导支持、包容型领导等概念。本书认为组织支持与领导支持在一定程度上是一回事，选择“（感知）组织支持”，不再引入“主管”或“领导支持”的概念。另外，由于本书研究的是有效追随行为，因而追随的对象——领导者就是一个很重要的因素，所以，在本书中选择“包容型领导”作为另一个组织因素。主要分析组织支持与包容型领导是如何影响追随者有效追随行为与其创造性工作行为之间的内在关系。

同样地，在这里也要对“组织支持”与“包容型领导”两个概念进行深入分析，分析其在有效追随行为与创造性工作行为中的作用，并设计出相应概念的测量量表。

总之，本书的研究涉及组织中的领导与追随及追随者的行为等方面的 8 个概念及其内在关系的分析，还要对这 8 个概念的测量进行研究，本书将在概念内涵分析的基础上，参考前人的已有成果且吸收其精华，形成本书的测量量表。最终汇总并设计出一个供研究使用的具有信度与效度的问卷。

以上 3 个方面就是本书研究的主要内容。

1.3.2 研究的方法与工具

本书采用的研究方法主要有三种：一是逻辑分析方法；二是比较分析方法；三是统计检验方法。

理论与逻辑分析是本书的核心，通过理论进行逻辑分析来建立本书所涉及的若干概念之间的关系；分析概念之间的逻辑关系，建立一个理论模型，再提出相关的研究假设。

利用比较分析得出本书所涉及的概念与前人研究中概念之间的异同，

提炼出本书研究的有内在关系的概念体系；对概念体系中的若干概念进行量化定义，设计出测量量表。

根据本书所建立的理论模型、量表所收集到的数据，在第一阶段研究中采用 AMOS 进行假设检验；第二阶段模型则采用多元回归进行假设检验，在本书的研究中可能要设计多个多元回归模型，从而对不同层次的假设进行检验。

研究的工具主要是 SPSS 22.0 中的各种统计包、AMOS 软件包等。

1.4 研究的思路与框架

本书的整体思路是：在理论分析的基础上，建立理论模型；依据理论设计研究框架；通过调查得到相关变量的数据，最终进行实证研究；依据实证结果提出相关的管理启示。

1.4.1 研究的思路

本书的研究思路为：提出问题→分析问题（理论分析）→建立假设→假设检验→结果分析，并根据研究的问题，分两个阶段进行研究：

第一阶段，基于计划行为理论（TPB）的有效追随行为的研究；第二阶段，有效追随行为与其衍生创造性工作行为的关系研究。这两个阶段是作为一个整体在书中出现的，即把理论分析分为两个有内在关系的阶段，分别建立模型，再将两个阶段模型融合为一个统一的模型；在实证阶段也是分为两个模型进行检验，最终得出完整的检验结果。

在第一阶段分析中，首先分析组织中追随者的追随行为的理性特征，证明组织成员对其领导的追随行为是一种理性行为。由于这种理性行为在产生追随行为之前还受到追随者的追随行为控制（类似于自我效能）的影响，因而是一种计划行为。在提出追随行为是一种计划行为的总体假设下，按照计划行为模型，分析追随者追随行为态度概念的含义、感知追随行为主观规范（社会规范）概念的含义、感知追随行为控制概念的含义，分析追随行为意图概念的含义，并分析追随行为态度、追随行为主观规范、追随行为控制三个概念是如何决定或影响追随行为意图，进而影响追随行为的；在追随行为分析中，分析有效追随行为的不同维度，并建立相应的具体假设；最后设计相应概念的测量量表，通过调查数据进行假设检验。

但是组织中的追随者对领导的追随是一种过程，最终体现在创造性工作行为中，这才是追随者与领导者共同的目标，才是有意义的行为，即追随行为是一种“中间”行为，对追随者而言真正有意义的行为是通过追随行为衍生出来的创造性工作行为。

在第二阶段分析中，对创造性工作行为进行分析，提炼出创造性工作行为的不同维度，进而建立有效追随行为与创造性工作行为之不同维度之间关系的假设；再分析影响追随行为与创造性工作行为之间关系的一些组织情境变量，论证这些情境变量在追随行为与创造性工作行为之间关系中的影响作用，提出相关假设；最后设计出相关概念的测量量表，用调查数据对所提出的假设进行检验。

最后对假设检验的结果进行讨论，从中得出一些有益的管理启示。

1.4.2 研究的框架

从图 1-1 中可以看出，本书提出了三个有待研究的科学问题：其一，组织中的追随行为具有什么样的性质或本质是什么，是由什么决定的？其二，追随者的有效追随行为会衍生出什么样的创造性工作行为（因为只有创造性工作行为才是有意义的），有效追随行为与追随者的创造性工作行为之间的关系如何？其三，追随者所在组织的支持及包容型领导对有效追随行为与衍生创造性工作行为之间关系的影响如何？

本书为了解决以上三个问题，通过文献梳理对相关文献进行分析与评论，试图找出研究的思路，主要从计划行为理论、社会交换理论、内在动机理论及工作动机等理论出发，对所研究的问题进行思考，从而找出一条理论线索，把所提出的问题纳入理论中进行分析。

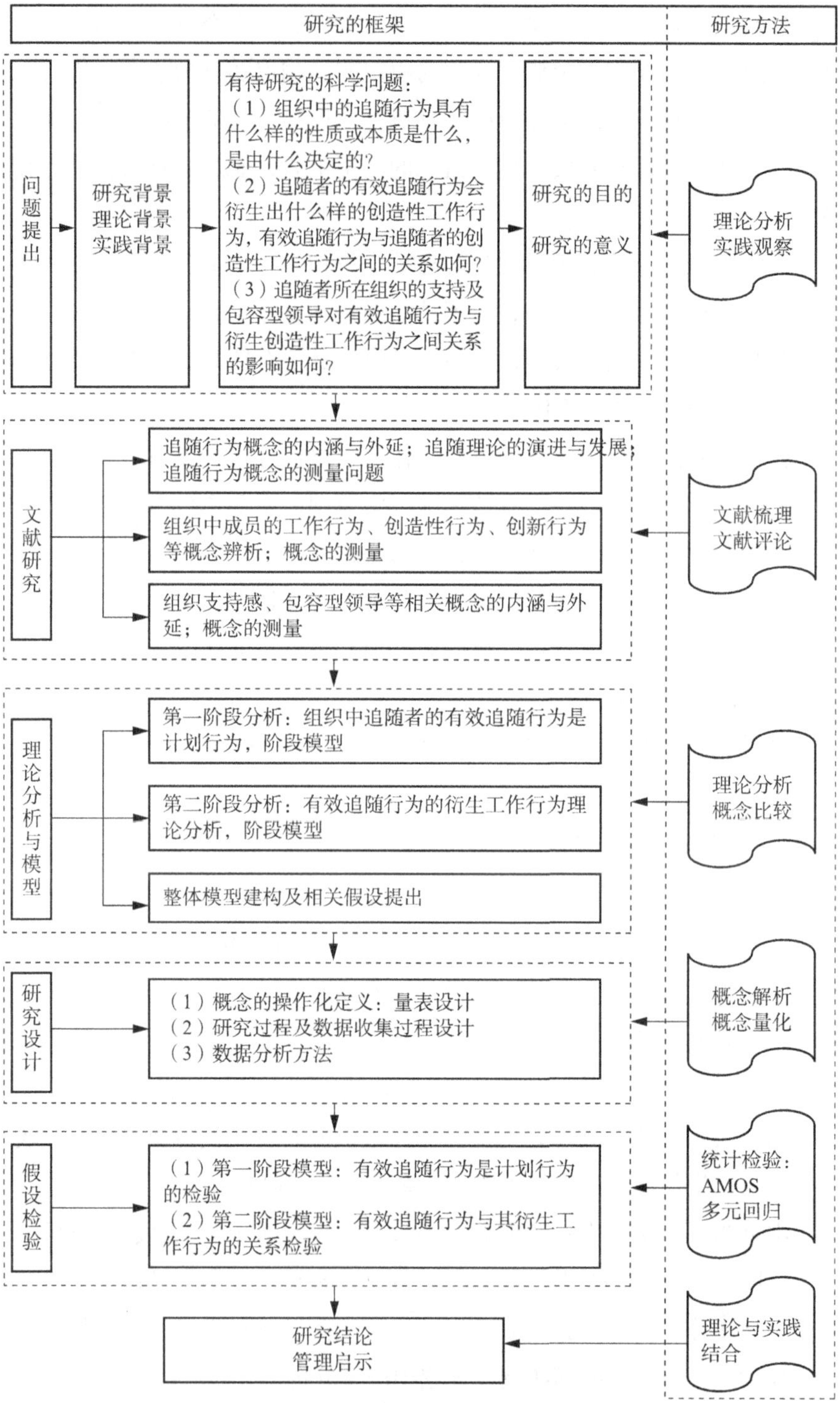

图 1-1　本书的研究构架及技术路线

在理论分析并揭示相关概念（变量）之间关系的基础上，提出相关可检验的假设；通过建立相关变量的测量维度与测量量表，在相对较为广泛的范围内进行抽样调查，用所得到的调查数据对所提出的假设进行统计检验，并对结果进行讨论。

在研究思路上主要采用问题导向。从理论上分析基于 TPB 的有效追随行为为什么比 LMX 理论更有解释力，同时不止于仅研究追随行为本身，而是研究具有有效追随行为的追随者在组织中的实质表现或创造性工作行为是怎样的，并对创造性工作行为进行深入的分析，区分出其不同的维度，将这些创造性工作行为维度与有效追随行为的维度联系起来，分析其内在关系；再引入组织支持感、包容型领导等组织中的重要变量，以期发现其对有效追随行为与创造性工作行为之间的关系起什么作用。

在研究工具上主要采用 SPSS。使用因子分析工具确定量表题项；根据文献，采用专家打分方法，设计出基本量表；抽取一定量的个案组成小样本，采用探索性因子分析工具对基本量表的题项进行分析与取舍，得出效度较高的量表；用确定的量表进行正式调查，进而采用验证性因子分析工具对所得正式样本数据的信度与效度进行检验。

在研究方法上主要采用统计检验的方法。通过问卷调查获得研究变量的一手数据，采用结构方程方法对有效追随行为之前因进行分析，以期证明有效追随行为是追随者的计划行为；进而通过多元回归对有效追随行为及其所衍生出的创造性工作行为之间的关系进行分析。这里主要引入组织支持感与包容型领导这两个调节变量，从而使得多元回归分析相比于结构方程更为清楚简洁。

1.5 研究的创新之处

本研究预期的创新之处有如下四点：

其一，提出并论证了组织中的追随者的有效追随行为是理性行为、是一种计划行为。基于计划行为理论（TPB）提出了追随行为态度、追随行为主观规范、追随行为控制与追随行为意图之间关系的假设，提出追随行为意图与有效追随行为之间关系的假设，并采用所收集到的数据进行了检验，确证了相关假设的有效性。研究中发现追随行为控制对有效追随行为的重要作用，这个发现可以解释组织中的非自愿追随（包括不追随）行为，也可以解释LMX理论中的“圈内人”与“圈外人”的存在与形成机理。即LMX理论中的“圈内人”与“圈外人”都是积极追随的结果，是追随者计划行为的结果，是由追随者理性及追随行为控制所共同决定的。

其二，基于社会交换理论、内在动机理论分析有效追随行为所衍生的工作行为的性质及维度，进而揭示有效追随行为与其所衍生的创造性工作行为之间的内在关系。在有效追随行为中区分了两个不同的维度，即积极参与追随行为、非盲从追随行为；在创造性工作行为中区分了激进创造性工作行为、渐进创造性工作行为及非创造性常规工作行为。提出了有效追随行为（两个维度）与衍生创造性工作行为（三个维度）之间关系的假设，并通过本书的样本数据进行了检验与确证。其核心是追随者的有效追随行为可以衍生出其创造性工作行为。

其三，论证了组织中的包容型领导、组织支持对有效追随行为（两个维度）与衍生创造性工作行为（三个维度）之间关系的调节作用，提出相应的假设，并通过本书的样本数据进行了检验，使相关假设得到了确证：发现组织支持、包容型领导这两个组织因素在有效追随行为的不同维度与衍生创造性工作行为的不同维度之间的调节作用是不同的，即组织支持与包容型领导对积极参与追随行为与创造性（激进与渐进）工作行为之间的关系具有正向强化的调节作用，而对非盲从追随行为与创造性（激进与渐进）工作行为之间的关系具有负向（弱化）调节作用。

其四，独立设计追随者追随行为态度、追随行为主观规范、追随行为控制、追随行为意图等概念的测量量表题项；在本书条件下修订了有效追随行为概念的测量题项，修订并完善了衍生创造性工作行为概念的测量量表。

第 2 章

文献综述

2.1　追随行为

2.1.1　从被动到积极：追随理论发展脉络

自 20 世纪初以来，对领导理论的研究已经取得了很大的进步，从早期的特质理论和行为理论，近期的权变理论，到现在各种新型的领导理论。早期的领导特质理论和领导行为理论仅仅关注领导者个人，但经过多年研究，学者们并未就领导者区别于非领导者应该具有什么样的特质、采取什么样的行为方式达成共识，现实中的领导现象很难用特质理论和行为理论解释。后来，研究者发现管理情境在领导过程中发挥着至关重要的作用，于是产生了领导的权变理论，认为领导的有效性取决于领导的工作结构、职位权力、领导与部属的关系等情境因素（Avolio et al.，2009）。随着时代的进步，领导理论产生了更加丰富的成果并呈现出多元的发展趋势，特别是自我领导理论、团队领导理论、领导的替代、共享式领导以及追随理论的发展，等等。这些领导理论的发展标志着对领导的研究已经走向相对成熟。而追随理论的兴起正是领导理论不断发展的结果，追随者的重要性也在领导研究中日益显现。

（1）以领导者为中心的追随研究

20 世纪初期，追随者被认为是领导者的附属品，是领导者实现目标的手段（Burns，1978）。尽管有许多学者注意到了追随者的作用，但仍然是从领导者的角度考虑追随者，领导者仍然居主导地位，究其原因，Alcorn（1992）认为由于受历史文化的影响，人们形成了要做领导者而不做追随者的固定思维，追随者一词常带有负面的意味；Bjugstad 等（2006）认为可能是人们普遍认为领导者比追随者更为重要，追随者本身也愿意将其成功或失败归因于领导者；Latour 和 Rast（2004）认为组织中的领导者比追随者拥有更多的权利和资源，他们的影响力更大，因而领导者备受关注。

之后，随着研究的不断深入，大家对领导者的认识变得客观和中肯，对追随者重要性的认识也更加深刻。

Sanford（1950）提出，领导是领导者和追随者之间发生的一种联系，领导者只有满足追随者的要求才能维持与追随者的关系（Hollander，1992）。Hollander 和 Webb（1955）曾提出领导与追随并不是两个相互独立的概念，没有追随者就没有所谓的领导者，领导者和追随者之间是相互依存、相互依托的关系，在此基础上，Hollander（1969）又提出领导是一个与追随互动交换的过程，领导者和追随者是双向影响的关系。Homans（1961）提出，领导者通过满足追随者物质和精神方面的要求来换得追随者的努力工作，二者之间存在一定的交换关系（Baker，2007）。

领导成员交换理论是以领导者为中心的追随研究的典型，领导成员交换理论的提出真正让研究者认识到追随者存在的意义。Graen 和 Cashman（1975）认为领导者会因为不同的下属而建立不同的交换关系，将下属区分为与领导者关系较亲密的“圈内成员”和与领导者关系较为疏远的“圈外成员”，从而进行区别对待。该理论将关注对象从领导者转向追随者，虽然该理论仍然是以领导者为中心来考量领导者与下属的关系，但还是为追随研究奠定了基础。Burns（1978）也指出，从长远来看，领导者仅是追随者的代理人，领导理论研究不应该将领导和追随分开，追随者的重要性应该得到重视。Zierden（1980）指出，领导者应该将重心放在下属身上，思考如何让下属能够自己理解组织的愿景和目标并为实现目标而努力，从而提高领导的有效性。

（2）以追随者为中心的追随研究

20 世纪 80 年代，学者们开始从追随者的视角来分析追随者，对追随者的印象也由消极被动转变成积极主动。伴随着互联网信息技术的发展，企业发展环境的复杂性和不确定性不断增大，传统意义上领导者与追随者之间的权力距离势必会拉平，对追随者的关注程度日渐提高，企业组织中的领导者与追随者之间正由“上下级关系”模式转变为“互惠合作关系”模式，人们开始重新考量领导者和追随者的重要性。

Kelley（1988）指出，追随者在组织中应该扮演积极主动的角色，积极有效的追随者既有独立、批判性思维，又具有积极行动的特征，他们能够自我管理，能够胜任组织任务要求。Kelley（1992）认为追随者是颇具才智、勇气、责任感和道德意识的人。Chaleff（1995）指出，追随者是积极的人，他们有勇气承担责任、有勇气挑战、有勇气变革、有勇气服务领导和有勇气坚持道德行为，优秀的领导者需要优秀的追随者的支持，追随者应该和领导者具有相同的地位。Kelley 和 Chaleff 是对追随者积极性观点影响最大的两位学者，他们的研究为积极追随理论打下了坚实的基础，后来学者基本上是基于此前提进行研究的。

Steger 等（1982）开始关注追随者的追随行为。Litzinger 和 Schaefer（1982）提出，好的追随者能够塑造好的领导者。Depree（1992）也断言，一个没有追随者支持的领导者将会一事无成。Hollander（1995）指出追随与领导是一个整体，追随者是能够塑造领导者的积极存在，追随者可以通过对领导者的胜任力的感知来决定反馈。

上述观点表明追随者日益受到重视，以追随者为中心的追随研究得到不断的丰富和发展。

Pearce 和 Manz（2005）指出，追随者要承担起自我领导与分享式领导的责任，他们应该包含在领导理论的发展之中。Pearce 和 Conger（2003）提出的分享式领导、Howell 等（2007）提出的对领导的替代、Lovelace 和 Alves（2007）提出的自我领导等一些理论逐渐淡化层级的影响，更加强调被领导者及其团队的作用，这些理论也构成了独立强调追随者作用的追随研究视角。Howell 和 Shamir（2005）也强调，理解追随者和理解领导者是同等重要的。Avolio 等（2009）指出，领导和追随就像事物的阴与阳，二者相互依存、不可分割，所以在研究领导者的相关问题上不能忽视追随者的相关研究。

本书正是以追随者自主积极肯定这一假设为前提，来探讨中国情境下企业员工的追随行为。然而，国内外对于追随行为的实证研究相对较少，目前尚未开展员工积极追随行为与其衍生的创造性工作行为的关系研究。

2.1.2 追随者在组织中的作用或行为

在现代领导理论中，一般认为组织是由领导者与追随者这两种主体构成的，这就是所谓的二元组织关系。在组织中领导者与追随者（或成员或员工）的作用是不同的，但都是为了同一个目标，即实现组织的功能目标。然而，不同的组织理论，由于出发点不同，所持的理论观点不同，有的将下属称为追随者，有的将下属称为员工，有的将下属称为成员，从而认为下属在组织中的作用、在与领导关系中的作用是不同的。

（1）人力资源理论语境下的员工的作用及行为

人力资源理论是组织理论的重要组成部分，其本质上也是将组织当作二元主体来对待的，但该理论一般只研究组织中的员工主体，而不研究组织中的领导主体，并将员工主体当作组织的资源来对待。人力资源是在下属的语境下，把组织中的另一元——员工当作资源对待，思路就是“管”，即如何提高人力资源的效率。当把人力作为资源时，员工在组织中的作用就是完成工作任务和工作目标，人力资源管理的目的就是提高资源的效率，具体的措施就是采用各种不同的激励措施，依据绩效进行奖惩，采用这种方式以提高人力资源的效率。

（2）追随理论语境下的员工作用及行为

追随则是强调组织中的领导与追随者之间的相互作用与互动、相互塑造的过程。没有追随者就没有领导者，这是人们公认的智慧，但在组织研究中关于领导者和领导的理论与研究非常丰富（Yukl，2012），追随者和追随行为理论却很少受到关注，直到近几年，对领导过程中追随角色的研究才越来越受到重视。当考虑到追随者时，他们被认为是领导影响力的接受者或调节者，即以领导为中心的观点（Bass，2008）；或者被认为是领导者和领导力的构造者，即以追随为中心的观点（Meindl，1990；Meindl，Ehrlich and Dukerich，1985）。

（3）追随者与下属

本书认同追随者和下属是同一行为主体的两个方面的观点（赵慧军、席燕平，2014），即下属是追随者的职位身份，下属构建了基于组织职位分工不同的职位关系，追随者是下属的行为角色，追随者构建了基于双方价值观、目标、情感等是否趋同的人际关系。职位关系不因主观意志轻易改变，而人际关系具有主观性和不稳定性的特征，只有当下属的主观感知与领导者的影响力相一致时，下属才会成为有效的追随者。领导者和追随者是相互依存、相互塑造、相互成就的（Bennis，1999），基于行为角色，追随者与领导者之间是动态的人际关系，二者角色在一定情境下可能互为转换。追随者与领导者之间的关系突破了职位等级高低的局限，追随者追随领导的动机不仅仅是因为领导者具有较高的地位、权限及较多的资源，更重要的是基于信仰和认同。

追随者的概念强调了与领导者的积极的互动关系。Kelley（1992）认为追随者具有智慧、独立性、勇气和强烈道德观念，Chaleff（2012）认为追随者是有勇气的。Dixon 和 Westbrook（2003）将追随者定义为在追求组织利益和价值中的参与者、合作者、共同领导者、共同拥护者。席燕平（2017）将追随者界定为愿意并且有能力跟随、支持领导者并据此行动的组织成员。曹元坤、许晟（2013）认为追随者是自下而上积极对领导者施以潜在影响的行为个体。周文杰等（2015）将追随者等同于下属。因此，本书将追随者界定为组织中接受领导工作指导并积极行动的员工。

通常情况下，一些学者认为组织中那些处于较低职务级别的个体是处于较高职务级别个体的追随者，然而随着知识经济和知识员工的出现以及组织内外部环境的变化，处于较高职位的个体甚至需要向处于较低职位的个体学习，在此情况下处于较低职位的个体在某种意义上甚至成为“领导者”。追随者不仅可以是基层的普通员工，还可以是管理层级的管理者，组织中的各个层级都存在追随者和追随行为，追随行为可能由处于组织任何层级的任职者表现出来，只是所表现的行为会有差异（Dixon and Westbrook，2003）。本书的研究对象是企业（组织内）员工追随行为，包括企业不同层级任职者的追随行为。

2.1.3　追随行为的概念内涵

由于研究视角不同，国内外学者对追随及追随行为的概念界定尚未统一，具体见表 2-1。

表 2–1　员工追随行为概念界定

概念描述	相关学者	内涵概括	简要评述
员工在与领导互动的过程中所表现出来的相对稳定的行为方式或者行为倾向	赵慧军（2013）；赵慧军、席燕平（2015）	追随者与领导互动中的相对稳定的行为方式和行为倾向	从积极主动的视角来解读员工的追随行为
组织中追随者与领导者、组织情境能动交互的行为	许晟、曹元坤（2012）；曹元坤、许晟（2013）；许晟（2018）	追随者与领导者和情境的能动交互行为	将追随力定义为追随者与领导者和工作情境能动交互的多维特质与行为，将追随行为包含在追随力中
优秀追随者在追随领导的过程中体现出的基本行为	周文杰等（2015）	完全指向领导的行为	将追随力等同于追随行为。从积极主动的视角来解读员工的追随行为
下属与领导互动过程中产生的一系列积极、能动的行为	罗瑾琏、闫佳祺（2019）	与领导互动中的积极行为	将追随力等同于追随行为。从积极有效追随行为的角度界定员工追随行为
追随行为取决于个人的主动参与、被动参与、独立批判性思维和依赖非批判性思维的程度	Kelley（1992）	从积极参与和独立思考两个维度理解追随	其中积极参与是典型的积极追随行为。其研究主要用于对追随者的分类
追随者有勇气承担责任、服务、挑战、变革和离开	Chaleff（1995）	勇敢的追随者行为	从行为精神角度界定。其目标是证明组织中所有层级都存在着追随行为
有关领导者的行为	Uhl–Bien 等（2014）	领导过程中的追随角色	确定了追随研究的基于角色的“反转镜头”方法和建构主义的“领导过程”方法
追随者帮助领导者承担工作责任的行为，协助领导者解决处理问题的行为，与领导有效沟通的行为	Carsten 等（2013）	针对领导者的行为	追随行为与追随者自己的工作及同事间如何互动无关，而是只与领导者有关的积极、建设性行为
有效地遵循指示并支持领导者的努力，使组织目标最大化	Bjugstad 等（2006）	遵循和支持领导者的行为	积极有效的行为

资料来源：笔者根据相关文献整理。

西方学者 Carsten 等（2013）认为追随者的追随行为是针对领导者的行为，这种行为与同事间的互动无关，是只与领导者有关的积极行为。Bjugstad 等（2006）认为追随行为是追随者遵循和支持领导者的积极有效的行为。Uhl–Bien 等（2014）指出追随行为是在领导过程中扮演追随者角色时所表现出的有关领导者的行为。Chaleff（1995）从行为精神角度界定追随行为，认为追随行为是追随者有勇气的行为，且证明组织中所有层级都存在着追随行为。Kelley（1992）则认为积极的追随行为是追随者积极参与和独立批判性思考的行为表现（Vicki，2018）。我国学者曹元坤、许晟（2013）从追随力的视角研究追随，认为追随力是追随者在与领导及情境能动交互中表现出的追随特质和追随行为，将追随行为包含在追随力中。周文杰等（2015），罗瑾琏、闫佳祺（2019）的研究将追随力等同于追随行为，认为追随力是指向领导的或在下属与领导互动中产生的，并且是积极主动的行为。赵慧军、席燕平（2015）从积极追随行为的视角研究追随，将追随行为界定为员工与领导者在互动过程中表现出的相对稳定的行为方式和行为倾向，本书认为行为倾向是行为的前因或可能选择且并没有实施，而本书的追随行为是有具体行动或动作的追随行为。上述观点共同强调了追随者与领导者之间的有效互动和追随者的积极性两个方面。本书研究的是实质性的追随行为，侧重工作与组织的绩效方面，表现为积极参与领导安排的工作并且不盲从于领导的积极的追随行为。追随行为是对领导者所安排的任务的完成程度、对领导者的观点或决策的支持程度，以及对领导者意图理解后积极创新性的工作程度。基于计划行为理论，追随者在追随行为意向的驱使下所做的追随行为决策结果，即追随行为。

2.1.4 积极追随者的特征及组织中员工的表现

追随者的积极有效的追随行为能够在顺利实现领导者的领导意图、提高组织绩效、实现组织目标等方面起到积极的促进作用。很多研究者在社会交换理论、自我决定理论、归因理论等基础上（Baker，2007），对积极追随者的特征进行了探索。Kelley（1988）提出有效追随者，其特征包括自我管理能力、自我成长、增强自己的优势、追求更高的目标、有冒险精神。Chaleff（1995）提出勇敢的追随者，其特征是有勇气承担责任，有勇气服务，有勇气参与变革，有勇气挑战，有勇气采取道德行为（离开）。Banutu-Gomez（2004）提出模范追随者表现为积极参与决策，有创造性思维和革新意识，有独立批判性思维，敢于提出和接受建设性意见。Carsten（2010）提出主动追随者，其特征是承担责任，按自己认为最好的方式解决问题，反对盲从，敢对领导的决策提出异议。Martin（2008）认为有效的追随者是有智慧的、可靠的，能够独立思考，自力更生。Brumm和Drury（2013）指出，积极追随者表现为积极参与，大力支持、全力协助领导者工作。国内学者通过整合相关研究文献观点，将积极追随者的典型特征描述为具有承担责任的勇气和独立批判性思维，敢于提出建设性意见，推动组织变革（许晟等，2017；赵慧军、席燕平，2015；周文杰等，2015）。上述学者虽然未统一有效追随者的称谓，但对于追随者特征的认识都是积极主动的。本书认同积极有效的追随者既积极参与和执行领导的决策，又非盲从于领导，思维和行为是有原则的。

2.1.5 追随行为的结构与测量

关于追随行为的测量，目前尚没有公认的追随行为维度划分和测量标准，都是研究者根据自己研究目的和视角的需要而设计、开发的量表。国外学者主要通过积极的范式研究追随行为。对追随相关的测量最先始于Frew（Baker，2007），Frew（1977）开发了第一个有关追随的测量量表，即领导风格和追随风格测量工具，着重从领导者的视角探讨领导的有效性和组织的有效性，追随者是领导实现效能的工具。Gilbert和Hyde（1988）开发出了追随有效性测量问卷，通过对200多家企业近千名员工进行调查研究，编制8个维度67个条目的追随行为量表，各维度分别是对工作的承诺、适当的行为、技术胜任力、可靠性、幽默感、直言不讳、与领导的伙伴关系、良好的同事关系，该量表站在领导者的角度来研究下属追随行为，探析追随与下属绩效的关系。对西方现代积极追随理论研究起着关键作用的Kelley被称为“现代追随理论之父”（Kelley，1988），Kelley（1992）根据下属行为的积极性和思维的独立性，把追随行为分为积极参与和独立、批判性思维两个维度进行验证，开发出 20 个条目的五点自陈式追随行为量表，量表内容包括胜任力、自我管理、关注贡献、可靠性、承诺度和勇气意识六个方面，两个维度包含疏离者、服从者、模范者、务实者、消极者五类追随者。Pittman 等（1998）从绩效主动和关系主动两个维度开发了用来测量追随者类型的量表。Dixon 和 Westbrook（2003）在 Chaleff 勇敢的追随者研究基础上开发出五维度勇气行为的测量量表，证明追随行为存在于组织中的各个层级。Uhl-Bien 等（2014）将下属追随行为分为主动积极行为、顺从服从行为、抵抗行为三个维度。

我国学者开发追随行为量表晚于西方，并在西方学者研究的基础上进行了本土化追随行为结构与测量的研发。王项（2011）通过实证检验证实了中国组织情境下的追随测量量表包括事业心、工作悟性、忠诚感、心理素质、换位沟通和团队合作共六个维度 27 个条目。曹元坤、许晟（2013）结合本土企业情境，根据追随力的内涵，开发了包含认知悟性、进取精神、执行技能、关系技能和影响力五个维度 20 个题项的部属追随力量表对追随力进行测量。赵慧军、席燕平（2015）基于绩效导向和关系导向两个方面，验证了员工追随行为的沟通合作、贯彻执行、挑战权威、服从信赖四维度结构，开发了 24 个题项的追随行为评价量表，但并没有使用该量表取得实质性的成果。周文杰等（2015）指出员工追随行为应该完全指向领导，通过质性访谈与实证检验研究方法，构建出中国文化背景下包含积极执行、忠诚奉献、意图领会、权威维护、尊敬学习、有效沟通六个维度 21 个题项的追随力量表，然而他们没有对该量表的有效性进行实证研究。华宁（2012）基于 Kelley（1992）开发的追随测量量表，借鉴了 Kelley 量表中“积极参与”这个维度，将追随行为划分为积极参与和成就自己两个维度（韩秀丽，2019）。

尽管国内外学者对追随行为的结构与测量存在着不同的解释，本书仍然认为 Kelley 的追随行为问卷是目前追随研究的最重要的测量工具。虽然 Kelley 本人没有用该问卷进行实证研究，但其后西方学者普遍使用该问卷进行追随测量（Laura，2014；Chiara，Paola and Claudio，2015；Donald，2018；等），后来学者经过多次验证认为该问卷具有较好的信度和效度，因而此问卷得到了多数学者的认同（Pitron，2008；Nicolas and Mark，2019；

Emily and Nir，2020；等），对于追随的实证研究基本上也都是基于该问卷开展的。Kelley 开发的量表为后续追随行为研究奠定了理论基础，本书后续的研究将会使用此量表，并且结合中国文化背景的特征进行适当的修改。

2.1.6 追随行为的相关研究

（1）追随行为的前因变量研究

领导风格及其所展现的领导态度、领导行为会影响员工追随行为。张蕾等（2012）的回归分析结果表明，真实型领导对下属真实型追随有显著的正向影响。程敏（2015）的实证研究结果表明家长式领导影响员工追随。李兆旺（2016）通过研究证实变革型领导会提高员工的追随力。席燕平（2017）实证研究结论发现真实型领导对员工追随行为存在显著的正向影响，辱虐型领导对员工追随行为存在显著的负向影响。熊正德等（2017）认为采用变革型领导方式的领导者有助于促进下属的追随行为。闫佳祺等（2017）基于社会建构视角得出管理者变革型领导行为正向作用于员工追随力的结论。唐鑫、席燕平（2017）基于社会交换理论发现领导的辱虐管理对员工的积极追随行为有负向影响。顾广娥（2017）的问卷调研及统计分析结果表明家长式领导显著地影响“90 后”员工追随力及其各个维度。佐藤昌治（2017）的实证研究结果表明授权型领导对员工追随力有显著的正向影响。罗瑾琏等（2018）研究发现关系型领导行为显著地正向影响员工的追随行为。魏丽萍等（2018）证明了真实型领导正向影响真实型追随。陈彦羽（2018）研究证实变革型领导的三个维度对员工追随力有显著的预测作用。张宝燕（2019）研究指出，变革型领导的部分维度对员工追随行为具有显著的正向影响。罗瑾琏、闫佳祺（2019）基于模糊专家系统模型探讨了双元领导与员工追随行为的匹配机制。张新颖（2019）实证研究得出包容型领导可以促进员工追随行为的结论。曾之光等（2020）的实证研究结果显示领导与下属的关系显著正向影响下属追随行为。马剑（2020）基于社会身份理论，通过实证研究发现包容型领导正向影响员工追随行为。

员工特征影响员工追随行为。原涛、凌文辁（2010）的研究表明，个体的情感、需求和兴趣等因素影响其内在动机，而个体的内在动机是引发追随行为的直接动力。熊正德等（2017）的研究表明，主动性人格能够对追随力产生正向影响。罗瑾琏等（2018）基于社会建构视角的研究结果发现，员工的领导支持感知对员工的追随行为有显著的正向影响。张艳艳（2018）的实证检验结果表明员工主动性人格对其追随力有显著的正向预测作用。曾之光等（2020）的实证检验结果也显示员工的领导支持感与其追随行为有显著的正相关关系。

组织特征影响员工追随行为。许晟等（2015）研究了组织情境对追随力的影响，结果发现支持性组织氛围正向影响员工追随力，控制性组织氛围负向影响员工追随力。魏丽萍等（2018）提出并验证了支持性组织氛围正向影响真实型追随，且支持性组织氛围中介了真实型领导与真实型追随的关系。韩秀丽（2019）通过文献梳理和实证研究得出的结论表明组织氛围对下属追随力有正向预测作用。

（2）追随行为的结果变量研究

追随行为影响工作绩效。秦芬（2015）的实证研究发现追随力显著正向预测工作绩效。李焕荣、张建平（2015）采用层级回归分析方法研究发现，员工追随力对其工作绩效存在显著的正向影响。程敏（2015）通过问卷调查和假设检验得出的结论表明，员工追随影响员工绩效，在家长式领导和员工绩效之间，员工追随起了中介作用。张建平（2016）的研究结果证实员工追随力能直接或间接影响其工作绩效。佐藤昌治（2017）的实证研究结果表明员工追随力对其工作绩效和组织公民行为有显著的正向影响，追随力部分中介了授权型领导风格与工作绩效、组织公民行为的关系。李帅帅（2019）的研究结果表明追随力会显著影响员工工作绩效。

追随行为影响领导效能。Depree（1992）提出领导效能是由众多追随者及其追随力所共同创造的。Avolio 等（2009）认为下属追随是创造领导效能的源泉。许晟等（2014）通过实证研究证实了积极追随力对领导效能具有显著的正向预测作用。席燕平（2017）的实证研究结论表明员工追随行为完全中介了真实型领导、辱虐型领导与领导效能之间的关系。

追随行为影响员工自身的心理和行为。秦芬（2015）通过回归分析发现追随力及其积极参与和成就自己维度显著正向预测组织承诺。丁桂凤、张澎涛（2013）通过对 700 名员工进行调查发现，追随者的追随力水平显著正向影响其规范承诺，追随力完全中介了领导不当督导与追随者规范承诺之间的关系。李帅帅（2019）的研究结果也表明追随力会对员工情感承诺产生显著影响。Jin 等（2016）研究了员工追随行为对工作满意度的影响，结果显示员工追随行为能够提升员工工作满意度，领导支持感显著加强了二者的关系，而绩效导向文化减弱了二者的关系。邓舒敏（2017）通过实证研究得出，员工追随力能显著正向影响其工作投入。杨惠丽（2018）的实证结果表明员工追随力能显著地正向影响员工创新行为。郑泉渊（2019）的研究结果表明，追随力对员工职业成长、领导—部属交换、员工—领导关系都有显著的正向影响。

2.2 员工创造性工作行为

2.2.1 员工创造性工作行为的概念内涵

员工创造性工作行为的概念与其创新行为密切相关。国内外学者对与员工创造行为相关的概念界定见表 2–2。在管理研究领域，大多数研究者从过程角度来界定创新行为。Amabile（1993）提出创新行为包括提出新问题并寻求问题解决方法，建立创新支持者同盟并实际检验所建立的创新模型，使产品大规模生产或是制度化等阶段；Scott 和 Bruce（1994）认为创新行为是产生新颖且有用的构想，为构想寻求支持，将构想付诸实践，形成商品化和制度化的产品或服务的过程。这些观点都是从行为过程的角度定义创新行为，包括组织、团队、员工个人等不同层面的创新行为。Kleysen 和 Street（2001）认为个人创新行为由寻找机会、产生想法、进行调查、寻求支持以及投入应用等阶段构成；Zhou 和 George（2001）认为个人创新行为包括产生创新想法、推广与完善执行方案、有效地执行创新想法等阶段；Anderson 等（2014）指出员工创新行为是由员工实施的包含新构想的提出、推进与应用等行为。他们的定义都是从行为过程的角度界定员工个人的创新行为，包含新想法的产生、推进与应用，员工个人创新行为与群体或组织创新行为的区别在于并没有强调商品化、产业化的工作目标。

表 2–2　员工创造性工作行为之相关概念界定

概念描述	相关学者	内涵概括	简要评述
创新行为是提出新问题并寻求问题解决方法，建立创新支持者同盟并实际检验所建立的创新模型，使产品大规模生产和制度化	Amabile（1993）	寻求问题解决方法、建立创新支持者同盟、建立创新模型、实际检验创新模型、形成商品化的产品	从行为过程的角度定义创新行为，不仅包括创新模型的建立和实施，还包括形成商品化的产品，涵盖组织、团队、个人等不同层面的创新行为
创新行为是产生新颖且有用的构想，为构想寻求支持，将构想付诸实践，形成商品化和制度化的产品或服务的过程	Scott 和 Bruce（1994）	产生构想、寻求支持、付诸实践、将创新构想商品化	从行为过程的角度定义创新行为，不仅包括构想的产生和实施，还包括构想的商品化，涵盖组织、团队、个人等不同层面的创新行为
个人创新行为由寻找机会、产生想法、进行调查、寻求支持以及投入应用等阶段构成	Kleysen 和 Street（2001）	员工寻找机会、产生想法、调查、寻求支持、应用	从行为过程的角度界定员工个人的创新行为，包含新想法的产生与应用
个人创新行为包括产生创新想法、推广与完善执行方案、有效地执行创新想法等阶段	Zhou 和 George（2001）	员工产生创新想法、推广与完善执行方案、有效执行创新想法	从行为过程的角度界定员工个人的创新行为，包含创新想法的产生与执行
员工创新行为是由员工实施的包含新构想的提出、推进与应用等行为	Anderson 等（2014）	员工提出、推进与应用新构想	从行为过程的角度界定员工个人的创新行为，包含新构想的提出、推进与应用
员工个人创新行为由新想法的产生和新想法的执行两个阶段构成	卢小君、张国梁（2007）	员工产生和执行新想法	从行为过程的角度界定员工个人的创新行为，包含新想法的产生和执行
员工创新行为是员工在组织活动中产生和实施新颖想法的过程，包括形成新创意、提出新概念、应用新方法、寻找新技术、改进管理程序与工作流程等	刘云、石金涛（2009）	员工产生和实施新颖想法	从行为过程的角度界定员工个人的创新行为，包含新颖想法的产生和实施

续表

概念描述	相关学者	内涵概括	简要评述
员工创造行为是指员工对企业的产品、服务及管理流程等提出新颖且有用的想法并付诸行动	冯永春、周光（2015）	员工提出新想法并付诸行动	定义员工创造行为，包含新想法的提出和执行

资料来源：笔者根据相关文献整理。

国内学者在借鉴西方研究的基础上，基于中国情境对员工个人创新行为进行界定，卢小君、张国梁（2007）认为员工个人创新行为由新想法的产生和新想法的执行两个阶段构成。刘云、石金涛（2009）也指出员工创新行为是员工在组织活动中产生和实施新颖想法的过程，包括形成新创意、提出新概念、应用新方法、寻找新技术、改进管理程序与工作流程等；他们也是从行为过程的角度界定员工个人创新行为的内涵。冯永春、周光（2015）对员工创造行为做了界定，认为员工创造行为是指员工对企业的产品、服务及管理流程等提出新颖且有用的想法并付诸行动。可见，员工创造行为和员工创新行为的含义中都包括了在个体层面提出并实施新想法的行动。

然而，员工创新行为一般意义上是指员工个人参与到组织的有计划的活动过程中，个人创新可能对与产品、流程有关的组织创新一系列活动中的一个环节有作用；而员工创造性工作行为的意义更广泛，指不墨守成规，用新的思路、方法完成工作，创造性地完成工作，可以是像创新行为一样预先设定好的过程，也可以是受情境激发的全新行为。由一个人完成组织层面的创新是很难的，但一个人任何时候都可以创造性地完成工作。组织创新是组织专门的一个职能，组织创新的目标很明确，比如为了提供一种新的产品、服务或流程等，个人创新行为是个人参与到组织创新过程中的行为，个人在完成任务时会表现为创造性的工作行为或者是非创造性、常规性的工作行为。创新行为是有商业化目的的，但创造行为是员工仅仅为了更有效率、更好地完成工作而自发、自愿地采取的行为。由此可见，员工的创新一般是与组织的创新相联系的，员工参与到组织的产品、服务等创新过程中所采用的行为是员工的创新行为；而员工的创造是与工作相联系的，员工只要以全新的方式或者以改进的方式完成工作，其表现都可以认为是员工的创造性行为。本书认为，员工创新行为是员工参与了组织新产品、新服务等产生和完成的过程中的行为，但是员工创造行为的意义更广，侧重员工在工作中用全新的或改进的方式完成工作，是员工用与原来不一样的思路和方法，更节约、更有效率地完成工作。

2.2.2　员工创造性工作行为的结构与测量

国内外有关员工创新行为的测量量表已基本成熟，大多以 Scott 和 Bruce（1994）开发的包含 6 个题项的单维度员工创新行为测量量表为基础。Kleysen 和 Street（2001）、Janssen（2000）都开发了由 8 个题项构成的员工创新行为量表。Zhou 和 George（2001）在 Scott 和 Bruce（1994）量表的基础上开发了共 13 个题项的员工创新行为量表。Farmer（2003）开发的员工创新行为量表则由 4 个题项构成。大多数研究中使用的员工创新行为测量量表都是单一维度的，也有 Tierney 等（1999）开发的包含 2 个维度 8 个题项的员工创新行为量表，其中创新构想产生维度和创新构想执行维度分别包括 4 个题项。上述测量量表在研究中有时也被称为创造性行为量表。国内学者在国外研究基础上结合中国情境和研究需要进行量表开发与修订，比如，刘云、石金涛（2009）开发了包含 5 个题项的创新行为量表，耿昕（2011）编制了包含 6 个题项的员工创新行为测量量表，这些也都是单一维度的。

在创新过程中，员工通常表现出不同程度的创造性工作行为，但现有研究多未将员工创造行为与创新行为进行区分，有关不同类型不同维度创造性工作行为的研究才刚起步（George，2007）。通常情况下，不同创造性活动的难度和风险是不同的，因此员工创造性行为往往也存在不同程度的突破性。Madjar 等（2011）根据员工工作中创造性行为的突破性将创造行为分为激进的创造行为和渐进的（或增量的）创造行为两个维度，激进的创造行为是指员工提出或实施原创的新观点或新方法，渐进的创造行为是指员工在已有的观点或方法的基础上进行修改、改进或适应。此外，Madjar 等（2011）还提出了员工的常规非创造性行为（即创造性为零的工作行为），其所编制测量量表的激进创造行为维度包含 3 个题项、渐进创造行为维度包含 3 个题项、常规非创造行为维度包含 2 个题项。Yvonne（2014）提出创造性工作行为的概念是基于创造性过程的问题识别、信息搜索、想法产生、想法评估四个阶段，并且认识到有两种类型的创造性工作行为，即渐进的创造性工作行为和激进的创造性工作行为，两类创造性工作行为与常规的角色内行为形成对比。在此基础上，结合中国情境，编制确定适合本书所研究的员工创造性工作行为量表的维度和题项。

2.2.3 员工创造性工作行为的相关研究

（1）员工创造性工作行为的前因变量研究

员工个体层面因素影响员工创造性工作行为。George 和 Zhou（2001）的研究结果表明，员工对经验的开放性将有助于产生创造性行为。Carmeli 和 Schaubroeck（2007）的研究表明员工对创造力的自我期望显著正向预测员工的创造性工作行为，员工的创造力自我期望与其创造性自我效能感交互作用，从而进一步强化员工的创造性工作行为。Kelly 和 Kneipp（2009）的测量结果发现艺术职业兴趣与创造性行为显著正相关。Yvonne（2014）使用多焦点方法，研究表明员工的情感承诺在不同类型的工作行为（激进的创造性工作行为、渐进的创造性工作行为、常规的角色内行为）之间的增强作用是不同的。Akturan 等（2016）的调查研究结果表明员工组织公民行为（OCB）的不同维度对员工的创造性行为有不同的影响，其中责任心维度、公民美德维度显著正向影响员工创造性行为。Tastan（2016）研究发现，员工的心理资本以及心理资本的各个维度（自我效能、希望、乐观和韧性）与员工的创造性表现行为存在显著的正相关关系，心理资本的各维度对创造性表现行为有显著的解释作用。Aisha 和 Kamal（2017）对企业员工问卷调查和逐步回归分析显示，员工心理资本和感知的真实型领导对员工创造性工作行为有较强的预测作用，同时心理资本中介了感知真实型领导与创造性工作行为之间的关系，工作经验调节了感知真实型领导与创造性工作行为之间的关系。Berg 等（2017）的研究结果表明员工承担风险的意愿显著正向影响员工的创造性行为，社会领导成员交换关系与员工情绪承受能力之间显著的正向交互作用能预测员工的创造性行为。Szabo 等（2017）的研究结果表明个体的智力水平对其自我感知到的创造性行为具有预测作用。Ismail 和 Rishani（2018）的回归分析结果表明，员工的绩效考核满意度与其创造性行为呈正相关，职业发展与员工的创造性行为呈正相关，职业发展完全中介了绩效考核满意度与创造性行为之间的关系。Nurfaizal 等（2019）数据分析的结果表明，朋友支持、心理资本显著正向影响员工创造性行为，心理资本在朋友支持和创造性行为之间起中介作用。Alikaj 等（2020）研究发现员工在工作中的成功完全中介了主动性人格与创造性行为之间的关系。Volery 等（2021）指出员工创造力显著正向作用于其创造性工作行为。Fateh（2021）以自我决定理论为基础的研究结果表明，个人掌握和感知真实的领导都是员工创造性行为的显著预测因素，自主动机在个人掌握、感知真实领导和员工创造性行为之间起显著中介作用，自主动机显著正向作用于员工创造性行为。

领导层面因素影响员工创造性工作行为。Atwater 和 Carmeli（2009）的结构方程模型和回归分析表明，领导成员交换关系（LMX）正相关于员工的活力感，员工活力感与其高水平的创造性工作行为正相关，同时 LMX 也正向作用于员工的创造性工作行为。Strickland（2011）研究表明魅力型领导对经验开放度低的下属的创造性行为有正向影响。Volmer 等（2012）纵向调查研究发现 LMX 和创造性工作行为之间存在正相关，工作自主性对二者之间的关系具有正向调节作用。Gupta 和 Singh（2014）使用结构方程模型技术分析发现，表现出积极行为的研发领导者更有可能帮助下属发展积极的心理能力，心理资本越高的员工参与的创造性行为越多，产生创造性结果的可能性就越大，心理资本完全中介了领导力和创造性表现行为之间的关系。冯永春、周光（2015）调查研究发现，领导包容行为与不同类型的员工创造行为（员工激进型创造行为和增量型创造行为）均呈正相关关系，领导包容行为正向影响员工心理安全感，员工心理安全感显著正向作用于员工创造行为，领导包容行为能通过提高员工的心理安全感进而显著正向影响员工创造行为。Zubair 和 Kamal（2016）对银行市场部员工和软件公司员工的调查研究结果表明真实型领导对创造性工作行为有正向的预测作用，工作相关流程也正向预测创造性工作行为。Fateh 等（2020）的实证研究结果显示，真实型领导直接正向影响员工创造性行为，工作复杂性和自主性动机都在真实型领导和员工创造性行为之间起中介作用，且工作复杂性和自主性动机都显著正向影响员工的创造性行为。

组织层面因素影响员工创造性工作行为。Carmeli 等（2007）的研究结果表明工作挑战影响员工创造性行为，组织认同在工作挑战与员工创造性行为之间起中介作用。Cekmecelioglu 和 Gunsel（2011）的研究结果显示，工作自主性对创造性行为和工作绩效都有正向影响，而角色模糊对创造性行为和工作绩效都有负向影响。Shih 和 Wijaya（2017）的研究结果显示，团队成员交换对创造性工作投入有正向影响，建言行为对创造性工作投入有正向影响，建言行为对团队成员交换与创造性工作投入的关系有部分中介作用。Zaitouni 等（2018）的研究结果显示，领导支持与同事支持对员工创造性行为皆有正向影响，领导支持与员工敬业度和任期相互作用，加强了领导支持与员工创造性行为的关系。Trisakhon 和 Jermsittiparsert（2019）采用定量研究方法的检验结果发现，压力源对员工的创造性行为有负向影响，而管理风格对员工的创造性行为有正向影响，组织学习能力显著地调节了压力源、管理风格与员工创造性行为之间的关系，组织学习能力能够正向改变压力源对创造性行为的负向影响。Clercq 和 Belausteguigoitia（2019）的研究数据显示，工作负荷过重会降低员工的创造性行为，但随着工作热情、情感分享和组织承诺水平的提高，这种负向影响会减弱，并且工作热情、情感分享和组织承诺与创造性行为呈正相关。

（2）员工创造性工作行为的结果变量研究

员工创造性工作行为的作用结果。Janssen 和 Huang（2008）的调查研究结果表明，个体差异显著正向作用于员工创造性行为，创造性行为显著正向作用于个体作为团队成员的有效性，创造性行为在个体差异与个体有效性之间起中介作用。Bibi 和 Afsar（2018）探讨发现领导—成员交换正向作用于创造性过程参与行为，创造性过程参与行为正向作用于创新工作行为，创造性过程参与行为在领导—成员交换、内在动机和心理授权三者之间的相互作用对创新工作行为的影响中起中介作用。Zaitouni 等（2018）研究表明员工创造性行为对工作绩效有正向影响。

2.3　组织支持感

2.3.1　组织支持感的概念内涵

美国学者 Eisenberger 等（1986）首次提出了组织支持感这一概念，将其定义为员工所感知的组织重视自己的贡献和关心自己的福利的程度，强调了组织对员工的尊重支持与利益支持。Thibaul 和 Walker（1993）也指出，组织支持感是指员工对组织是否重视其贡献与是否关注其幸福的总体感受，强调了组织对员工的尊重支持与亲密支持。以上观点反映了员工对组织的社会情感需求。Rhoades 和 Eisenberger（2002）认为组织支持感越高表明员工越倾向于认为组织认可自己的价值、组织能够满足自己的社会情感需求，从而愿意用更多的努力来回报组织。国内外学者对组织支持感的概念界定见表 2–3。

表 2–3　国内外学者对组织支持感的概念界定

概念描述	相关学者	内涵概括	简要评述
员工对组织重视自己的贡献和关心自己的福利的程度的总体看法	Eisenberger 等（1986）	重视贡献、关心福利	强调了尊重支持与利益支持
员工对组织是否重视其贡献与是否关注其幸福的总体感受	Thibaul 和 Walker（1993）	重视贡献、关注幸福	强调了尊重支持与亲密支持
组织支持感不应当仅包括组织对员工的尊重支持、利益支持，还应包括工具性支持	McMillin（1997）	尊重支持、利益支持、工具性支持	不仅包括尊重支持、利益支持，还强调了工具性支持
中国情境下员工组织支持感的概念包含组织对员工价值的认同、关心员工利益、对员工工作的支持三方面内容	凌文辁等（2006）	工作支持、关心利益、价值认同	强调了尊重支持、利益支持、工作支持
组织支持感包括员工感知制度支持与保障、感知主管任务导向型和关系导向型支持、感知同事工作和生活支持	宝贡敏、刘枭（2011）	感知组织制度、主管、同事的支持	强调了制度支持、主管支持、同事支持

续表

概念描述	相关学者	内涵概括	简要评述
员工感受到组织重视他们的贡献、关心他们的利益、对他们工作的支持程度	谭道伦（2011）	重视贡献、关心利益、工作支持	强调了尊重支持、利益支持、工作支持
组织支持感是指员工对组织重视其利益、关心其工作的主观感知，是员工愿意为组织做贡献的重要影响因素	詹小慧、李群（2020）	关心工作、重视利益	强调了工作支持和利益支持

资料来源：笔者根据相关文献整理。

McMillin（1997）将组织支持感的概念做了进一步的扩展，他认为，组织支持感不应仅仅包含社会情感性支持，还应该包括工具性支持，即员工在工作中所需的物质设备支持、人员培训、信息支持等；他将组织支持感定义为组织提供给员工的尊重支持、利益支持与工具性支持。国内学者在此基础上，结合中国实际，也对组织支持感概念进行了界定。凌文辁等（2006）指出，中国情境下员工组织支持感的概念包含组织对员工价值的认同、关心员工利益、对员工工作的支持三方面内容，强调了尊重支持、利益支持和工作支持。宝贡敏和刘枭（2011）从组织中的制度、领导、同事三个方面，将组织支持感定义为员工感知制度支持与保障、感知主管任务导向型和关系导向型支持、感知同事工作和生活支持，该定义是从支持的来源角度界定的。

谭道伦（2011）认为组织支持感是员工感受到组织重视他们的贡献、关心他们的利益、对他们工作的支持的程度，此定义也强调了尊重支持、利益支持和工作支持。詹小慧、李群（2020）也指出，组织支持感是指员工对组织重视其利益、关心其工作的主观感知，是员工愿意为组织做贡献的重要影响因素，也强调了利益支持和工作支持。综上所述，本书将组织支持感定义为追随者感知到的组织对其社会情感与工作需求（工具）的支持程度，其中社会情感性组织支持包括尊重支持、利益支持和亲密支持。

2.3.2 组织支持感的结构与测量

Eisenberger 等（1986）首次开发出单维度结构的组织支持感量表，该量表共有 36 个题项，因子分析结果支持单维构念，量表信度良好（Cronbach's Alpha 系数为 0.97）。该量表为后续研究中测量组织支持感奠定了基础，在具体应用中，研究者从 36 个题项中选出因子载荷较高的题项构成独立的量表进行测量，从而使研究的开展更加便捷。Eisenberger 等（1990）采用了包含 18 个题项的缩简版本量表，Rhoades 和 Eisenberger（2002）使用了包含 8 个测量题项的精简型量表，量表的信效度水平都比较理想。

随着对组织支持感的进一步研究，学者逐渐关注组织支持感存在多维度结构。McMillin（1997）认为 Eisenberger 等（1986）提出的组织支持可以归结为尊重支持、亲密支持等社会情感性支持，他进一步补充了包括信息、物质、人员等方面支持的工具性支持，从而提出组织支持感包括社会情感性支持与工具性支持两个维度，并开发出 15 个题项的测量量表。Bhanthumnavin（2003）把组织支持感划分为情感性支持、信息性支持和物质性支持三个维度。Kraimer 等（2004）提出组织支持感包括适应性支持、财务性支持及职业生涯性支持三个维度，开发了 12 个题项的量表。

国内学者对中国员工组织支持感的结构维度与测量进行研究。凌文辁等（2006）基于中国情境的研究将组织支持感分为员工价值认同、关心利益及工作支持三个维度，量表具有 24 个题项。陈志霞等（2008）对组织支持感维度的划分与 McMillin（1997）一致，将组织支持感分为情感性支持和工具性支持两个维度，相应的测量量表包含 16 个题项。宁赟（2010）认为组织支持感包括生活支持感知和工作支持感知两个维度，开发出包含 10 个测量题项的量表。谭道伦（2011）根据研究需要，结合中国现实文化背景，从 Eisenberger 等（1986）的包含 36 个测量题项的组织支持感问卷中抽取了因子载荷值较高的 12 个测量题项，并进行修订，得到包含情感性组织支持和工具性组织支持两个维度的组织支持感量表，量表具有较好的信度和效度。

2.3.3 组织支持感的相关研究

组织支持感的相关实证研究主要将组织支持感作为自变量、中介变量及调节变量来探讨其对员工的作用结果及机制。

（1）组织支持感作为自变量的研究

杨仕元等（2018）基于自我决定理论和组织支持理论的实证研究结果表明，组织创新支持感和主管自主支持感均能显著正向影响员工创造力，员工工作激情正向调节支持感对员工创造力的影响。王雁飞等（2018）配对问卷调查研究发现，组织支持感知对心理资本和变革支持行为存在显著影响，心理资本中介了组织支持感知和变革支持行为之间的关系，工作自主性显著正向调节了组织支持感知通过心理资本对变革支持行为的影响效应。齐蕾等（2019）基于组织支持理论的实证研究结果表明，服务员工的组织支持感会显著正向影响服务创新。黄勇等（2020）基于社会交换理论与社会比较理论的研究表明，相对组织支持感在组织支持感与情感承诺之间关系中起显著的正向调节作用，情感承诺对组织支持感与创造力之间关系起瞬时中介作用。

（2）组织支持感作为中介变量的研究

沈蕾等（2018）对员工样本数据的分析表明，真诚型领导通过组织支持感和心理资本间接影响员工工作繁盛。金星彤（2018）的实证研究结果显示，组织支持感在基层组织公正与员工建言行为间具有中介作用。张瑞高等（2019）基于社会交换理论的实证研究表明，组织支持感在领导成员交换与新生代员工旺盛工作之间发挥复合多重中介效应。赵书松和张一杰（2019）基于社会交换理论的研究结果发现，组织支持感中介了绩效考核政治对下级创新行为的影响。刘嫦娥等（2019）基于自我提升理论问卷调研结果表明，组织支持感在上级无礼行为和员工工作投入的负向关系中起部分中介作用。杨皖苏等（2020）以知识型员工为研究对象的多元回归分析检验结果发现，组织支持感在分布式领导和主动性—被动性员工创新行为间起中介作用。刘钢（2020）的研究结果显示，组织支持感在变革型领导与员工角色行为之间起中介作用。滕飞（2020）以社会交换理论为解释理论的研究结果表明，组织支持感与领导成员交换在个人组织匹配与回避性拖延之间起中介作用。王雁飞等（2020）基于资源保存理论视角的研究结果表明，组织支持感中介了组织德性与员工挑战型组织公民行为之间的关系。袁凌等（2021）的研究结果表明，组织支持感在领导愤怒表达对员工创新投入的负向影响中起中介作用。

（3）组织支持感作为调节变量的研究

唐春勇等（2018）的研究结果表明组织支持感不仅调节了包容性领导与员工目标接纳之间的关系，而且调节了目标接纳在包容性领导和员工幸福感之间的中介作用。刘德文、高维和（2019）通过对高技术制造业员工的问卷分析得出，组织支持感能够调节组织认同和工作负荷在顾客参与与员工创新意愿之间的中介作用。李露等（2019）对企业员工调查结果表明组织支持感调节了真实型领导通过心理授权对企业员工建言行为的影响。刘一涛、余福海（2019）基于一线员工调研数据的检验结果表明，组织支持感正向调节了变革型领导通过建设性变革义务感对员工建言行为的影响。马璐等（2020）通过问卷调查研究发现，组织支持感在下属默契与员工主动担责行为之间起正向调节作用。罗文豪、陈佳颖（2020）基于社会交换理论，通过数据分析检验结果发现，员工的组织支持感知在员工信任领导对员工助人行为影响中起正向调节作用，同时员工组织支持感知正向调节了员工信任领导对谦逊领导与员工主动助人行为之间关系的中介作用。刘林等（2020）结合社会交换理论、资源保存理论等的实证检验结果发现，员工感知组织支持对工作应激与创新行为之间的关系具有调节作用，可以减弱工作应激对员工创新行为的负向影响，而且对工作应激在员工幸福感与员工创新行为关系间的中介效应也具有调节作用。张印轩等（2020）基于自我决定理论的实证结果表明组织支持感正向调节了新生代员工成就需要对创造力的促进作用。

2.4 包容型领导

2.4.1 包容型领导的概念内涵

不同的学者基于不同的研究视角对包容型领导的概念有着不同的理解。包容型领导的概念起源于教育学对多元文化环境的研究，Temple 和 Ylitalo（2009）从教育学的角度将包容型领导定义为一种追求和强调正义与民主的领导方式，领导能够将教育组织中的不同人群联系在一起，接受并且包容教学与学习上的文化价值观差异，制定政策支持并赋予组织内个人权力。Nembhard 和 Edmondson（2006）首先将包容型领导引入组织管理领域，并将其定义为一种接纳和欣赏员工，鼓励员工积极参与，善于听取员工意见，认可员工努力和贡献的领导方式。Hollander（2009）从社会交换理论视角，认为包容型领导是指领导者充分尊重、理解和认可员工，积极对员工承担责任并做出反馈的领导方式，强调领导者与追随者之间是拥有共同目标和愿景、相互依存的双赢关系。Carmeli 等（2010）从领导者—追随者互动关系的视角对包容型领导进行定义，即在与下属互动的过程中表现出易接近性、开放性和可利用性的领导，包容型领导可与员工建立良好的关系，关注员工的需求，实现组织对员工的支持。Nishii 和 Mayer（2009）将包容型领导描述为通过双向互动，领导者与下属权力共享，下属协助领导者进行决策。Ospina（2011）指出，包容型领导能够接纳组织中各层级员工并为最终的结果负责。Wuffli（2016）从对动态环境的包容性与适应性角度，将包容型领导定义为领导的思想和行为方式面向动态和变化，关注伦理和道德，跨越不同的部门和文化尽可能地让团队成员参与到多样化的环境中。国内学者朱其训（2011）从实现组织目标的角度理解包容型领导，认为包容型领导是开放、民主、人本和公正的领导方式。李燕萍等（2012）从员工管理的视角，提出包容型领导通过平衡式授权、走动式管理和渐进式创新三种行为，坚持以人为本，实现领导与员工双方互惠互利、组织与员工全面共同发展。朱瑜、钱姝婷（2014）认为包容型领导是在组织中坚持以人为本，关注下属的差异化需求，包容下属的个性化特征，乐于听取下属的观点，认可下属的贡献，强调组织发展进程中所有成员机会均等、公平参与和合理共享，包容型领导是开放的、兼容并包的、具有人本关怀的领导模式。方阳春（2014）指出包容型领导强调领导者与追随者之间的双向互动、相互依存的关系（周飞等，2018）。姚明晖、李元旭（2014）从组织创新角度，将包容型领导界定为以开放、宽容、亲和、支持为特征的领导风格。朱金强等（2018）在 Carmeli 等包容型领导概念的基础上，将包容型领导定义为领导在与下属互动过程中表现出的开放性、易接近性、可用性和宽容性，包括认可员工的贡献，合理利用员工的优势，关注员工的不同需求，包容员工的错误、缺点和失败，帮助员工从失败中学习，公平公正地对待员工等方面。王辉、常阳（2019）从中国文化背景角度，认为包容型领导着重强调要尊重和平等对待员工的差异，并且对下属做到“容错”。

综上所述，不同学者对包容型领导的概念内涵及评述见表 2–4。

表 2–4　包容型领导概念界定

概念描述	相关学者	内涵概括	简要评述
领导者善于听取员工意见、鼓励员工积极参与、重视认可员工贡献的言语和行为表现	Nembhard 和 Edmondson（2006）	领导听取员工意见、鼓励员工参与、认可员工贡献	第一个从组织管理视角提出“领导包容性”概念
是领导者与追随者之间具有共同目标和期望的、双赢的相互依存关系，是基于认可、尊重、响应和责任的双向关系	Hollander（2009）	领导者与追随者之间的相互依存关系	从领导者与追随者互动关系的视角定义
包容型领导是领导者在与追随者互动过程中表现出来的开放性、易接近性和有效性的特征，领导者能够关注下属的行为，倾听和满足下属的需求，使组织对员工的支持实现	Carmeli、Reiter–Palmon 和 Ziv（2010）	开放性、易接近性和有效性的领导者	包容型领导是关系性领导的核心内容及一种具体形式。目前 Carmeli 等的概念得到了比较广泛的认同
通过创设双向互动的过程，实现领导者与下属的权力共享，下属能够协助管理者进行决策	Nishii 和 Mayer（2009）	领导者与下属权力共享的双向互动过程	从领导者—追随者互动关系视角定义

续表

概念描述	相关学者	内涵概括	简要评述
领导者的思想和行为面向动态和变化，鼓励跨越不同的社会部门和文化，尽可能地让成员参与到多样化的环境之中	Wuffli（2016）	领导的思想和行为方式面向动态变化的环境	指出领导应同时发展对于动态环境的包容性与适应性
接纳组织中各层级的员工，为最终结果负责任的有价值的领导者	Ospina（2011）	接纳员工、负责任的领导	强调有价值的领导者
中国文化中“包容型领导”概念中的“包”强调尊重和平等对待差异，而“容”强调“容错”	王辉、常阳（2019）	尊重和平等对待下属差异、容错的领导	中国文化背景视角的定义
坚持以人为本，通过走动式管理、渐进式创新和平衡式授权三种行为，形成领导者与员工之间互惠互利的过程	李燕萍等（2012）	走动式管理、渐进式创新和平衡式授权行为	提出包容型领导的核心内涵是坚持以人为本
领导在与下属互动过程中，表现出的开放性、易接近性、可用性和宽容性，包括认可员工的贡献和才能，合理利用员工的优势，公平公正地对待员工，关注员工的个性化和差异化需求，包容员工的错误、缺点和失败，鼓励员工跨部门等方面	朱金强等（2018）	领导在与下属互动过程中，表现出的开放性、易接近性、可用性和宽容性	此定义包含包容型领导概念的内涵与外延。内涵是在 Carmeli 等（2010）定义的基础上增加了“宽容性”
强调领导员工之间双向互动、相互依存的关系，强调接纳组织中各层级员工并为最终结果负责的领导方式	周飞等（2018）	领导员工之间双向互动、相互依存的关系	参考 Hollander（2009）和 Ospina（2011）的定义
是一种人本、公正、开放和民主的领导方式，领导通过这种方式带领和指挥员工实现组织目标	朱其训（2011）	人本、公正、开放和民主的领导方式	从组织目标实现的角度提出对包容型领导的理解
是一种更具人本关怀的、开放的、兼容并包的领导模式，领导者在组织中坚持以人为本，强调机会均等、公平参与和合理共享，关注下属的差异化需求，容纳下属的个性化特征，善于听取下属的意见，认可下属的贡献	朱瑜、钱姝婷（2014）	更具人本关怀的、开放的、兼容并包的领导模式	体现了中国传统文化中包容性的概念。概念包括内涵和外延

续表

概念描述	相关学者	内涵概括	简要评述
一种以开放、宽容、亲和、支持为特征的领导风格	姚明晖、李元旭（2014）	开放、宽容、亲和、支持的领导风格	从组织创新角度定义。内涵与Carmeli等（2010）的定义有相似之处

资料来源：笔者根据相关文献整理。

总体而言，国外学者对包容型领导内涵的界定还未统一，但综观上述定义可以看出，国外学者对包容型领导的理解主要体现在领导者鼓励员工参与、认可员工价值、平等对待员工等方面，国外学者普遍认同“开放性”是包容型领导的一个重要行为特征。其中，Carmeli等（2010）的观点得到众多研究者的认可。分析国内学者对包容型领导的研究，可发现中国情境下包容型领导的定义在很大程度上体现了国外的定义，除此之外，国内学者对包容型领导的理解还增加了中国文化背景的独特内涵，中国传统文化中强调人际和谐及仁爱（Tang et al.，2014；方阳春、金惠红，2014），表现为对个体错误的理解、原谅和体谅。本书认为，包容型领导是指领导者倾听下属的观点，认可下属的贡献，关注并满足不同下属的需求，对下属持宽容、鼓励与包涵的态度，从而激发下属的潜能与活力，实现组织绩效持续增长，包容型领导强调领导者与追随者（或下属）的互动与相互依存关系。

2.4.2 包容型领导的结构与测量

国外学者在对包容型领导概念进行界定的基础上，就包容型领导的结构维度与测量问题开展了相应的研究。最早的包容型领导测量量表是由Nembhard和Edmondson（2006）开发的，他们从领导对团队成员贡献的“邀请”和“赞赏”两个维度来划分包容型领导的结构，并基于医院团队管理情境开发了包括3个题项的测量量表。Hollander（2009，2012）开发了包含16个题项的包容型领导测量量表，量表由支持—认可、沟通—行动—公平、利己—不尊重三个维度构成。Carmeli等（2010）通过对企业员工的调查研究，将包容型领导划分为开放性、易接近性、可用性三个维度，开发出包括 9 个题项的包容型领导测量量表，该量表适用于一般组织情境，量表具有较高的信度和效度（Hirak et al.，2012），被认为是国外较为成熟的包容型领导测量工具，得到了国内外多数学者的认可，被广泛应用于包容型领导的实证研究中（马跃如、蒋珊珊，2020）。

国内学者对包容型领导的结构维度也开展了相应研究。李燕萍等（2012）构建了包括平衡式授权、走动式管理和渐进式创新三个维度的包容型领导内容体系；何丽君（2014）从参与、开放、共享三个维度划分包容型领导的结构；朱其训（2011）基于开放、民主、人本、公正的包容思想构建包容型领导的四维结构；姚明晖、李元旭（2014）从开放度、亲和度、宽容度、支持度四个维度划分包容型领导的结构。但以上学者仅从理论层面探讨了包容型领导的结构和维度，并未开发相应的测量量表。方阳春（2014）从领导者认可并培养员工、公平对待员工、包容员工的观点和失败三个维度开发了包括 12 个题项的包容型领导量表；彭伟等（2017）开发了包括尊重下属、认可下属、容纳他人、体谅下属、容许犯错五个维度、22 个题项的包容型领导测量量表。但以上量表并没有被其他学者广泛地应用于包容型领导的实证研究中。

综上所述，学术界对包容型领导的结构维度还未形成统一的结论。目前，Carmeli 等（2010）开发的量表在国外得到广泛运用，国内现有对包容型领导结构维度的研究多停留在理论探讨层面，现有包容型领导实证研究所使用的量表几乎都是在 Carmeli 等开发的量表基础上翻译修订而成的。

2.4.3 包容型领导的相关研究

包容型领导的相关实证研究主要将包容型领导作为自变量来探讨其对员工的作用结果及机制。

包容型领导影响员工创新行为。管春英（2016）的实证研究表明包容型领导能够显著正向促进员工创新行为，追随力、核心自我评价和心理可得性均对包容型领导与员工创新行为之间关系起到部分中介作用。方阳春、陈超颖（2017）实证研究发现包容型领导风格和新时代员工创新行为呈显著正相关。周飞等（2018）基于最优差异化理论的实证研究发现包容型领导能显著地直接正向影响员工创新行为，主动性人格调节了包容型领导与员工创新行为的关系。吴士健等（2020）基于资源保存理论视角的研究表明包容性领导对员工越轨创新行为有显著正向影响，员工心理安全感部分中介了包容型领导与员工越轨创新行为之间的关系，权力距离感知和未来时间取向均起负向调节作用。苏屹、梁德智（2021）构建了被调节的中介效应模型，检验结果表明包容型领导能显著正向影响员工创新行为，组织和谐中介了包容型领导与员工创新行为之间的关系，组织创新氛围正向调节了包容型领导与组织和谐之间的关系。

包容型领导影响员工创造力。古银华等（2017）的上级—下属配对问卷调查结果表明包容型领导对下属创造力具有正向的直接效应。彭伟（2017）整合社会交换理论和社会学习理论的实证研究结果表明包容型领导能显著正向影响员工创造力，领导—成员交换和创造自我效能感在这个过程中发挥中介作用。王辉、常阳（2019）基于资源保存理论和场域理论的实证检验结果表明，包容型领导显著正向影响员工创造力，心理可得性起部分中介作用，工作复杂性起正向调节作用。

包容型领导影响员工追随行为。马剑（2020）基于社会身份理论的问卷调查数据发现包容型领导正向影响员工追随行为，包容型领导依次通过关系认同、组织认同的中介作用正向影响员工追随行为。彭伟等（2017）研究表明包容型领导与员工工作投入呈显著正相关关系，效忠主管在二者之间起部分中介作用，员工权力距离正向调节了二者的正相关关系。

包容型领导影响员工主动行为。蔡地等（2017）以自我决定理论与最佳区分性理论为理论视角的实证研究显示包容型领导显著正向影响员工主动行为，个人—团队匹配发挥中介作用。朱瑜（2019）的多层次结构方程模型检验结果表明，包容型领导对员工的主动行为有显著正向影响，心理资本起中介作用，团队美德起调节作用。孔靓等（2020）的跨层次研究表明，包容型领导能够显著正向作用于员工的主动性行为，组织自尊在个体层面起完全中介作用，差错管理氛围在团队层面起完全中介作用。

包容型领导影响员工建言行为。王雁飞等（2018）研究表明，包容型领导显著正向影响员工建言行为、内部人身份认知和情感承诺，内部人身份认知和情感承诺对包容型领导和建言行为之间的关系起中介作用。齐蕾等（2019）基于资源保存理论的调查研究结果显示，包容型领导显著正向影响员工建言行为，关怀型伦理氛围和员工组织自尊分别在团队层面和个体层面中介包容型领导与员工建言行为之间的关系。

包容型领导影响员工创新绩效。古银华等（2017）基于组织支持理论的问卷调查结果表明，包容型领导对员工工作绩效有正向影响，积极情绪在包容型领导和员工工作绩效之间起部分中介作用。钟竞等（2018）通过构建多层次线性模型及问卷调查结果发现包容型领导对员工创新绩效有正向影响。陈晓暾、程姣姣（2020）基于自我角色认同理论和社会交换理论的实证研究显示，包容型领导行为对员工的创新绩效起显著正向影响作用、对员工工作幸福感起中介作用、对领导—成员交换起调节作用。

包容型领导影响员工敬业度。简浩贤等（2017）基于组织认同视角的研究表明包容型领导对员工敬业度有正向影响，组织认同部分中介包容性领导与员工敬业度的关系。唐春勇等（2018）的问卷调查结果显示包容性领导对员工敬业度有显著正向影响，组织认同在二者之间起到中介作用，平衡互惠正向调节中介作用。

2.5 本章小结

本书主要研究的是追随者的追随行为的前因及后果问题，由于追随行为问题是领导理论中的一个重要组成部分，而追随行为又是在领导及组织环境中完成的，这就导致了对追随者由追随行为而衍生的创造性工作行为或非创造性工作行为的研究成为本书的主要内容。所以本章的工作就是对与追随行为有关的概念及理论、对组织支持及组织中的领导作用以及员工创造性工作行为相关的理论进行综述分析。

关于追随行为，本章主要分析了从被动的追随理论到积极的追随理论的发展脉络，分析了追随者在组织中的作用，认为追随者在组织中对组织目标、组织绩效具有不可替代的作用。领导理论在追随理论方面的发展，使得组织的二元结构统一在组织目标之中。笔者进而分析了积极追随者的特征及其在组织中的表现、追随行为的结构及测量。但是研究发现，这种积极追随行为的研究也仅止于此，未能将组织中追随者的追随行为与其创造性工作行为、创造性行为相关联。而笔者认为追随行为是一种计划行为，这种计划行为的目的是实现组织目标，而实现组织目标是要转换为组织中追随者创造性工作行为的。

本书认为组织成员的创造性工作行为是由组织成员的追随行为来促进与协调的，而这又是由组织中的领导包容特征及组织支持感等来调节的。所以本章对包容型领导及组织支持感的相关研究进行了分析与归纳总结。研究发现有关组织支持感、包容型领导的研究在有关文献中可以是自变量，也可以是调节变量，对组织中的创造性行为、创新行为或工作绩效起作用。基于此，本章分析了包容型领导概念、组织支持感概念的结构及测量的相关文献，认为这两个概念在组织成员的追随行为及其衍生创造性工作行为之间起某种作用。

由组织成员的追随行为所衍生的创造性工作行为是本章的重要研究内容，然而现有文献很少将组织成员的创造性工作行为与追随行为相关联。本章对相关文献进行分析后发现，一般文献很少区分组织成员的创新行为与创造性工作行为，也很少有人将组织成员的创造性（创新）行为与组织成员的追随行为相关联。所以本书在下一章将从理论上论证组织成员的追随行为与创造性工作行为之间的关系，并从概念结构及测量等方面展开系统性研究。

第 3 章

理论分析与模型建构

通过文献综述可以看出，组织是由领导与成员互相规定的，领导者与追随者共同构成了一个组织。而最初组织中的领导理论是以领导为中心展开研究的，如领导特质理论、领导技能理论、领导风格理论、领导情境理论、领导权变理论；直到 21 世纪以来，特别是近 10 年来，领导研究才对追随有了较少的关注（Baker，2007；Bligh，2011；Carsten et al.，2010；Kelley，2008；Sy，2010）。当考虑到追随者时，他们被认为是领导影响力的接受者或调节者（即以领导为中心的观点，Bass，2008），或者被认为是领导者和领导力的构造者（即以追随为中心的观点，Meindl，1990；Meindl et al.，1985）。追随者通过实施追随力成为领导过程中的关键组成部分，但大部分领导文献忽视了对追随者的研究。当人们发现领导理论的不足时，追随研究就出现了以追随者为中心的理论，这些理论是对以领导者为中心观点的一种反应，关注在构建领导者和领导力中追随者的角色。认为领导是一种社会建构，领导者是在追随者的认知、归因、社会认同过程中的产物。二元理论出现了，LMX 理论被认为是最具代表性的研究成果，把领导定义为一种过程，关注的是领导者和追随者之间的相互作用。

近年来，这种二元理论在两个方向上的研究得到了发展，一是领导一极的发展，如变革型领导、诚实领导、团队领导等；二是在追随一端的研究，这就是追随者特征、追随力、追随行为等研究，这些研究进一步扩展，研究追随者的追随行为的影响因素等。本书的工作可以被认为是这方面研究的一种尝试。

本书采用 TPB 理论对追随行为的前因或者称为前行为进行研究，从理论上论证追随行为是一种计划行为，并通过统计检验进行实证；进而研究追随行为的衍生行为——创造性工作行为。也就是说，一个组织是由领导者与追随者共同界定的，二者相互作用完成了组织的目标，其中追随者的创造性工作行为，既作为一种对追随行为的具体表现，同时也实现了组织的目标。

3.1 基于 TPB 的有效追随行为

随着研究的不断深入，研究内容逐渐转变为对以追随者为中心的积极追随理论的研究。基于追随者视角的追随研究认为，追随者是一个积极的角色，是能够塑造领导者的积极存在，通过对领导胜任力的感知来决定反馈（Hollander，1992；Hollander，1995）。对追随者积极性观点影响最大的学者主要是 Kelley 和 Chaleff，在组织中多数领导者同时也是追随者的现实让 Kelley 认识到了追随者的重要作用，他认为积极有效的追随者既有独立性、批判性的思维，又有积极参与的行为（Kelley，1992；Chaleff，2008），Chaleff 则认为追随者是积极的、有勇气的（Chaleff，1997；Chaleff，2009）。Kelley 和 Chaleff 的研究为积极追随理论打下了坚实的基础。后来有关学者基于此前提，将与追随相关的概念量化为变量，取得了许多研究成果：彭坚等（2016）研究积极追随特质与工作产出之间的关系。凌茜等（2019）则研究领导类型与有效追随行为的特征，特别是公仆型领导相关的有效追随行为的特征，显然他们注意到了追随行为与领导类型之间的匹配关系，从某种侧面指出追随者对其领导是具有选择性的，即追随是一种理性的决策行为。而 Carrington 等（2019）就领导团队与追随团队相互作用过程中共识的形成机制进行研究，强调追随与被追随是一个相互认知的过程，是一个理性的选择过程。魏丽萍等（2018）认为真实型的领导导致了真实型追随，即追随行为是领导行为的一个结果，真实型的领导者作为下级的榜样，构建了积极的组织环境等；而 Avolio 等（2004）认为，真实型追随是一个主动的过程，由追随者决定其是否追随一个领导者，根据人的行为在自主条件下的理性特征，可以认为追随者的行为并不是一种盲目的追随，而是一种理性的行为。

既然追随行为是一种理性行为，那么，本书将在前人的基础上，基于理性考虑给出追随行为的研究问题。本书的问题是：其一，为什么在一个组织中，有些追随者是圈内人（in-group），而有些追随者是圈外人（out-group）？如果一个组织中的人都是理性的，为什么有些人的追随是主动行为，而有些人则是只按契约（被动完成任务）行为？其二，LMX 理论解释并分析了圈内人、圈外人，认为领导与成员之间的交换质量不同是资源限制而导致的，领导与不同追随者发展差异化社会关系（Rockstuhl，2012；祝振兵等，2017），但这种解释是从领导对成员的选择角度来看的，把 LMX 看成是单向的，并未解释同样都是具有理性的追随者，为什么有些人选择了高质量的领导成员交换成为圈内人，而有些人则选择了低质量的领导成员交换成为圈外人。其三，为什么组织中有些人开始是圈外人，后来成为圈内人；而有些人开始是圈内人，后来选择退出成为圈外人？

现有研究成果存在上述问题的原因在于，虽然研究在各方面都做出了努力并取得了成果，但是未能对追随行为的决策特性进行分析，也未揭示追随行为这种决策的前因是什么。本书的基本观点是，组织中的个体的追随行为是一种决策行为，是一种计划行为，因而可以用计划行为理论及其范式进行研究。

计划行为理论是由 Fishbein 和 Ajzen（1980）提出的一种组织中个体决策与选择的理论，其最大优点：一是认为人的选择行为是一种计划行为；二是计划行为理论采用了一个开放性的理论模型，为人类的有关行为决策提供了一套分析框架；三是这种开放性框架允许研究者根据研究的内容自建测量与检验的量表。

计划行为理论的基本框架是：个体的行为（决策）是由个体的行为意图决定的，而行为意图则与三种因素有关，一是个体的行为态度；二是个体的主观规范；三是个体的行为控制能力。就组织中个体的追随行为而言，行为意图及产生行为意图的三个因素就是组织中追随者追随行为的前因。因此，本书将在证明追随行为是理性行为之后，基于计划行为理论分析决定追随行为的因素有哪些，再研究这种基于计划行为的追随行为意图是如何决定追随行为的。

3.1.1 组织成员的理性及其追随行为

对人的假设是组织理论最基本的内容之一，是一切组织理论的出发点。亚当·斯密提出的理性人（主观上为自己，在客观上则达到利他目的）、泰勒的员工追求自身利益最大化以及梅奥的霍桑实验提出的组织成员是“社会人”的假设（即不是一种简单地追求经济利益的人，而是一种复杂的具有利益集的人）、西蒙的有限理性等，都从不同的角度与层面论证了组织成员是具有理性的人（亚当·斯密著，唐日松等译，2005；弗雷德里克·泰勒著，马风才译，2007；郭咸纲，2008；Simon，1976）。只是西蒙认为虽然人有追求理性的动机，但人达不到完全理性（Simon，1976）。正是组织成员的这种理性的性质，使得其在行为选择时具有计划性。西蒙（1947）在研究组织管理行为时，发现人类决策过程（四阶段）的计划性（赫伯特·西蒙著，詹正茂译，2019）。Fishbein和Ajzen（1975，1980）提出了理性行为理论（Theory of Reasoned Action，TRA），主要用于研究个体的态度如何影响个体的行为；而计划行为理论（Theory of Planned Behavior，TPB）是Ajzen（1988，1991）在理性行为理论的基础上提出的，这个理论能够帮助人们理解人是如何改变自己的行为模式的。

TPB认为，人的行为是经过深思熟虑的计划的结果。Ajzen研究发现，人的行为并不是百分之百地出于自愿，而是处在控制之下，因此，他将TRA予以扩充，增加了一项对自我“行为控制感知”（Perceived Behavior Control）的新概念，从而发展成为新的行为理论研究模式——计划行为理论。

当本书将组织看作领导与成员组成的二元结构时，领导与成员之间的相互关系是一种理性行为的作用关系，当然，成员对领导的追随行为也是理性行为。Avolio（2004）提出真实型追随概念，认为追随是一个主动过程，由追随者决定其是否应追随某个领导。这里的主动是指，追随者根据自己的内在感知做出追随与不追随的决策，这种决策是权衡了利弊之后的行为，因而是理性的。因为，人们在追随其组织的领导时，必然会思考自己追随这个领导要达到什么目的，有什么意图，而这个行为意图的决定因素有哪些，即达到这个行为意图对自己将产生哪些利弊，别人（指个体很在意的相关主体）会怎么看待这种行为。而对这些问题的回答是由追随者自己的认知与理念决定的。

人的知识与价值的差别性，决定了对领导认知上的差别性，因此同一领导，不同的人追随程度不同，有的人是按契约办事、程式化追随，而有的人则对领导紧密追随；同样，正是组织成员的理性追随行为决定了 LMX 理论中的圈内人与圈外人。

另外，人们在做出追随决策（采取追随行为还是不采取追随行为）时，在追随的过程中，其行为是经过深思熟虑的计划结果。追随者不但要对自己的追随行为实现的结果做出态度上的评估，对自己如果选择追随行为重要他人的态度做出评估，而且还要对自己的追随能力进行评估，即如果自己追随这个领导，那么自己能实现所希望的结果吗？自己有能力追随吗？只有对自己的追随能力进行评估，并得出肯定的结论时，追随行为才有可能产生。

本书所讨论的上述三个方面的因素，分别对应计划行为理论中决定行为意图的三个因素：一是追随者的行为态度；二是追随者对社会规范的感知；三是追随者对自我追随行为控制的感知。这三个因素正是计划行为理论的核心。如果注意到 Ajzen 所发现的“理性支配的人的行为并不是百分之百地出于自愿，而是处在控制之下”，即组织中的个体是否追随一个领导不仅是由自己对领导者的态度决定的，还受他人的态度及自己追随能力影响。因此这种理论分析可以用来解释本书在绪论中提出的组织中追随行为与 LMX 方面的问题。

也就是说，组织中的成员的追随行为是一种计划行为，这种计划行为显然不仅是一种理性行为，而且还是一种积极的追随行为。这种积极的追随行为主要是由追随者的理性所决定的，是由追随者对领导者的认同、对所在组织的认同决定的，具体表现为追随过程中的组织目标实现的积极参与性、对领导者追随过程中的非盲从性。

本书的第一个基本假设是：组织成员对领导的追随行为的意图是由追随行为态度、追随行为的主观规范感知、追随行为的控制感知三个因素决定的。由于组织中每一个成员的经验、认知、价值观等有所不同，因而由上述三个因素所决定的追随行为意图也不同，从而产生的追随行为不同，同一领导，有人可能追随，有人可能不追随。

3.1.2 追随行为态度与追随行为意图

领导理论经历了从以领导者为中心到以追随者为中心，再到关系观的明显变化，这使本书认识到领导是领导者和追随者之间在情境中共同建构的过程，如果不考虑领导过程中追随者的作用，则不能完全理解领导（Uhl-Bien，Riggio et al.，2014）。追随理论认为成员对领导的追随具有积极主动性。领导成员交换理论（LMX）将领导者与追随者之间的这种二元关系（Dyadic Relationship）视为领导过程的核心，但强调的是二者之间的交换关系。然而，这种理论解释不了圈内与圈外关系一旦形成就具有某种相对稳定性，而这本身又不符合交换理论的过程性：既然圈内与圈外关系是由交换关系所形成的，这种关系又是一种动态过程，那么圈内与圈外成员也应具有一种动态性，因为人都是理性的，所有成员都有与领导提高交换质量的积极性，因此，应能观察到圈内人与圈外人的动态变动。但现有的研究表明低质量（圈外）LMX 与高质量（圈内）LMX 似乎具有一种锁定性，一旦形成圈子很难变化（Chaleff，2008），这一点与中国现实情况一致。

那么，追随者是如何追随领导进而在环境中共同建构了领导过程？是什么因素使得领导与成员或领导者与追随者之间形成较为稳固的关系呢？本书认为这是由领导者与成员之间或追随者之间的相互认知、认同来决定的。在一个组织中领导者与其成员之间在工作与交往过程中就会相互认知，这种认知是相互认同的前提。根据期望—价值理论（Fishbein and Ajzen，1975），态度乃个人对特定对象所反映出来的一种持续性的喜欢或不喜欢的预设立场，也可以说是个人实行某特定行为的正向或负向的评价，他们认为态度的形成可从对个人实行某特定行为的结果的重要信念（Salient Beliefs）和对结果的评价（Outcome Evaluations）两个层面解释。这种认知过程是一种工作过程的副产品，是与双方的心理特征、价值观、知识结构相联系的，追随者对领导者的认同也与此一致。

追随者对领导者的认知内容大致可以分为两个方面：一是事实认知；二是价值认知。这两个方面的认知会形成一个追随者对自己的追随行为结果的评估（类似于投入产出），从而形成肯定、否定或不在意等行为信念。

行为态度是由行为结果的信念来决定的。一个追随者对一个领导者的事实与价值认知影响了其对追随行为结果收益的预期，从而决定了其行为的态度，即若追随行为会为自己带来正向的收益预期，则倾向于采取追随行为；反之，则不愿采取追随行为。这就是说追随者的追随行为态度直接影响了追随行为意图（Behavior Intention），一个组织成员能否产生追随行为意图，追随行为态度具有至关重要的作用。

但是仅仅有追随行为态度本身还不足以完全产生追随行为意图，还与追随者的社会关系及其看法有关。

3.1.3　追随行为主观规范与追随行为意图

主观规范是指个人在采取一个行为时所能感受到的社会压力，这种压力来自所感受到社会认知所构成的社会规范。当一个组织中的领导者在组织中的社会认知不一致或社会评价不一致时，对追随者的追随行为（追随或不追随）就会产生压力。这里的不一致是指如下情形：有人认为领导者的道德高尚，有人认为领导者能力强，而有人持相反观点，等等，这就形成了一种组织环境，由对领导者评价不一致所形成的组织环境。Zilwa（2014）提出的真实追随的三组核心要素则说明追随者的行为受到追随者自身、领导者以及组织环境的影响。这三组核心要素分别是追随者的实际心理能力、心态，追随者与领导者之间的关系，组织的文化、规范和政治条件。

本书将追随者对领导者的认同与追随行为相关联，将追随者对领导者的不认同与不追随相关联，再将主观规范二分为认同度高与低，即可得到表 3–1。

表 3-1　追随行为与主观规范的关系

		追随者对领导者的认同度			
		高		低	
主观规范对领导者的认同度	高	有追随行为意图，自愿（无压力）	无追随行为意图（不存在状况）	有追随行为意图非自愿（内在紧张）	无追随行为意图自愿（外在压力）
	低	有追随行为意图，自愿（外在压力）	无追随行为意图非自愿（内在紧张）	有追随行为意图（不存在状况）	无追随行为意图自愿（无压力）

通过表 3–1，可以得出如下结论：

①当追随者对某领导的认同度高时。其一，主观规范对该领导者的认同度高时，积极的自愿的追随行为就会无压力，从而强化了追随行为意图，此时如果不追随该领导不合逻辑，所以本书认为不存在主观规范、追随者个人都对一个领导的认同度高，而这个追随者则不产生追随行为这种状况。其二，主观规范对该领导者的认同度低。一方面，由于追随者自己的认同度高与主观规范认同度低不一致，如果采用追随行为就会感知到一种来自“社会”的外在压力，一般而言，人有屈服于外在压力的心理倾向，所以这种压力对追随者的行为具有削弱作用；另一方面，如果不采取追随行为，就会与自己的认同不一致，这就是在外在压力下所采取的行为，这就是一种非自愿行为，就会出现内在紧张感。所以，在追随者对领导者高认同度条件下，其感知的主观规范与其追随行为意图有正向相关性。

②当追随者对某领导的认同度低时。其一，追随者所感知到的主观规范对该领导者的认同度高。一方面，如果追随者在主观规范的压力下产生追随行为意图，则与自己对该领导的认同度不一致，但还是有采取追随行为的可能，这取决于追随者对这种主观规范的重视程度。重视程度高，就会产生追随的行为意图，如果由此产生了追随行为，就是一种非自愿行为。另一方面，如果追随者不采取追随行为，尽管是出于自己的认同度（自愿）采取的不追随行为，但这与社会规范不一致，从而有可能减弱自己的不追随行为意图，即使不追随的行为意图不那么强了。其二，如果主观规范对该领导的认同度低，而追随者自己的认同度也低，还要采取追随

行为好像不合逻辑；如果采取不追随行为，此时不会感到压力，在这种情况下也就不会产生追随行为意图。所以，在追随者对领导者认同度低的条件下，其感知的主观规范与追随行为意图亦有正向相关性。

总之，感知的主观规范与追随行为意图有正向相关性。

3.1.4　追随行为控制与追随行为意图

前面论述了追随者在追随一个领导时，自身对行为结果的认知所决定的行为态度以及对追随行为的主观规范与追随行为意图之间的关系。但是一个组织中追随者的追随行为及其所达到的效用，是在与领导者的相互作用中、在与其他追随者的相互作用与比较的过程中，去不断评估与修正的。Leroy 等（2015）在研究真实型领导与真实型追随的交互作用时得出的结论是，这种相互作用对追随者的基本需求满意度具有影响，追随者总是在这种相互作用中体会与洞察领导者对自己行为的满意与否，从而调适自己的行为，"通过在工作场所建立真实的自我，追随者更容易获得与工作有关的自我认可的体验；而这些根植于内心的工作动机反过来有助于追随者的行为表现，并在动荡的商业环境中反映出更可持续的绩效"（Leroy et al.，2015）。其实追随者在与领导者相互作用的过程中需要对领导的要求不断地进行评估，还要对自己的追随能力与结果进行评估（Griffin et al.，2007；魏丽萍等，2018）。

这种评估包括追随行为的得失、能否达到自己的预期等，这涉及自己的追随行为能力（追随技巧）、自己的专业水平、自己的人际关系、自己的心理与个性特征等。按照 LMX 理论，指自己努力的结果能否使自己成为圈内人（in-group）。当追随者对自己的追随行为进行评估的结果是自己可以得到所追随领导的认可、可以成为圈内人、可以达到自己设想的追随行为结果时，就对自己的追随行为意图产生正向作用；反之，当追随者对自己的追随行为进行评估，其结果是自己无论再怎么努力，领导都不会认可自己，或自己不愿做出别人所做的某些行为，即自己认为无论如何自己都只能是领导的"圈外人"（out-group），此时就会减少或抑制追随者的追随行为意图。

总之，追随者对自己的追随行为控制的感知是对其追随行为意图具有正向的作用，当追随者感知自己的追随行为控制越强时，追随行为意图也就越强，即追随者的追随行为控制与追随行为意图具有正向的相关关系。

3.1.5 追随行为意图与有效追随行为

前面基于 TPB 理论，论证了追随行为态度、感知追随行为主观规范、感知追随行为控制是影响追随者追随行为意图的主要因素，并且提出追随者的理性的追随行为是一种积极有效的追随行为，即这种追随行为包括对组织目标实现的积极参与行为和在与领导者相互作用过程中的非盲从行为。

如前所述，追随者的追随行为态度是由追随行为信念及其结果评价所决定的，这种信念是基于追随者对追随对象——领导者及其组织的事实认知与价值认知，是追随者将自身的目标与组织的目标相融合的心理过程。因此，在追随行为信念及其结果评价基础上的追随行为意图本身所决定的追随行为就包含了组织与领导的认同，因而这种追随行为内在具有积极参与组织工作的驱动力，即具有积极参与性特征。Kelley（1988）对这种追随者的积极参与行为进行了刻画，他指出，追随者在组织中应该扮演积极主动的角色，积极有效的追随者既有独立、批判性思维，又具有积极行动的特征，他们能够自我管理，能够胜任组织任务要求。Kelley（1992）认为追随者是颇具才智、勇气、责任感和道德意识的人。Chaleff（1995）指出，追随者是积极的人，他们有勇气承担责任、有勇气挑战、有勇气变革、有勇气服务领导和有勇气坚持道德行为，优秀的领导者需要优秀的追随者的支持，追随者应该和领导者具有相同的地位。Kelley 将理想的追随定义为参与实现一些共同目标的一个联合过程，有效的追随者具有一系列积极的品质，如自我激励、独立解决问题、致力于团体和组织的目标的实现，是勇敢的、诚实的、可信的。

从追随行为意图出发，结合前人的认识及研究成果，本书认为追随者的追随行为是由追随者的角色感知及追随者与领导者的相互作用两个方面来决定的。在中国文化背景与管理情境下，积极有效的追随者同样表现出主人翁意识，是组织目标实现的积极主动参与者，但追随者更愿意表现得顺从，在影响领导的行为方面表现得更策略一些，一般并不明显地具有批判精神。追随者往往以建言的方式向领导提供参考意见，对领导的决定与行为有不同意见时，往往表现为非盲从，并试图在适当时机设法从不同角度去影响领导的决定，从而实现有效的追随行为。所以本书在 Kelley 等研究的基础上，对他们的有效追随行为的两个维度进行了一些调整与改进，将他们的积极参与和独立批判精神改进为积极参与和非盲从两个维度。

在本书定义的有效追随行为概念中，积极参与维度在内涵上与 Kelley 等定义的相同，但非盲从行为维度与其独立批判精神有所不同。非盲从行为是指追随者在追随领导者的过程中显示出非盲从的理性行为，并选择适当时机以建言的方式对领导者的决定、决策做出建设性影响。

3.1.6　基于 TPB 的有效追随行为假设

前面论证了追随者的追随行为态度、追随行为主观规范感知、追随行为自我控制能力决定了追随者追随行为意图的强弱，即这三个因素都正向影响追随者的追随行为意图。而追随行为意图的强弱决定了是否应采取追随行为。

如第 3.1.2 节所述，追随者对领导者的追随行为态度来源于在追随这个领导的过程中所产生的行为结果信念，这种信念又是由对其追随行为结果的事实认知与价值认知所决定的。也就是说，追随者对追随结果的预期越好，越是认为追随行为结果对自己好处多，追随者就越有追随行为意图，越倾向于采用这种追随行为，可以得到如下假设：

H1：追随者的追随行为态度与追随行为意图之间有正向相关性。

第 3.1.3 节的论述分析了追随者感知主观规范对领导者认同度的高低与追随者自身对领导者认同度的高低的四种组合，发现在追随者对领导者认同度高的条件下，追随者感知的主观规范与追随行为意图有正向相关性，在追随者对领导者认同度低的条件下，追随者感知的主观规范与追随行为意图亦有正向相关性，可以得到如下假设：

H2：追随者感知的主观规范与追随行为意图之间有正向相关性。

如第 3.1.4 节所述，追随者感知的追随行为控制与追随者能否达到预期追随结果有关，与追随者要追随一个领导所必须具备的能力（智商的、情商的）有关。当追随者感知的追随行为控制能达到预期目标，自己可以成为圈内人且能得到追随所要达到的绩效时，就会促进追随行为意图的产生；否则，当追随者感知自己的追随行为无论如何也不会达到预期的结果，自己不可能成为高质量的追随者，不可能成为 LMX 理论所说的"圈内人"时，追随者就会减弱或抑制追随行为意图，从而得到如下假设：

H3：追随者感知的追随行为控制与追随行为意图之间有正向相关性。

但是根据计划行为理论，当追随者感知自己的能力非常强、能够轻松与领导沟通，追随行为控制使得追随者产生追随行为意图，最终产生追随行为。

行为意图是行为决策的前提。Fishbein 和 Ajzen（1980）认为行为意图（Behavior Intention）就是个人想要采取某一特定行为之行动倾向，也就是指行为选择决定过程下，所引导而产生是否要采取此行为的某种程度表达，因此行为意图是任何行为表现的必需过程，是行为显现前的决定。因此，某种行为意图越是强烈，就越有可能产生某种行为。在本书的研究中，追随者的追随行为意图越强烈，就越有可能产生有效追随行为。就追随行为意图作为有效追随行为的前因而言，本书在进行这部分的假设时，不对有效追随行为的维度进行划分，而是将两个维度的测量项放在一起。由此得到如下假设：

H4：追随者的追随行为意图与有效追随行为之间有正向相关性。

Peter 和 Olson（1987）提出对行为意图测量的相关量表，为追随行为意图的测量设计提供了理论与思想基础，在此基础上的追随行为意图的测量可用来预测实际行为的产生。

另外，从计划行为理论来看，人们在行为选择时有时是非自愿的，主要原因在于有一个类似于自我效能感的因素——感知行为控制（Ajzen，1991），Ajzen 所称的感知行为控制可以直接影响人们的行为选择，这个感知行为控制不一定通过行为意图去影响行为，即人们的感知行为控制可以直接作用于行为。在本书研究的追随者的有效追随行为中，组织中的个体如果发现自己有很好的追随能力，会实施有效的追随行为；相反，如果组织中的追随者发现自己的能力不能满足所追随领导的要求或无论如何也不能得到领导的承认，成不了“圈内人”，就会极大地抑制其有效追随行为。也就是说，追随者的感知追随行为控制可以直接产生有效追随行为，且二者之间有正向关系。从而得到如下假设：

H4-1：追随者感知的追随行为控制与有效追随行为之间有正向相关性。

根据以上分析，结合计划行为理论，本书可以得到构念结构图如图 3-1 所示。

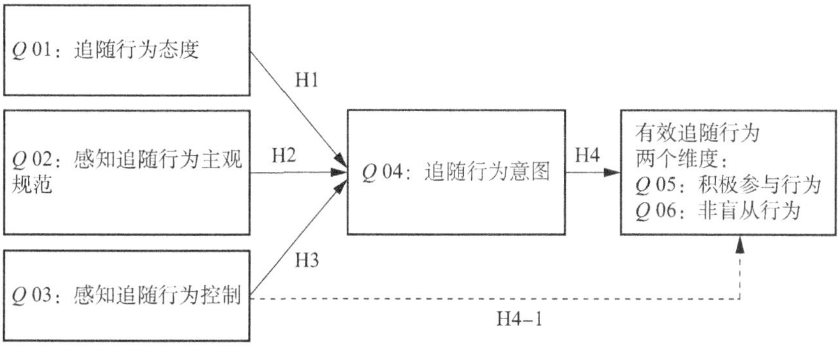

图 3-1　基于 TPB 的追随行为意图前因及有效追随行为

3.2　有效追随行为的衍生行为——创造性工作行为

一个组织的存在是为了达到组织的目的，实现组织的目标。而组织的目标就是由组织的二元结构主体的共同努力来实现的，即组织中的领导者及其追随者为了实现组织目标而相互作用，最终共同为实现组织目标而奋斗（芭芭拉·凯勒曼著，宋强译，2011）。因而，追随者对领导者的有效追随行为就会在组织目标的引导下，衍生为追随者的工作行为。有效追随行为是追随者在对组织目标及组织领导者的认同下发生的，所以，这种追随行为会与组织目标有机、有效地结合，从而生成内在动机，转化为有效的工作行为，并创造性地完成工作，从而被称为创造性工作行为。因而组织成员的有效追随行为必将导致其在组织中的工作行为的选择，即选择如何创造性地完成工作。本书把在有效追随行为下追随者所选择的创造性工作行为称为有效追随行为的衍生行为。

3.2.1 基于有效追随行为的衍生行为

（1）基于社会交换理论的追随衍生行为分析

社会交换理论（Social Exchange Theory）是 Homans 在 1958 年用来解释社会行为时从经济学中引用的一种理论，解释社会行为有赖于相互强化而得以持续（Homans，1974）。这种理论有三个要点：

其一，服从联结原理：客观上存有适合有机体的规律，如动物与人有寻求最大奖赏、快乐与尽少付出代价、避免痛苦的倾向。因此，人的特定行动受奖越多，人就越会表现出这种行动。如果一个或系列刺激的出现总是伴随着对某人行为的奖励，则目前的刺激和过去的刺激越是相似，人就越会表现出这种行为；但奖赏过多，也会使人感到厌烦，其相对价值也会变小，这种行为也会减少（边际效用递减）。

其二，服从社会交换规律：社会交换类似于商品交换。在商品交换中，商人的行为宗旨是追求最大的利润，如果产品销售收入（报酬）大于成本，就会有利润，于是这种商业行为便会继续下去，否则就会中止。社会心理学中所讲的社会交换是指在人际关系中的社会心理、社会行为方面的交换。这里的报酬与成本不限于物质财富，成本可能是体力与时间的消耗、放弃享受、忍受处罚与精神压力等，报酬也可能是心理财富（如精神上的奖励、享受或安慰等）与社会财富（如获得身份、地位与声望等）。如果一个人以行动带给别人好处，并迫使对方做出互惠的行动，造成一种公平的关系和相互获益，那么这种相互作用的行为与关系就会得到继续与发展，否则就会减少、疏淡或停止。Thibaut 和 Kelley（1959）认为，人们彼此接近时，双方都感到得大于失，这种交往行为和关系便会保持下去；如果一方感到得不偿失，这种接近行为和关系就难以持续。这里涉及报酬（reward）－代价（cost）＝后果（outcome）的适用性。如果双方所得的后果都是正的，关系将持续；如果双方或一方所得的后果是负的，关系将出现问题。

其三，分配公平原则：被 Adams（1965）和 Walster 等（1978）发展为公平理论（Equity Theory）。他们认为，每人所得到的收益（报酬）与他的投入（代价）遵循一定的比例，即收益越多，投入也越高。在双方交往中，人若发现自己的收益与自己的投入之比与对方两者之比大致相同（$R/C=R'/C'$），则认为实现了公平分配，心理上就比较平衡，交往也会继续。如果发现自己的两者之比低于对方（$R/C<R'/C'$），则会产生抱怨或愤怒等消极情绪，并会采取行动（如减少投入）或中断交往。如果发现自己的两者之比远高于他所应得的或别人的两者之比（$R/C>R'/C'$），则会体验到内疚感，于是也会设法采取补偿行为，如将多得的拿出一部分付给对方或充公益之用，以保持心理上的平衡（Walster et al.，1966）。

追随者对组织中领导者的有效追随行为，本质上是一种社会行为，从社会心理的层面看，具有社会交换的性质，因此也服从社会交换规律。一个追随者在一个组织中可以得到物质报酬（物质财富），精神上的奖励、享受和安慰（心理财富），身份、地位与声望等（社会财富），作为社会交换回报，他（她）在公平的原则下，也会给组织以回报作为交换，这种交换就表现在由追随行为所衍生的工作行为。因为作为组织的一员、作为追随者，所能给组织及其领导者的作为交换的回报主要还是与自己的工作相联系的组织目标的实现。因为按照社会交换理论，如果一个人与他人之间做出互惠、相互获益的行动，形成一种公平的关系，那么这种行为与关系就会继续，否则就会减少或停止（章志光、寇彧，2019）。

基于社会交换理论（Emerson，1976），当一个主体在组织中成为有效的追随者时，其就内生地成为在组织社会交换中的一方。因此，其追随行为体现在工作中，将其工作成果或绩效作为对实现组织承诺的一种交换“物”。追随者在组织中所获得的益处包括两个方面：一为经济收益；二为心理收益。当追随者在与领导交往的过程中，把从领导及组织中获得的所有的经济的和心理的收益视为组织对其的交换“物”时，追随者就会在其工作中以工作行为所产生的绩效作为对组织相应的交换“物”或贡献。追随者在与组织的这种社会交换行为中一般遵循的是“公平”与“正义”的原则（Emerson，1976）。

在现实中，可以看到组织中的成员有些是在按部就班地完成自己的工作；而有些人则是能够在工作中对自己现有的工作方式、工作方法进行适当改进，以求更有效地工作；还有一些员工在组织中不仅积极主动地工作，而且会根据工作情境寻找最优的解决问题的方案，创造全新的工作思路，最有效率地完成工作。

本书的基本思路（假定）是：追随者追随行为的有效程度不同，其选择的工作行为不同。积极追随行为的程度与工作行为（激进创造性、渐进创造性或常规非创造性）有相关性。

（2）有效追随行为与内在动机关系的理论分析

内在动机理论认为，与外在激励相比，内在动机对员工的行为更具有持久的激励作用。学者们在研究内在动机的成因或影响因素时发现，需要、兴趣、情感因素是影响内在动机的主要因素（陈志霞、吴豪，2008），在这些研究中，人们都不同程度地指出，工作特征、任务特征也会影响员工的内在动机（周文泳、胡璟璟，2012）。有效追随行为是由员工或追随者的追随动机所决定的，这种动机会转化为工作行为，当然，动机不同，追随者的工作行为也是不同的。

基于计划行为的有效追随行为可以产生追随者内在动机，并将其转化为工作行为，创造性地或常规地完成工作。由第 3.1.5 节中对有效追随行为的界定可知，其核心是追随者在组织目标实现中的积极参与行为和非盲从行为，而这种非常积极的追随行为是由于追随者对组织及其领导的认同感所导致的，换言之，是追随者在长期的组织活动中与组织中的领导者相互认同。这种认同一方面是出于追随者个人的各种层面的需要，另一方面是久而久之所产生并增强追随者与组织及领导者之间的情感关系。也就是说，基于计划行为的有效追随行为可以强化追随者的内在动机。追随者在内在动机的驱使下，会为组织着想、为领导着想，为实现组织目标而不断努力，即内在动机进而可以转化为追随者的工作行为，或创造性地工作。

Amabile（1997）指出，“这种内在动机的创造性原则不仅适用于科学创造性，而且适用于商业创造性”，“有大量证据表明，当人们主要出于内在动机时，他们将是最有创造性的，而不是出于外部动机的预期评价、监督、与同龄人的竞争、上级的指示或奖励的承诺”，“创造性是创新的第一步，就是成功地实施那些新颖、合适的想法，而创新对于企业的长期成功绝对至关重要”。

追随者（或员工）工作行为中的创造性行为是内在驱动的还是外在驱动的？Amabile（1997）认为对于个人而言，内在动机更有利于个体的创造性行为。他提出了一种由三个因素决定的个体或小团体的创造性行为。这三个因素分别是专业知识、创造性思维技能和内在任务动机。作为领导者，在一个组织中对其追随者进行激发、激励是一种普遍的管理行为，然而这种管理行为往往内隐着对追随者或员工内在的忽视。本书的观点是，追随者的内在动机在其工作中的作用更为重要，而且一直都是存在的，即当追随者以组织目标为自身目标而追随一个领导时，就产生内在的工作动机，且追随行为本身可以使其内在动机与外在动机很好地结合与协调。

（3）有效追随行为与任务动机关系的理论分析

就追随者的内在动机而言，首先是内在任务动机的驱动。Amabile（1997）认为，在一个组织中其成员的专业知识、创造性思维技能决定了一个人能够在给定的领域做什么，但决定组织成员或追随者实际会做什么的是任务动机。动机可以是内在的（由对工作的深刻兴趣和参与、好奇心、享受或个人挑战感所驱动），也可以是外在的（由实现与工作本身无关的某种目标的愿望所驱动，如实现承诺的奖励或赢得竞争等）。虽然内在动机和外在动机的组合比较常见，但一个追随者可能是一个特定的、主要的完成一个给定任务的人。

许多研究表明，主要的内在动机将比主要的外在动机更有利于创造性行为，但任务动机使组织中的追随者明确地知道他能做什么与他会（可以）做什么之间的区别。前者（能做什么）取决于他的专业知识水平和创造性思维技能。但正是他的任务动机决定了他将会在多大程度上充分利用其专业知识和创造性思维技能来服务创造性表现。在某种程度上，高度的内在动机甚至可以弥补专业知识或创造性思维技能的不足。一个具有高度内在动机的人很可能从其他领域汲取技能，或者付出巨大的努力在目标领域获得必要的技能，从而将内在动机转化为任务动机，因为任务动机才是追随行为的起因，即任务动机对追随行为具有决定性作用。

（4）有效追随行为与内外动机的协同作用

追随者有效追随行为还表现为其所产生与相互强化的内在动机与外在动机协同作用，进而影响其创造性行为。内在动机和外在动机相互作用的普遍心理模型表明了一种对立：随着追随活动的外在动机的增加，内在动机必须减少。但实际研究中相当多的证据表明，在某些条件下，某些形式的外在动机可能与内在动机协同结合，增强（或至少不破坏）内在动机对创造性行为的积极影响。例如，商业组织的研究发现了几个外部激励因素，如奖励和认可创造性的想法，明确的总体性目标，以及对工作的频繁建设性反馈等都可作为对追随者创造性的支持。

那么是什么决定了外在动机在影响创造性方面会与内在动机积极配合，或偏离内在动机？这是一个非常重要的问题。因为，在组织中大多追随者虽然对组织认同、对领导认同，但其内在动机往往不能与工作动机完全一致，因此，将内在动机引导到工作动机，是追随者工作行为的关键。Amabile（1997）认为有三个重要的决定性因素影响着内在动机与外在动机的协调与配合：人的初始动机状态、使用的外部动机的类型，以及外部动机的时间。

第一，内在动机的初始水平起着至关重要的作用。这是由于，如果一个人因为工作有趣或个人挑战性而深深地参与了某项工作，那么内在动机的强度可能相对不受外在动机的破坏影响。研究表明，当一个人的态度和动机是模糊的或模棱两可的时候，他的态度和动机会受到外部的影响。因此，当内在动机对工作已经很强和突出时，当追随动机与组织动机、个人偏好相一致时，当一个人的追随动机与个人创造性的偏好一致时，组织中的其他因素对其创造性行为的影响不会太明显。

内在动机和外在动机的加性效应或叠加效应。当内在动机相对较弱时，可能会出现外在动机对内在动机的负面影响。因此，如果一个追随者对他正在工作的产品的开发充满热情，他可能对外部激励因素对他的内在动机和创造性的负面影响相对“免疫”，不受其影响。在追随中，当追随动机很强时，当对组织认同度高时，一个追随者的创造性工作行为可能不会受到其他因素的干扰，但组织的激励却能强化之。

第二，外在动机的类型不同，对内在动机的作用不同。协同的外在激励因素包括某些类型的奖励、认可和反馈，这些外在动机因素并不一定会破坏内在动机。事实上，奖励、认可和反馈会提高绩效的某些方面。例如，如果一家高科技公司通过批准向其工程师分配额外的技术资源来承认卓越的业绩，那么其对内在动机的影响就可能是积极的。另外，限制如何完成工作，以及其他类型的奖励、认可和反馈，将不利于内在的动机和绩效发挥。例如，在如何达到一个目标的严格控制下工作的工程师，奖励或者意味着试图控制他的行为，很可能会降低其内在动机和创造力。

第三，外在动机的时机可能很重要，时机不同对内在动机的作用不同。创造性的想法所强调的是新颖性和适当性，虽然创造性过程的某些阶段在确定一个想法的新颖性方面十分重要，但其他阶段在确定适当性方面更重要。协同的外在激励因素在创造性过程的某些阶段可能是最有用的，如收集背景信息或验证选定的解决方案；在那些需要最大化新颖性的阶段，如最初的问题形成或思想的产生阶段，外部激励因素所产生的外部动机有消弱内在动机的作用。

所有这些关于动机的研究都导致了创造性的内在动机原理：内在动机有利于创造性；控制性的外在动机不利于创造性，但是，如果内在动机的初始水平很高，信息或支持性的外在动机会有利于创造性。

3.2.2　追随行为衍生的创造性工作行为

前文论证了追随者的有效追随行为一方面具有社会交换的性质，受社会交换规律所支配，另一方面追随行为可以内化为追随者的内在动机。在这两种心理过程的驱动下，追随行为就会转换为追随者的创造性工作行为。追随者的追随动机不同，由此衍生的创造性工作行为也不相同。

作为领导者，在一个组织中，对其追随者采用一种普遍的管理激励，以产生工作动机。这种工作动机的本质是外在动机，往往内隐着对追随者或员工的内在动机的忽视，不能完全解释追随者工作行为的内在动机来源。Amabile（1997）认为个人内在动机对创造性工作更为重要，追随者的这种重要的内在动机是存在的，是可以从其工作行为中观察到的。

那么，追随者的内在动机是从何而来的呢？有效追随行为理论可以很好地解释这一点。如前所述，有效追随行为可以内化为追随者的内在动机，也可以使内在动机与外在动机协同起来。当追随者以组织目标为自身目标，追随一个领导时，其内在与外在动机就会转化为不同的工作行为，Madjar 等（2011）将这种创造性工作行为归纳为三种类型：其一，激进创造性（radical creativity）；其二，增量创造性（incremental creativity）；其三，常规非创造性表现（routine，noncreative performance）。下面将分别对由追随者的追随行为所衍生的这三类行为进行分析。首先分析追随者追随行为决定的创造性工作行为。

（1）追随者创造性行为的界定

与追随者或员工创造性行为有关的概念涉及创新、创意、创造、发明等行为。

创意（originality idea）是对传统的叛逆，是打破常规的哲学，是破旧立新的创造与毁灭的循环，是思维碰撞、智慧对接，是具有新颖性和创造性的想法，不同于寻常的解决方法。

创新（innovation）是指以现有的思维模式提出有别于常规或常人思路的见解为导向，利用现有的知识和物质，在特定的环境中，本着理想化需要或为满足社会需求，而改进或创造新的事物、方法、元素、路径、环境，并能获得一定有益效果的行为。在经济学上，创新概念的起源为美籍经济学家熊彼特在 1912 年出版的《经济发展概论》。熊彼特在其著作中提出：创新是指把一种新的生产要素和生产条件的“新结合”引入生产体系。它包括五种情形：引入一种新产品、引入一种新的生产方法、开辟一个新的市场、获得原材料或半成品的一种新的供应来源、新的组织形式。熊彼特的创新概念包含的范围很广，如涉及技术性变化的创新及非技术性变化的组织创新。

创造（creation）一词通常泛指产生或致使存在、发生的行为。宗教用语则是指起初上帝使宇宙存在。创造与受造物（创造行为的结果）及造物主（有能力创造的一位）密切相关。创造，是指将两个或两个以上概念或事物按一定方式联系起来，主观地制造客观上能被人普遍接受的事物，以达到某种目的的行为。简而言之，创造就是把以前没有的事物产生或者造出来，这明显是一种典型的人类自主行为。因此，创造的一个最大特点是有意识地对世界进行探索性劳动。

发明（invention）是应用自然规律解决技术领域中特有问题而提出创新性方案、措施的过程和成果。产品之所以被发明出来是为了满足人们日常生活的需要。发明可分为有用发明和无用发明。发明的成果或是提供前所未有的人工自然物模型，或是提供加工制作的新工艺、新方法。机器设备、仪表装备和各种消费用品以及有关制造工艺、生产流程和检测控制方法的创新和改造，均属于发明。

本书所研究的是组织中追随者在追随内在动机的驱动下所产生的或所表现的工作行为。这种工作行为是追随者个体将自己的创意、想法付诸实践的行为过程。在这一行为过程中，追随者是在对组织目标的认同下，在对其所追随的领导的认同下，去实现组织目标或完成领导所赋予自己的工作任务，而不断地在工作中试图以不同程度的创造性去试错、改正、再试错、再改正，以达到自己认为满意的工作绩效。创新行为不同于创新意识和创造力的地方是，创新行为是有结果和产出的。所以本书的创造性工作行为的结果可以是一个创意、一项发明或组织创新。

在一个组织中，追随者的追随行为体现了追随者与领导者之间的互动关系，但在现代的组织中，无论是领导者还是追随者都是由于组织的目标才统一在一个组织之中。因此，追随者的有效追随行为进一步转化为创造性工作行为，由工作行为来体现其与组织的契约关系，进而反射出其对领导者的追随行为。对于工作行为，Madjar 等（2011）认为可以由常规行为表现、渐进创造性行为表现、激进创造性行为表现来划分员工在组织中的工作行为的创造性。

因为今天的所有组织都可以被认为是处在这个充满全球竞争和经济压力的动态环境中，各组织正试图利用员工创造性作为变革、创新和生存的潜在资源（Bharadwaj and Menon，2000；Shalley，Zhou and Oldham，2004）。鼓励员工积极主动，勇于创新，除了让自己的工作更规范，更具成本效益，更高效地解决工作相关问题外，还要制订创造性的解决方案。在创造性工作中强调的是高度参与性，所谓参与性，是指排除了另一种竞争性的目标而参与所选定的目标的行动，有时选择最小参与比习惯性行动更为有利（Ford，1996）。也就是说，要想在一项工作中有创造性，必需的是参与性行为，不参与是不可能有创造性的。

创造性的想法可以从小的适应到激进的突破（Mumford and Gustafson，1988）。文献中的某些建议将不同类型的创造性理论化（George，2007；Sternberg，1999；Unsworth，2001），提出了更广泛的选择（例如，日常表现、增量创造力、激进想法），所有这些都有可能对绩效结果做出积极贡献（Gilson and Mathieu et al.，2005）。

本书主要目标是采用 Madjar 等（2011）创造性感知的概念对影响参与创造性行为、参与水平，以及这些行为的最终结果的因素提供一个更全面的图景（Drazin，Glynn and Kazanjian，1999；Ford，1996）。根据这一观点，当组织中的追随者面对一种情况时，他们试图通过产生自己的解释和意义来理解这种情况（Weick，1995），这为随后的行动提供了目标和动机（Drazin et al.，1999，2008）。然后，追随者（员工）基于自身的社会认知所衍生的行为意义，导致对创造性参与程度的自我决策。Ford（1996）也曾对此有过研究，他主要研究的是员工在工作领域对创造性行动的适当性和接受性，以及获得奖励的可能性。

本书在追随者的创造性工作行为中，划分出了常规表现、激进创造行为和增量创造行为等概念。

（2）常规表现、激进创造性和增量创造性

基于以上分析，本书对由追随者追随行为所衍生的工作行为进行深入分析。

追随者的常规工作表现是指其在工作中注重的是数量，或“员工执行有助于组织技术核心的活动的有效性”（Borman and Motowidlo，1997），是以非创造性的工作行为表现出来的。而工作中的创造性行为则是追随者的另一类表现维度，它指的是原创和新颖的作品，强调新想法和原创理念的产生（Amabile et al.，1996；Van Dyne et al.，2002）。遵循 Ford（1996）的模式，本书认为对追随者而言，创造性工作是常规性工作的替代方案，当然，鼓励个人参与创造性行动是产生创造性结果的条件。

就追随者的创造性工作行为而言，现有研究对激进和渐进创新的因素进行了区分（Dewar and Dutton，1986），对开发与探索活动进行了区分

（Benner and Tushman，2003），认为它们是两个独立的维度（Gupta，Smith and Shalley，2006）。Amabile（1996）和其他人（Audia and Goncalo，2007；Kirton，1994；Mumford and Gustafson，1988；Sternberg，1999，2006）也区分了依靠熟悉的算法和小适应的创造性工作，以及依靠设定的启发式和激进的突破性的工作。然而，尽管有这种区别和承认不同的个人风格——创新的和适应的（Kirton，1976），到目前为止，大多数研究人员都将想法的独创性或激进性作为一个维度进行实证研究（Shalley，Zhou and Oldham，2004）。同时，Oldham 和 Cummings（1996）发现两种类型的创造力度量（员工建议制度理念和专利公开）的结果不同，并认为这两种度量可能会捕获不同类型的创造性。因此，创新文献中出现的激进与渐进的区别可能适用于个人层面的创造性。

由于创造性行为通常被视为创新的第一步或组成部分，本书决定扩展这个类比（Dewar and Dutton，1986），并区分两种类型的创造性：激进型和渐进型。本书将激进的或发散的创造性定义为与组织现有实践有本质区别的想法（Dewar and Dutton，1986；Ettlie，Bridges and O'Keefe，1984）。高度激进的想法应该是提出新的突破性的框架或过程的想法。例如，以一种不同于已有做法的全新的方式来推广产品。另外，增量或适应性思想意味着框架的变化很少，只对现有的做法和产品进行了小的修改。例如，改进现有的产品设计、呈现形式等是很好的增量想法。重要的是要认识到，这些区别的目的不是表明一种创造力不如另一种创造力。也就是说，激进的创造力不一定比渐进的创造力更好或更有价值，正如创新的创造性风格不亚于适应性风格一样（Kirton，1994）。

这就是说，对于一个追随者而言，其工作行为或创造性的结果可以被描述为渐进（增量）的或激进的，而这两个行为在一定意义上相关性不大，Amabile 等（1996）称之为具有正交性。追随者的创造性工作行为，最终以工作绩效表现出来。有些追随者可能产生一系列渐进的想法和改变，这是由追随者对形势及其要求的解释所致。这类追随者的一系列渐进创造性想法的方法和动机，可能与那些激进的直接导致截然不同结果的创造性行为有很大不同（Amabile，1996）。追随者的这些行为和解释也可能与那些导致选择常规工作和遵循既定程序而不做任何修改的行为和解释大不相同。

以上分析与论证表明对组织中的追随者而言，其自己所认知的、理解的有效追随行为导致其内在工作动机与外在的任务动机，在面临一项任务时，其对可能导致结果及影响因素的解释不同，可能出现三种具有正交性的创造性工作行为，这就是激进创造性工作行为、渐进创造性工作行为和非创造性常规工作行为。为了表述与度量的方便，本书将常规非创造性工作行为作为“零创造性行为”，认为是创造性工作行为的一种。

3.2.3 有效追随行为与创造性工作行为的关系分析

如前所述，组织中追随者的有效追随行为是由两个维度构成的概念：一是积极的参与行为；二是非盲从行为。这两种行为是追随者的两种属性，在不同的追随者身上其多少与强弱是不相同的。因而这两个维度所导致的内在追随动机水平与社会交换水平是不同的，从而也会衍生出不同的创造性工作行为。Ford（1996）第一个明确地将感知、动机，以及知识和能力作为决定是否参与创造性而不是习惯性行动的因素。他描述了个人对多个任务领域的解释如何影响其对习惯性行为和新行为的偏好。

这里涉及几个事物或变量之间的关系，对组织中的追随者而言，其所追随的领导、其与领导所共事的组织、在组织中各自的工作行为及其绩效最终是与组织目标紧密联系在一起的。本书从感知的角度出发，认为追随者对领导的认知与认同程度、对组织目标的认知与认同程度、对自身能力的认知与认同程度，以及追随者的知识能力、内在动机水平等影响了追随者的积极参与性与非盲从性，并激发出不同类型的创造性工作行为。

追随者有效追随行为的两个维度即积极参与和非盲从性形成一种机制，面对工作情境时就被激发形成图式，这个图式影响其对问题的解释和意义的创造，从而影响其参与创造性行动的过程。在追随者知识与能力相同的情况下，当其对组织目标的认同度高时，其对任务情境的解释是与其积极参与性追随行为有关的。而积极参与性程度则正向作用于创造性工作行为，反向作用于常规或非创造性工作行为；非盲从行为则与三种不同类型的创造性工作行为的作用方向与强度不尽相同。所以本书得到如下假设：

H5：追随者有效追随行为正向作用于其创造性工作行为，但有效追随行为的不同维度与创造性工作行为的不同维度的作用结果是不同的。

基于社会交换理论及内在动机理论，追随者面对一项工作任务时，由于对自己的专有知识的自信和对任务的感知，就可以将可用的创造性资源作为决定创造性参与的一个重要因素。也就是说，追随者将把一种情况解释为需要创造性，即只有当追随者能够把自己拥有的资源解释为，如果采取参与，并采取创造性行为，就会产生创造性的绩效，就能体现自己对领导及组织为自己所提供的各种支持的一种回报，其愿意采取激进的创造性行为。Ford（1996）、Unsworth 和 Clegg（2010）都提到了对是否存在使用资源的期望机制，这使得额外努力与期望的绩效之间的联系具有可信度，从而在面临工作任务时，追随者更愿意采用激进的创造性工作行为。

这就是说，激进的创造性工作行为是指追随者在面临工作任务时所激发的内在动机对工作目标完成质量等方面的渴望，而追随者本身又具有很好的专有知识，所以导致其追随行为的非盲从性表现得更为突出。同时，这类追随者在工作时往往会激发出激进的创造性行为，也就是非盲从性越强的追随者在工作中越可能表现出激进的创造性行为。因而，得到如下假设：

H5-1：追随者的激进创造性工作行为与其积极参与追随行为和非盲从追随行为正相关。

另外，还有一些追随者在追随领导时表现出较强的参与性，也具有一定的非盲从性。其感知的组织及领导为自己所提供的报酬与期望使其愿意在工作中不断进行改进，只有这样才能回报领导为自己所提供的组织支持。

这类追随者更愿意积极参与领导及组织的各项工作，并进行一定的改进，也意味着他受到他人的存在和经验的影响。根据社会锚理论，个人所属群体的创造性可能会显著影响个人的感知并被个人模仿（Weick，1995；Zhou，2003）。也就是说，个人先前的决策、先前参与创造性活动的程度以及活动结果的创造力水平将被用作当前和未来决策的背景（Weick，2001）。这还意味着创造性或常规工作的历史将为当前的反思提供背景，并可能塑造未来类似活动的预期和发生。

感知的另一个重要特征是它是基于提取的线索（Weick，1995），通常，个人倾向于那些与他们的个性和性格相一致的线索（Ford，1996）。在线索方面，个人对服从的倾向，包括忠诚、顺从和遵守（Miron et al.，2004）等影响因素，这些因素影响了追随者环境线索的选择，从而在一定程度上阻碍了创造性。同时，承担风险的意愿可能会创造一个不同的感知视角，导致向创造性行为的转变，但这种转变是一种渐进的，而不是激进的。这类追随者积极参与，但通常要考虑失败所要承担的风险，往往更为谨慎，所以参与性追随对其的作用要弱于对激进创造性的作用程度；相对于激进创造性工作行为而言，渐进性创造的独立性更强一些，非盲从性的作用更大一些。从而得到如下假设：

H5-2：追随者的渐进（增量）创造性工作行为与其积极参与追随行为呈正相关，但相比激进创造性工作行为，这种相关性要弱；其与非盲从追随行为呈正相关，但相比激进创造性工作行为，这种相关性要强。

最后，组织中的另外一类追随行为是追随者在当下对领导及组织的认同可能是基于社会对忠诚、对既定价值观、对常规的顺从的看法所形成的压力，这种压力作为驱动因素，可能并不触发更多的顺从和忠诚（O'Reilly and Chatman，1986）。追随者在组织中对领导的追随行为是一种契约性的，其感知的组织与领导者、感知的组织提供的各种支持与报酬所引起的追随行为的衍生行为是常规的，其工作的注意力全部是量上的、不出差错的，其创造性工作行为似乎与领导的存在与否无关。追随者的非创造性工作行为是与创造性（激进和渐进）工作行为相竞争的行为，当一个追随者更多地选择了创造性工作行为，其就很少选择非创造性常规工作行为。如前面所论证的，创造性工作行为是由追随者的参与性追随行为与非盲从性追随行为所衍生的，参与性追随行为高的追随者更愿意采用创造性工作行为，也就是说，参与性追随行为低的追随者在工作中采用常规的非创造性工作行为。这类追随者更不愿表现为对领导的“盲从”，其行为似乎是“有主见的”，是“我行我素”的。这抑制了追随者创造性完成工作的愿望，抑制了其创造性工作行为，导致更多的常规性表现。因此，本书提出如下假设：

H5-3：追随者的非创造性常规工作行为与其积极参与追随行为具有负

相关关系，与非盲从追随行为无显著相关关系。

综上所述，本书可以得到如图 3–2 所示模型。

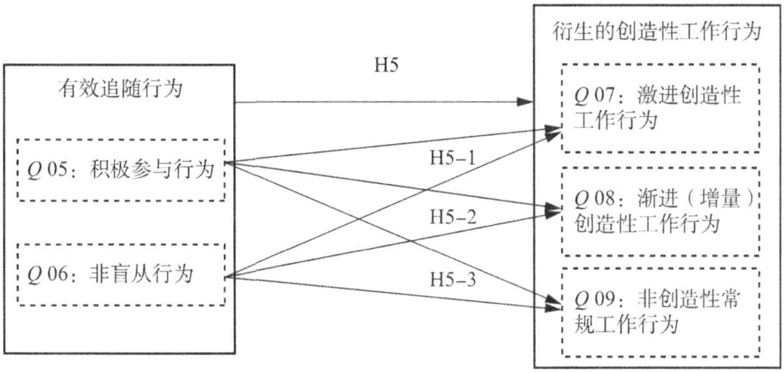

图 3–2 有效追随行为与其衍生的创造性工作行为之间的关系

3.3 组织支持感与包容型领导的作用分析

本书从理论上分析了积极有效的追随行为会导致追随者创造性工作行为，而创造性工作行为是有一定可测性、可度量的行为，本书采用 Madjar 等（2011）所提出的三种类型的工作行为，即激进创造性、渐进创造性与非创造性常规工作行为。那么，有哪些组织因素影响了追随者的有效追随行为与创造性工作行为之间的关系？在现实中，为什么会有人在追随领导者时选择激进的创造性工作行为，而有人则选择渐进的创造性工作行为，还有人则选择了常规非创造性工作行为？内在动机理论认为组织中个人的内在动机是决定其创造性工作行为最关键的因素，本书在前面也论证了，由有效追随行为所产生的内在动机可以导致追随者在工作中的创造性工作行为。

Amabile（1997）在研究组织中的创造性动机时，发现组织的环境因素、外在激励（动机）也会对员工的创造性行为产生影响与作用。这些组织环境因素引导、促进、调整、桥接或影响着追随者有效追随行为与创造性工作行为，许多研究者分析过组织支持感、包容型领导等在员工工作行为方面的作用。

3.3.1 组织支持感的调节作用

本书分析了有效追随行为与其所导致的追随者的创造性工作行为之间的关系，并提出了相关假设。其实这只是有效追随行为对追随者创造性工作行为的主要效应，或主要的因果关系。然而，现实中的组织追随者具有差别性，例如在一个组织中，有些追随者在组织中得到的支持多一些，这些追随者的创造性行为就表现得突出一些，有人观察到，不同的追随者在组织中得到支持的程度也不尽相同，从而导致上述因果关系的强弱不同（Kelly et al.，2010）。所以组织支持在追随者的有效追随行为转换为创造性工作行为的过程中一定会起到某种作用。

组织支持理论是 Eisenberger 等（1986）在社会交换理论基础上提出的，理论中定义了一种员工在组织中的主观感觉——组织支持感（Perceived Organizational Support），其含义是组织中的成员在工作过程中观察与感觉到组织对其贡献的重视性、组织对其福利的关注度。进而，Eisenberger 等（1990）研究了“感知组织支持与员工的勤奋、承诺和创新之间的关系”，发现感知组织支持与工作勤奋和绩效有正相关关系；在研究小时制制造业员工和经理人的样本时，发现感知组织支持与情感依恋、绩效结果期望以及有助于组织的匿名建议的建构性等变量之间呈正相关。这就是说，Eisenberger 等认为组织支持对于组织中员工的工作行为具有影响作用，特别是对员工的创新行为有影响作用，其影响的大小与员工的感知组织支持有关。McMillin（1997）在此基础上从三个维度对组织支持感进行了定义，增加了一个工具性支持的维度，这三个维度分别是亲密支持、尊重支持、工具支持，其内涵是员工在组织中所感受到的组织对其贡献、福利、工作条件等方面的重视程度，内心产生的组织对自己工作行为支持程度的感受，这种组织支持感知还可能被追随者用以评估其在需要有效工作和应对压力情境时能从组织中获得帮助的一系列信念。

继 Eisenberger 后，不同的学者将组织支持感作为自变量，将员工的工作行为作为因变量，得到了如下结果：组织支持感与员工的积极工作态度、工作投入、组织公民行为、工作绩效具有正相关关系；组织支持感与员工的消极工作态度、消极行为具有负相关关系（Kraimer and Wayne，

2004）。这就是说，员工的组织支持感与其工作绩效以及工作质量（由外部顾客评定）存在显著的正相关关系：员工的组织支持感越高，他们的工作绩效和工作质量也相应越好；具有高水平组织支持感的员工对其主管的态度也更积极，其自身工作绩效的提高幅度也更为明显。

国内学者谭道伦（2011）以金融业员工为研究样本，将组织支持感作为自变量，员工服务创新作为因变量，得出了组织支持感与员工服务创新行为具有正相关关系的结论；蒋琬、林康康（2010）也得出了组织支持感对员工创新行为具有影响性的结论；马跃如、郭小闻（2020）则认为员工的组织支持感会影响其工作投入的大小。另外，还有一些学者（裴宇晶，2014）在研究知识型员工的召唤、职业承诺与工作态度之间关系时认为组织支持感在这些变量之间具有调节作用。这些研究说明组织支持感对于员工的工作行为具有正向的作用关系；如果考虑组织支持与组织公民行为形成的关系，组织支持感有助于促进员工产生组织公民行为，如帮助组织避免风险、提供建设性意见、主动帮助同事，等等；同时，组织支持感也对工作中的消极行为（如消极怠工、缺勤等）具有显著的负向影响，亦即员工的组织支持感越高，其消极怠工等消极工作行为就相应越少。

从以上研究结果可以看出，他们基本是将组织支持作为一个自变量来进行研究设计的。但是本书的研究将组织中的员工作为组织领导者的追随者，研究追随者的追随行为与其衍生行为——创造性工作行为之间的关系。

在一个组织中员工作为相关领导的追随者，其追随行为可以衍生出进一步的工作行为，对领导的有效追随行为提高了追随者工作的自主性。工作自主性是指员工自我感觉能够独立控制自己的工作，包括对工作方法、工作程序、工作时间和地点以及付出多少努力等做决定。如果员工可以自主地决定如何开展工作，这无疑在很大程度上体现了组织对员工的信任和肯定。实证研究的结果显示工作自主性程度与员工的组织支持感存在显著的正向相关。当追随者感知到组织支持时，由于其感知的程度不同，从而将有效追随行为转化为创造性工作行为的程度是不同的。

追随者的创造性工作行为在组织中的表现存在差异，无论是LMX理论还是最新的追随者分类理论都可以说明这一点。但用本书的理论也可以给出一种新的解释，就是不同的员工由其追随意图不同所导致的追随行为不同时，其创造性工作行为的不同还与追随者在组织中所感知到的组织支持度的不同有关。

正是因为这种由组织支持感所形成的信念的产生，促使追随者将自己的追随行为作为驱动力，即作为追随者的员工当感知到组织支持时，其追随行为就会转化为一种动机，进而在工作行为中表现出来，表现为为组织做出更多贡献或一般贡献，从而有助于追随者将自己的有效追随行为转化为相应的工作行为：组织支持感强的人会更多地产生创造性工作行为，而组织支持感弱的人则可能产生非创造性的一般的工作行为。以上分析可以从组织支持感的理论基础是社会交换理论得到解释：组织支持感强的人认为组织为自己提供的亲密性、尊重性、工作条件（工具性）更多，因而作为一种交换性回报，自己理应为组织做更多的贡献，自己应该在工作中去创造性地完成工作。由于对组织支持的感知不同，从而产生的工作行为是不同的，有些人会倾向于激进创造性地完成工作，有些人则会渐进创造性地完成工作，而另外一些人则可能倾向于一般性地按部就班地完成工作。

在与组织支持感相关的研究中，当把该概念作为自变量时，有些学者对其结果变量进行了分析。由于研究的目的不同，组织支持感的结果变量也不同。总结起来，可以发现组织支持感对员工的影响大致有如下五个方面，即员工的组织承诺、工作满意度、工作压力、工作绩效和离职倾向。在这五个方面中，有四个方面，即组织承诺、工作满意度、工作压力、离职倾向属于心理因素，而工作绩效则是员工工作的行为结果。也就是说，组织支持感可以作为工作行为结果的一个前因变量，员工的工作绩效是员工的创造性工作行为的结果。组织支持感之所以会影响员工的工作绩效，是由于其首先改变了作为追随者的员工的创造性工作行为，从而改变了其工作绩效。所以，如果组织支持感可以作为员工工作绩效的前因变量，当然可以作为员工创造性工作行为的前因变量，但这个前因变量必须与相应的追随行为相互作用才能对追随者的创造性工作行为及绩效产生影响。而将有效追随行为作为创造性工作行为的前因变量时，组织支持感就会强化或弱化有效追随行为对创造性工作行为产生的影响。也就是说，如果考虑有效追随行为的话，组织支持感可以起到在员工有效追随行为与创造性工作行为之间增强某个前因或减弱某个前因的作用，即组织支持感是这两个变量之间关系的调节变量。

通过以上分析可以看到，组织支持感在追随者的有效追随行为与创造性工作行为之间具有一定的调节作用。从而本书提出如下假设：

H6：追随者的组织支持感对有效追随行为与衍生创造性工作行为之间的关系具有调节作用。

如前所述，本书将追随者有效追随行为所衍生的创造性工作行为分为三个维度，追随者的组织支持感分别对有效追随行为的两个维度与衍生创造性工作行为的三个维度之间的关系起到不同的调节作用。

就组织支持感与追随者激进创造性工作行为之间的关系而言，组织支持本身会对追随者的激进创造性工作行为产生促进作用，这种促进作用是组织支持感与追随者的积极参与追随行为之间具有相互作用：当追随者感到组织支持时，就更愿意将积极参与行为转化为激进的创造性工作行为。但是组织支持感在一定意义上又会对追随者产生顺从的压力，从而对追随者的非盲从行为产生一定的限制作用，这种作用在一定程度上是负向的，因为非盲从行为倾向于独立性、自主性的工作。通过以上分析，本书得到如下假设：

H6–1：追随者组织支持感对积极参与追随行为与激进创造性工作行为之间的关系具有正向调节作用，对非盲从追随行为与激进创造性工作行为之间的关系具有负向调节作用。

追随者的渐进创造性工作行为是一种增量的创造行为，当感受到组织支持时，也会强化这种创造行为。组织支持感与积极参与追随行为之间具有相互作用，当追随者感到组织支持时，就更愿意将积极参与行为转化为增量的创造性工作行为，即对渐进创造性工作行为具有强化作用。另外，组织支持感在一定意义上又会对追随者产生顺从的压力，同样会对追随者的非盲从行为产生一定的限制作用，这种影响在一定程度上是负向的，因为非盲从行为更多的意图是独立性与自主性地工作。通过以上分析，本书得到如下假设：

H6–2：追随者组织支持感对积极参与追随行为与渐进创造性工作行为

之间的关系具有正向调节作用，对非盲从追随行为与渐进创造性工作行为之间的关系具有负向调节作用。

追随者的非创造性常规工作行为是一种在契约下的行为，追随者面对某些任务或工作时，更希望以量的形式完成工作。这类追随者将组织支持看作自己的报酬或福利或权益的一部分，因而其在工作时，参与是被动的，是为了完成任务，组织支持感并不强烈，往往将组织支持作为自己"当然所得"。组织支持感高，同时参与性追随行为高的追随者更不愿意采用非创造性常规工作行为；反之亦然，即参与性追随行为低的追随者往往也感知不到组织支持，更愿意采用非创造性常规工作行为。即组织支持感会强化参与性追随行为与非创造性常规工作行为之间的关系。非盲从追随行为是这类追随量的工作的追随者的特点，他们总有一种游离于组织边缘的感觉，所以组织支持感在非盲从行为与非创造性常规工作行为之间的关系上不具有调节性。基于此，本书提出如下假设：

H6-3：追随者组织支持感对积极参与追随行为与非创造性常规工作行为之间的关系具有负向强化作用，对非盲从追随行为与非创造性常规工作行为之间关系的调节作用不显著。

3.3.2　包容型领导的调节作用

追随者在追随行为的作用下会产生不同的创造性工作行为，这种创造性工作行为可以通过组织支持感来调节。但是，如前所述，在组织中同样是追随者，有的人产生激进的创造性行为，有的人则产生渐进的创造性行为，还有一些人则产生的是非创造性的常规工作行为。本书认为，除了追随者的组织支持感的差别之外，还有一个因素在起作用，就是追随者对所在组织领导者的包容性的感知。

在一个组织中，创造性与创新是紧密相关的，个人的创造性行为有可能在组织上产生创新的绩效。Amabile（1997）在研究组织中个体的创造性构成成分时，发现组织中个体的创造性促成了组织的创新，而组织的创新则作为一种环境或氛围提高了个人的创造性，组织的氛围中就有包容型领导在内。

一般认为包容型领导在组织多样性中起着非常重要的作用。如前所述，有效追随者在其工作中采取何种行为，除了其追随行为所导致的不同的衍生行为之外，这种衍生行为还受到追随者对所追随领导的相关行为的感知的调节。

就追随者的创造性行为而言，创造意味着不墨守成规，往往失败是其伴生物。张鹏飞、董晓东（2020）发现在药物研究中，员工都经历了“失败—成功”的重生过程。而李天柱等（2016）从理论上分析创新的成功与失败时，指出失败就是工作未达到预期目标。可见无论是创新还是创造性行为，其结果均存在失败的风险，而领导对追随者成功或失败的反应必然会影响追随者的创造性工作行为方式，领导对失败的包容程度影响着追随者采用何种工作行为的决策。

事实上，如果从理论上分析就不难发现，创造性工作行为意味着工作结果存在不确定性。而越是创造性大、创造性强的工作行为，其存在的不确定性就越大，即存在的失败或犯错误的可能性也就越大。因此，当一个追随者所追随的领导者对追随者行为结果的态度不同时，追随者就会调整自己的工作行为。当追随者感知其所追随的领导具有“容错”与“宽容”性时，可能会更愿意去尝试新的工作方式；反之，追随者可能会减少去尝试新的工作方式或减少创造性的工作行为。这里涉及的是追随者所追随的领导者的包容性问题，在中国的文化与语境下，“包容”一词中的“包”是兼容并蓄之意，有平等与尊重的含义，而“容”则是“容错”“宽容”的意思。在组织行为的研究中有一个对应的概念，就是包容型领导（Inclusive Leadership）。

包容型领导概念是在强调组织管理多样性及包容性工作环境的过程中逐渐形成的（Shore et al.，2011；Hollander，2012；Galanaki and Papalexandris，2013）。包容型领导的概念内涵主要强调领导者对他人的包容体现在其行为中，如邀请追随者参与决策讨论、决策实施的过程，承认他人的观点，重视他人的意见或建议等（Chin，2010；Nishii，2013）。后来，Nembhard 和 Edmondson（2006）则对这个概念进行了量化研究。Carmeli 等（2010）则提炼出包容型领导的三个维度：开放性（openness）、易接近性（accessibility）和可用性（availability）。这也是本书关于该概念的基础，即包容型领导是一种领导者与追随者（或下属）的关系，强调领导者与追随者的互动与相互依赖，强调领导者对追随者的宽容、鼓励与包涵，也就是说包容型领导是一种情境变量。

在组织中，当追随者感知其领导的包容型特性时，就会调整自己的工作行为，这种调整与其参与性追随行为联系在一起并相互作用，强化或弱化其工作行为。非盲从性追随行为在一定的意义上是一种独立性追随行为，是一种独立思考的结果，因而感知领导包容不一定正向强化非盲从性追随行为与工作行为之间的关系。也就是说，追随者所追随的领导者的包容性对追随者的追随行为与工作行为之间有强化或削弱的作用。

当追随者感知到其所追随的领导的包容性时，追随者就会将其与自己所采用的追随行为相联系。当追随者感知领导的包容性很强时，就会强化自己的参与性追随行为；相反，当追随者感知领导者的包容性不强时，追随者的参与性追随行为就会大打折扣，并将这种折扣反映在创造性工作行为上，从而弱化了参与性追随行为与创造性工作行为之间的关系。

由于追随者所感知的领导的包容性中有平等与容错的内涵，其在工作中对于犯错误的压力就会减少，从而更愿意尝试具有不确定性的创造性行为，较少介意创造性行为的错误性。当感知其所追随的领导的包容性强时，就愿意参与创造性更强的工作。相对而言，如果追随者不能感知到其所追随的领导者的包容性时，其组织支持感会下降，从而宁愿在完成工作任务时采用非创造性常规工作行为，正所谓“多一事，不如少一事”。

通过以上对包容型领导的作用的分析，对追随者工作行为的心理过程的分析，本书可以得到如下假设：

H7：追随者感知的包容型领导对有效追随行为与衍生创造性工作行为之间的关系具有调节作用。

追随者的创造性工作行为在一定意义上存在结果的不确定性，当追随者感知领导包容时，就对工作不确定性可能带来的不利影响所造成的压力有所减轻，从而更愿意在工作中采用激进创造性行为。当追随者感知包容型领导存在时，就强化了其参与组织工作、做好工作的行为，更有利于创造性工作。非盲从追随行为高的追随者，很少感知到领导的包容，对领导行为往往视而不见，这抑制了其创造性工作。于是有如下假设：

H7-1：追随者感知的包容型领导对积极参与追随行为与激进创造性工作行为之间的关系具有正向的调节作用，对非盲从追随行为与激进创造性工作行为之间的关系具有负向的调节作用。

相较于激进创造性工作行为，渐进创造性工作行为是一种增量创造性行为，其结果的不确定性较小。所以，当追随者感知领导包容时，就对工作中这种较小的不确定性可能带来的不利影响所造成的压力有所减轻，从而更愿意在工作中采用渐进创造性行为。当追随者感知包容型领导存在时，就强化了其参与组织工作、做好工作的行为，更有利于创造性工作，特别是一般情况下追随者更愿意采用渐进创造性工作行为。另外，非盲从追随行为高的追随者很少感知到领导的包容，忽视领导行为，这同样抑制了其渐进创造性工作，相比激进创造性工作，这种抑制更强。因此，可以得到如下假设：

H7-2：追随者感知的包容型领导对积极参与追随行为与渐进创造性工作行为之间的关系具有正向的调节作用，对非盲从追随行为与渐进创造性工作行为之间的关系具有负向的调节作用。

在组织中，追随者的非创造性常规工作行为是一种在契约下的行为，这类追随者对包容型领导的感知并不强烈，面对某些任务或工作时，更希望以量的形式完成工作。当追随者感知到领导的包容性，同时其参与性追随行为较高，就更不愿意采用非创造性常规工作行为，更愿意采用创造性工作行为；反之亦然，即参与性追随行为低的追随者往往感知不到包容型领导的存在，更愿意采用非创造性常规工作行为。即感知包容型领导会强化参与性追随行为与非创造性常规工作行为之间的关系。另外，非盲从追随行为是这类追随量的工作的追随者的特点，他们总有一种与领导保持距离的感觉，所以感知包容型领导在非盲从追随行为与非创造性常规工作行为之间的关系上不具有调节性。从而有如下假设：

H7-3：追随者感知的包容型领导对积极参与追随行为与非创造性常规工作行为之间的关系具有负向强化作用，对非盲从追随行为与非创造性常规工作行为之间关系的调节作用不显著。

3.3.3 有效追随行为、组织支持感、包容型领导与创造性工作行为

通过以上分析可知，本部分主要研究的是在有效追随行为及其衍生行为之间主要的影响因素，即追随者的感知组织支持与感知包容型领导对追随者的这两种行为之间关系的影响与作用。提出了在追随者的有效追随行为转化为创造性工作行为的过程中，组织支持感与包容型领导在有效追随行为与创造性工作行为之间起调节作用。从而得到如图 3–3 所示的构念模型，图 3–3 清楚地表达了相关概念之间的关系。这可以认为是本书的研究之二，即追随者有效追随行为所衍生的创造性工作行为。

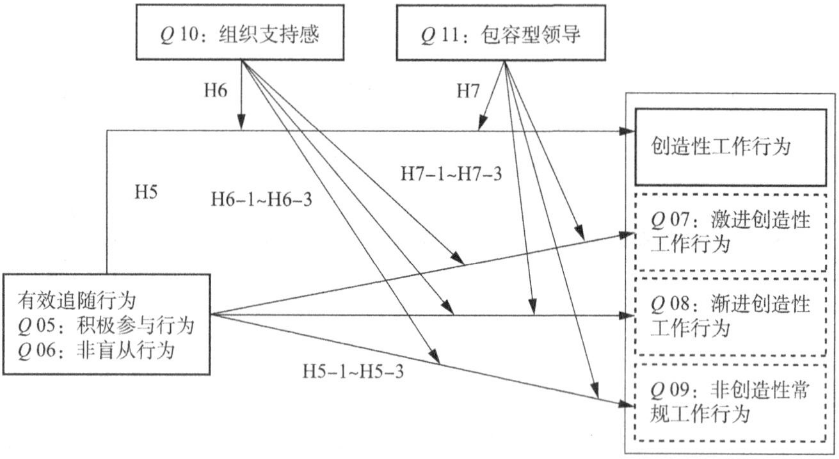

图 3–3 追随者有效追随行为、组织支持感、包容型领导与创造性工作行为之间的关系

3.4 研究的构念模型及假设总结

本章的主要任务是进行理论分析，并建立一个供实证研究的理论框架，进而提出供假设检验的若干基本假设。

3.4.1　理论分析的总结

笔者从理论上论证了组织中的追随者的有效追随行为是一种计划行为，因此本书建立了一个基于 TPB 的追随行为模型。

本部分论证了在组织中追随者对领导的有效追随行为不是最终的员工行为，而是这种追随行为转化为内在动机驱动追随者产生相应的创造性工作行为。本书在前人研究的基础上，对这种创造性工作行为进行了分类与剖析，提出了激进的创造性工作行为、渐进的创造性工作行为，以及非创造性常规工作行为等三类工作行为。

本书还论证了在组织中追随者的有效追随行为衍生转化为创造性工作行为时，还有一些组织因素在起作用，这就是追随者感知的组织支持以及感知的包容型领导。本书分析认为组织支持感在有效追随行为与创造性工作行为之间具有调节作用，而包容型领导也具有调节作用，所以构造了一个双调节模型。

3.4.2　两阶段链式模型

本书的研究问题之一是组织中的有效追随行为是计划行为，所建立的第一阶段模型是基于 TPB 理论的有效追随行为模型；研究问题之二是组织中追随者的有效追随行为、组织支持感、包容型领导，以及有效追随行为所衍生的工作行为（即创造性工作行为）之间的关系，从而构成了第二阶段模型，如图 3-4 所示。

这个两阶段链式模型可以分别进行假设检验，但这个模型同时也表明，本书所研究的两个基本问题具有内在的贯序关系：在一个组织中，追随者的追随行为意图是由追随行为态度、感知追随行为主观规范、感知追随行为控制所决定的，而追随行为意图则决定了追随行为；追随行为内化形成内在动机，从而可以衍生出创造性工作行为，这种工作行为在不同的感知条件与个人动机作用下的表现是不同的，主要有三个方面，即激进创造性工作行为、渐进创造性工作行为与非创造性常规工作行为；在有效追随行为衍生为创造性工作行为的过程中，受到追随者感知组织支持所调节，还受到（其所追随的）领导的包容性所调节，是一个双调节模型。

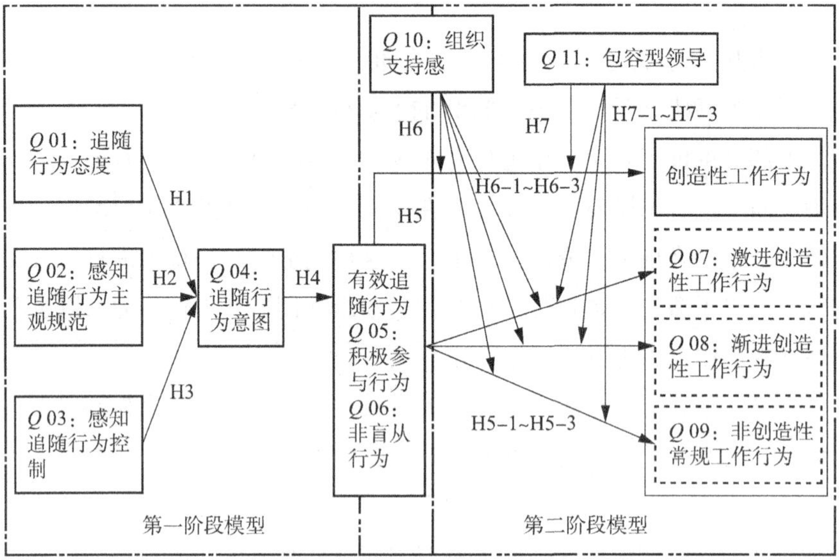

图 3-4　基于 TPB 理论的有效追随行为及其衍生的创造性工作行为：两阶段模型

3.4.3　相关假设的汇总

两阶段模型的基本假设汇总如表 3-2 所示。

表 3-2　两阶段模型的基本假设汇总

第一阶段：基于TPB理论的追随行为模型及假设	H1：追随者的追随行为态度与追随行为意图之间有正向相关性 H2：追随者感知的主观规范与追随行为意图之间有正向相关性 H3：追随者感知的追随行为控制与追随行为意图之间有正向相关性 H4：追随者的追随行为意图与有效追随行为之间有正向相关性 H4-1：追随者感知的追随行为控制与有效追随行为之间有正向相关性
第二阶段：有效追随行为及其衍生创造性工作行为及相关假设	H5：追随者有效追随行为正向作用于其创造性工作行为，但有效追随行为的不同维度与创造性工作行为的不同维度的作用结果是不同的 H5-1：追随者的激进创造性工作行为与其积极参与追随行为和非盲从追随行为正相关 H5-2：追随者的渐进（增量）创造性工作行为与其积极参与追随行为呈正相关，但相比激进创造性工作行为，这种相关性要弱；其与非盲从追随行为呈正相关，但相比激进创造性工作行为，这种相关性要强 H5-3：追随者的非创造性常规工作行为与其积极参与追随行为具有负相关关系，与非盲从追随行为无显著相关关系

续表

第二阶段：有效追随行为及其衍生创造性工作行为及相关假设	H6：追随者的组织支持感对有效追随行为与衍生创造性工作行为之间的关系具有调节作用 H6-1：追随者组织支持感对积极参与追随行为与激进创造性工作行为之间的关系具有正向调节作用，对非盲从追随行为与激进创造性工作行为之间的关系具有负向调节作用 H6-2：追随者组织支持感对积极参与追随行为与渐进创造性工作行为之间的关系具有正向调节作用，对非盲从追随行为与渐进创造性工作行为之间的关系具有负向调节作用 H6-3：追随者组织支持感对积极参与追随行为与非创造性常规工作行为之间的关系具有负向强化作用，对非盲从追随行为与非创造性常规工作行为之间关系的调节作用不显著 H7：追随者感知的包容型领导对有效追随行为与衍生创造性工作行为之间的关系具有调节作用 H7-1：追随者感知的包容型领导对积极参与追随行为与激进创造性工作行为之间的关系具有正向的调节作用，对非盲从追随行为与激进创造性工作行为之间的关系具有负向的调节作用 H7-2：追随者感知的包容型领导对积极参与追随行为与渐进创造性工作行为之间的关系具有正向的调节作用，对非盲从追随行为与渐进创造性工作行为之间的关系具有负向的调节作用。 H7-3：追随者感知的包容型领导对积极参与追随行为与非创造性常规工作行为之间的关系具有负向强化作用，对非盲从追随行为与非创造性常规工作行为之间关系的调节作用不显著

本书所建立的研究模型是一个两阶段链式模型。在第一阶段解决的问题是论证了组织中的追随者的有效追随行为是TPB行为，提出了5个假设。第二阶段的模型是一个以有效追随行为为自变量，追随者创造性工作行为为因变量，组织支持感和包容型领导为调节变量的双调节的模型，共形成了3个基本假设及9个具体假设。

3.5　本章小结

本章从理论上论证了组织中的追随者的行为是在理性支配下的行为，是一种计划行为，从而根据计划行为理论建立了一个组织中追随者行为的前因模型。

组织中的追随者的追随行为并非一种最终行为，从理论上论证了追随者的有效追随行为在内在动机的驱动下会衍生或转化为其工作行为，而工作行为可以分为三种类型：激进创造性工作行为、渐进创造性工作行为和非创造性常规工作行为。

追随行为态度、感知追随行为主观规范、感知追随行为控制正向影响着追随行为意向；追随行为意向与有效追随行为具有正向的相关性；有效追随行为可以衍生为追随者的工作行为，而有效追随行为与激进、渐进创造性工作行为具有正相关性，有效追随行为与非创造性常规工作行为具有负相关性或无显著相关性；追随者的组织支持感在追随者的有效追随行为与创造性工作行为之间具有调节作用，追随者感知包容型领导在有效追随行为与创造性工作行为之间具有调节作用。

第 4 章

研究设计及数据收集

在上一章本书基于计划行为的范式指出了追随行为是由追随者的行为意图所决定的，而追随者的行为意图则是由追随者的追随行为态度、追随者主观规范感知、追随者自我控制能力感知三个因素共同影响；而在追随者的积极追随行为的作用下，追随者在工作中衍生出创新性程度不同的工作行为，这些工作行为包括激进的创造性工作行为、渐进的创造性工作行为以及非创造性常规工作行为。而且分析了这些概念的内涵与外延及概念之间的内容关系，最终得到了如图 3–4 所示的构念模型，其是一个两阶段链式模型。

本章的目的就是依据这些概念的内涵与外延对其进行变量化，即设计出相关概念的测量量表，并对每一测量题项进行论证与说明，以使测量具有信度与效度。

4.1　追随行为意图及其前因的测量

如前所述，积极的追随行为是组织中追随者的一种计划行为，因而，本书采用的是计划行为的范式。首先，将根据计划行为理论以及有关追随理论对追随行为的意图、追随行为态度、追随行为的主观规范、追随行为控制等变量进行量化设计，即设计量表；其次，对数据获得方式及研究过程进行设计；最后对假设检验过程进行设计。

基于 TPB 的追随行为相关变量的测量设计如图 4–1 所示。

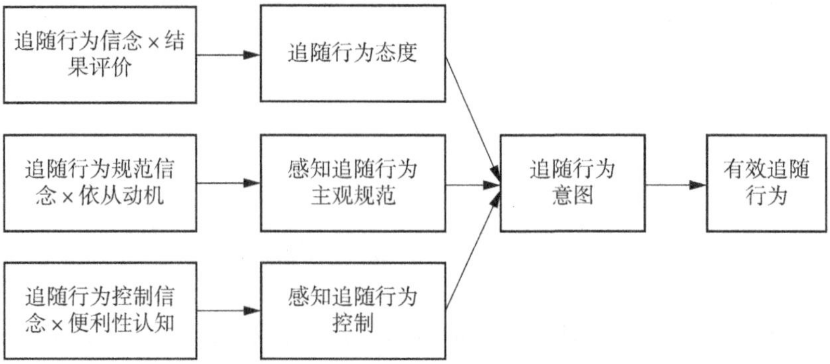

图 4-1　基于 TPB 的追随行为相关变量的测量设计

4.1.1　追随行为态度分析及量表设计（操作化定义）

如果对追随行为意图进行分析，就会发现其第一个决定因素就是一个追随者采用一种追随行为的态度（Attitude towards the Behavior）。Fishbein 和 Ajzen（1975）在研究一般行为态度时指出，根据期望—价值理论，“态度乃个人对特定对象所反应出来的一种持续性的喜欢或不喜欢，是对行为结果的一种预评估，是一种由行为信念支配的预设立场，也可以说是个人实行某特定行为的正向或负向的评价”。Fishbein 和 Ajzen（1975）认为形成一种态度是从组织中的某个人实行某特定行为结果的信念（Beliefs）和对结果的评价（Outcome Evaluations）两个层面解释。即：

$$Ab = \sum_{i=1}^{I} BB_i \cdot OE_i \quad (4\text{-}1)$$

其中，Ab 为执行某项行为的态度（Attitude towards the Behavior）；BB_i 为行为信念（Behavior Beliefs）；OE_i 为结果评价（Outcome Evaluations）；I 为显著信念的个数。

根据这一理论，本书对人们在组织中的追随行为进行分析，对大量的案例及实践进行分析，发现人们有无追随意图，与人们对某领导的认知（从而成为行为信念），以及追随后会有什么后果的预期有关，这种预期包括对追随者自己的收益与支出方面的判断。因此，本书在充分理解了组织中员工的追随行为意图的基础上，根据行为态度的构成来设计行为态度的量表或测量题项。

在这里组织中的个人追随行为态度是由追随行为信念、追随行为结果评价两方面决定的。追随行为信念主要涉及一个追随者对这个领导者的能力认同、情感认同，对该组织在该领导者的带领下的组织绩效、个人追随这些领导者的结果好坏的预期。参考 Peter 和 Olson 等最初的想法，本书设计了表 4–1 所示的 5 个题项，这些题项分别由“信念”及“结果”两部分构成，这两部分之间是一种因果关系，本书以此作为对追随者追随行为态度的测量依据。

本书在设计追随行为态度时，考虑到追随者对其领导能力的认同，如“这个领导是一个很有战略能力的领导”，这是认知或对领导能力的“信念”。有了这样的信念，那么，作为追随者的这个追随行为结果是“与他（她）一起工作会取得很好的工作成绩”，“信念”与“结果”共同构成了追随领导工作的行为态度。同样地，对领导的一个判断“这个领导是一个有人文关怀的人”是追随者的一种信念，而对这个信念的结果是“与他（她）一起工作我会心情愉快”，二者联合起来构成了追随领导工作的情绪与感受态度。设计了一个绩效型领导信念“这个领导很重视工作绩效”，其结果是“与他（她）一起工作我会感觉压力很大”，二者共同表达了追随这个领导工作的压力态度，从理论上讲这个题项与其他题项是不一样的，如果测量的结果确实如此，说明其他题项测量设计是有效的。设计了一个对领导工作经验方面的信念“这个领导有很好的工作经验”，将这个信念与追随行为相关联得到的判断结果是“与他（她）一起工作我会很快提升能力”，表达的是追随者与这个领导在一起工作时的个人能力方面的提升。设计了一个对领导社会关系网络方面的信念“这个领导有很好的社会关系网络”，将这个信息与追随者的追随行为相关联，其结果是“与他（她）一起工作我的交往圈子扩大且能力得以提升”，二者联合表达了对追随行为的社会资本收益方面的态度。

基于以上分析与思考，所设计的追随行为态度测量共有 5 个联合（$BB \times OE$）题项（见表 4–1）。

表 4-1 追随行为态度测量题项

<table>
<tr><th>变量
Q 01</th><th colspan="2">题 项</th><th>参考文献</th></tr>
<tr><td rowspan="6">追随行为态度
$Ab=BB\times OE$</td><td>信念 BB</td><td>结果 OE</td><td rowspan="6">Peter 和
Olson
（1987）</td></tr>
<tr><td>Q 0101 这个领导是一个很有战略能力的领导</td><td>与他（她）一起工作会取得很好的工作成绩</td></tr>
<tr><td>Q 0102 这个领导是一个有人文关怀的人</td><td>与他（她）一起工作我会心情愉快</td></tr>
<tr><td>Q 0103 这个领导很重视工作绩效</td><td>与他（她）一起工作我会感觉压力很大</td></tr>
<tr><td>Q 0104 这个领导有很好的工作经验</td><td>与他（她）一起工作我会很快提升能力</td></tr>
<tr><td>Q 0105 这个领导有很好的社会关系网络</td><td>与他（她）一起工作我的交往圈子扩大且能力得以提升</td></tr>
</table>

4.1.2 追随者感知的主观规范及量表设计（操作化定义）

Fishbein 和 Ajzen（1975）的计划行为理论认为，一个人的行为意图的第二个决定因素是主观规范（Subjective Norm），它由个人在采取某一特定行为时所感受到的社会压力的认知所构成。主观规范可以说是个人感知到的重要的他人或团体（Salient Individuals or Groups）认为他（她）是否应实行某一特定行为的压力。所以主观规范是规范信念（Normative Belief）和依从此普遍性社会压力的依从动机（Motivation to Comply）的积和。即：

$$SN=\sum_{j=1}^{J}NB_j\cdot MC_j \tag{4-2}$$

其中，SN 为主观规范（Subjective Norm）；NB_j 为规范信念（Normative Belief）；MC_j 为依从动机（Motivation to Comply）；J 为规范信念的个数。

在领导与追随行为中，追随行为的主观规范是由于追随者所感知到的重要的他人或团体对其追随行为的看法，从而对追随者所产生的压力。在这里追随行为规范信念就是追随者所感知到的重要他人，如其在组织中最重要的朋友、父母或其他家人或其他领导人等对自己追随行为的看法；而依从动机就是当追随的主观规范所产生的压力方向与追随行为意向不一致时，在压力下改变自己的行为方向时，其依从的理由是什么。因此，本书设计表 4–2 所示量表，以测量追随者所感知到的追随行为的规范。

根据 Ajzen（1991）的 TPB 理论中的主观规范的内涵，再考虑追随行为的主观规范可能涉及的主要社会关系，本书归纳了三个重要的主体：一是至亲；二是同事；三是被追随者本身。

对组织中领导的追随者的追随行为而言，在中国的文化背景下父母（妻 / 夫）对个人的影响十分重要。当一个人追随其领导时其相关主体（如父母或妻 / 夫）的态度很重要，所以这个规范信念是“我的家人（特别是父母）希望我在组织中听从领导，有好的绩效（*NB*）”，这是追随者自己对至亲的信念认知或信息，但是这个信息在多大程度上影响追随者，还要看追随者自己听从父母（妻 / 夫）的程度，为什么要听从（依从的动机是什么），所以有“我的父母是有经验的人，他们的要求是为了我好（*MC*）”成为听从父母的动机。这二者（$NB \times MC$）构成了至亲对追随者行为的一种影响程度。

另外，对于一个追随者而言，其同事们对领导的态度也在不同程度上影响其追随行为，其影响程度同样取决于追随者是否“随大溜”以及“随大溜的动机”。所以本书也设计了“同事们都对这个领导表现出追随并积极工作（*NB*）”的规范信念，而所设计的依从动机则是“我不这样就有可能被轻视或被视为没有上进心，有可能在竞争中失利（*MC*）”，这二者（$NB \times MC$）共同构成了追随者同事的主观规范。

在一个组织中，追随者的追随对象本身就对追随者行为产生重大影响，所以本书设计的领导规范信念是“领导很器重我，希望我跟随他（她）努力工作（*NB*）”，而该规范信念的依从动机则是“不配合领导工作，在各方面的发展都会受到影响（*MC*）”。这二者（$NB \times MC$）共同构成了追随者领导的主观规范。

综上所述，本书所设计的主观规范测量量表如表 4–2 所示。

表 4–2　追随行为主观规范测量题项

变量 *Q* 02	题　项		参考文献
追随行为主观规范 $SN=NB\times MC$	规范信念 *NB*	依从动机 *MC*	Peter 和 Olson（1987）
	Q 0201 我的家人（特别是父母）希望我在组织中听从领导，有好的绩效	我的父母是有经验的人，他们的要求是为了我好	
	Q 0202 同事们都对这个领导表现出追随并积极工作	我不这样就有可能被轻视或被视为没有上进心，有可能在竞争中失利	
	Q 0203 领导很器重我，希望我跟随他（她）努力工作	不配合领导工作，在各方面的发展都会受到影响	

4.1.3　追随者感知行为控制及量表设计（操作化定义）

按照 TPB 理论，对个体决策的行为意图具有影响力的第三个决定因素就是感知行为控制（Perceived Behavioral Control），这类似于自我效能感的概念，但又不完全相同。感知行为控制是个人预期在采取某一特定的行为时自己所感受到对预期结果可以控制（或掌握，或达到）的程度。因此，感知的行为控制是由个人对可能促进或阻碍行为表现的因素所进行的自我能力评估（Control Belief），以及对这些因素重要性考虑的便利性认知（Perceived Facilitation）的积和。即：

$$PBC=\sum_{k=1}^{K}CB_k\cdot PF_k \qquad (4\text{–}3)$$

其中，*PBC* 为感知行为控制（Perceived Behavioral Control）；CB_k 为控制信念（Control Belief）；PF_k 为便利性认知（Perceived Facilitation）；*K* 为控制信念的个数。

个人所感知的行为控制常反映的是这个主体过去的经验，或间接资料信息（二手信息）或在现有知识情况下所预期的阻碍。Ajzen 和 Madden（1986）的感知行为控制与 Bandura（1982）的自我效能（self–efficacy）和 Triandis（1988，1995，2011）的便利条件（facilitating conditions）概念类似。基本上，感知行为控制（*PBC*）包括了内在控制因素，如个人的缺点、技术、能力或情绪等，以及外在控制因素，如信息、机会、对他人的依赖性或障碍等（Notani，1998）。

具体而言，在追随行为中，追随者所感知的追随行为控制就包括对自己追随能力的评估，对自己与领导打交道的能力、完成任务的能力、对自己情绪的控制能力等的评估。另外，追随者还会对自己如果要达到预期追随结果，所要付出的努力程度（便利性）进行评估，对自己智商水平与情商水平进行评估。因此，本书设计了一个简单的追随者感知行为控制量表，如表 4-3 所示。

表 4-3 感知追随行为控制测量题项

变量 *Q* 03	题 项		参考文献
感知追随行为控制 *PBC*=*CB* × *PF*	控制信念 *CB*	便利性认知 *PF*	Peter and Olson（1987）；Notani（1998）；Bandura（1982）；Triandis（1988，1995，2011）
	Q 0301 我是有能力的人，我的工作得到领导的认可与重用	只要我努力工作就可以达到工作目标	
	Q 0302 我一般情况下会很好地理解领导的意图	与领导有很好的沟通，理解领导的要求不难	
	Q 0303 我可以控制我的情绪，即使有时任务困难，我还是设法完成	在过去，我能很好地完成领导交给我的任务	

就 *Q* 0301 而言，其行为控制信念 *CB* 是：“我是有能力的人，我的工作得到领导的认可与重用”，表达的是个人对自己行为能力的认知；而便利性认知 *PF* 是 “只要我努力工作就可以达到工作目标”，这是对自己行为结果的认知。所以 *CB* 与 *PF* 共同测量了个人追随行为能力方面的追随行为控制，是由被测量者所感知的。

同样地，对 *Q* 0302 而言，其行为控制信念 *CB* 是：“我一般情况下会很好地理解领导的意图”，这是对自己理解力的评价，而 *PF* 说的是我 “与领导有很好的沟通，理解领导的要求不难”，表达了理解的可能性是原因，所以也是一种便利性的认知。二者共同表达了追随者在理解领导意图方面的行为控制程度，并且联合测量了对理解领导意图的行为控制感知。

对 *Q* 0303 而言，其行为控制信念 *CB* 是 “我可以控制我的情绪，即使有时任务困难，我还是设法完成”，表达了面对困难时，追随者的行为控制能力或信念；而 *PF*“在过去，我能很好地完成领导交给我的任务”，则是通过过去的经验来印证追随者对自己完成工作任务的可能性的认知，即对该行为信念的便利性的认知。二者联合构成了追随者对自己面对复杂困难任务时的感知行为控制。

4.1.4 追随行为意图分析及量表设计（操作化定义）

追随行为意图（Behavior Intention of Follow），就是组织中的某个人想要对组织中的某位领导进行追随行为的行动倾向，即追随行为选择的决定过程中，所引导而产生是否要采取追随行为的某种程度的表达，因此追随行为意图是任何追随行为表现的必需过程，是追随行为显现前的决定。Peter 和 Olson（1987）提出了一个对一般的行为意图的测量量表，可用来预测实际行为的产生。本书根据其设计量表的内在思想，结合追随行为的具体特征，设计组织中追随者的追随行为意图的量表，试图对追随行为的意图进行测量，以预测组织中人们的追随行为。

在设计量表时，本书考虑答题者自身的追随意愿，这主要体现在与该领导共同工作以及服从与主动工作等方面。为体现以上思想，本书设计了表 4–4 所示五个问题：*Q* 0401 所表达的是与领导共同工作的意愿；而 *Q* 0402 表达的是对领导安排工作的完成意愿；*Q* 0403 表达的是在工作中与所追随的领导一起尽力的投入意愿；*Q* 0404 与 *Q* 0405 则表达了追随这个领导且有行动的心理意愿。

表 4–4 追随行为意图测量题项

变量 *Q* 04	题 项	参考文献
追随行为意图	*Q* 0401 与这个领导一起工作是我的最大愿望	Peter 和 Olson（1987）； Notani（1998）； Bandura（1982）； Triandis（1988，1995，2011）
	Q 0402 这个领导安排的工作我很乐意完成	
	Q 0403 与这个领导一起工作时我愿意贡献我的才智	
	Q 0404 在本单位工作能实现我的人生目标	
	Q 0405 总体上讲，我愿意在这样的领导的指导下努力工作	

4.2　有效追随行为测量设计

第 4.1 节中对追随行为意图及其前因变量的测量进行了设计，在第 3 章中对有效追随行为进行了分析，可以看出，有效追随行为是由追随行为意图所决定的，而有效追随者（effective follower）行为是由两个维度来进一步表达的，这两个维度分别是“积极参与行为”和“非盲从行为”。这种两维度思想主要参考了 Kelley（1992）在研究追随行为时的成果。Kelley 当时设计了由 20 个题项构成的问卷。

本书在设计有效追随者行为的量表时，首先要与本书的有效追随行为内涵相一致，即追随行为是追随者在追随行为意向的驱使下所做的追随行为决策结果。追随行为是对领导者所安排的任务的完成程度、对领导者的观点或决策的支持程度，以及对领导者意图理解后积极创新的工作程度。其次是考虑中国的文化情境，因此本书将 Kelley 问卷中的另外一个维度——“批判、独立地思考问题”修改为“非盲从性”。

4.2.1　积极参与行为测量设计（操作化定义）

积极参与行为的测量是在 Kelley（1992）量表的基础上，参考了 Baker（2007）有关提高领导有效性的思想，考虑了追随者本身对领导的态度、任务态度、对组织的态度，还考虑了追随者在追随中自身能力的提升与工作的关系、团队精神等。本量表共设计了 10 个测量题项，具体如表 4–5 所示。

表 4–5　积极参与行为测量题项

变量 *Q* 05	题　项	参考文献
积极参与行为	*Q* 0501：领导安排的任务我总能认真完成	Kelley（1992）；Carsten 和 Uhl–Bien（2013）；Dvir 和 Shamir（2003）；Peter 和 Olson（1987）；Baker（2007）
	Q 0502：在关键问题上，如果我判断领导是正确的，就会支持领导的观点	
	Q 0503：我个人的工作目标和公司的首要目标相一致	
	Q 0504：我对工作和公司充满热情，愿意为其付出最大的努力	

续表

变量 Q 05	题　项	参考文献
积极参与行为	Q 0505：我会在那些重要的工作活动中积极提升自己的能力，使自己对领导和公司更有价值	Kelley（1992）；Carsten 和 Uhl-Bien（2013）；Dvir 和 Shamir（2003）；Peter 和 Olson（1987）；Baker（2007）
	Q 0506：当开始一项新的工作或任务时，我会迅速在一些领导看重的任务中取得成功	
	Q 0507：我的领导可以无须过多监督，就将一项困难的任务交给我；他相信我不仅能高质量地完成，必要时还能弥补一定的缺陷	
	Q 0508：即使我不是团队项目的领导者，我仍然会积极贡献，并超额完成任务	
	Q 0509：即使得不到任何好处，我仍然会主动帮助同事使他们变得更好	
	Q 0510：我能理解领导的需求、目标和难处，并努力帮助领导解决问题	

这个量表的 10 个题项，所测量的是实质性的追随行为。第 1 题项测量的是追随者的工作表现，或面对组织（领导）任务时的结果；第 2 题项测量了追随者对领导的支持行为；第 3 题项测量的是个人由于对领导的追随而将自己目标调整到与组织的首要目标相一致；第 4 题项测量的是个人对组织的认同与付出；第 5 题项测量的是追随者愿为组织与领导更多地付出成本，作为对组织社会交换的回报；第 6 题项测量的是追随者对领导意图的理解程度与实际绩效；第 7 题项测量的是追随者与领导之间的相互信任度；第 8 题项测量的是追随者对组织及领导目标的内在认可；第 9 题项测量的是追随者由于对领导及组织的认同，从而与同事之间的友善性行为；第 10 题项测量的是为领导分忧特性。

总之，表 4-5 中的 10 个题项基本表达了对追随者积极参与性的测量，测量的是追随者作为积极行动的人，其与组织目标、领导目标与个人目标等方面的一致性及主人翁意识、积极参与实现组织目标、主动解决问题、与领导配合等方面。相关题项得分高，则表明该追随者是积极的追随者；相反，如果相关题项得分较低，则表明被测量者是消极的追随者。

4.2.2　非盲从行为测量设计（操作化定义）

Kelley（1992）在分析有效追随者的行为时认为有效的追随者是一种有思想的追随者，所以他提出了一个两极类型：独立、批判性思维，依赖、非批判性思维。当然，从追随者在组织中的地位而言，一般的追随者是介于这两种极端思维模式之间的。所以本书在考虑中国情境后，认为目前对组织中的一般作为成员的追随者，可能其独立程度用非盲从性来概括更为恰当。因为中国文化中对领导的顺从与中庸，以及追随中的技巧性可能更多一些，批判的成分也会以其他形式来表现。

在设计有效追随行为维度时，本书深入研究了 Kelley 等的追随者的独立与批判精神方面的内涵。从 Kelley 的研究中可以看出，其对有效追随行为的认知所反映的是对组织目标的实现，追随领导者是为了实现组织的目标，从而实现自己的目标，即追随者自己的目标与领导者的目标都统一在组织的目标之中。在中国情境下追随者有效追随行为的含义应该是非盲从行为，所以本书对 Kelley 的测量题项进行了一定的修改。

其中第 1、第 2、第 3、第 4、第 5 题项测量的是追随者的独立性行为。第 1 题项测量了追随者追随行为的个人目的；第 2 题项测量的是追随者的职业水平与个人判断能力，反映的是追随者工作的主动性；第 3、第 4 题项测量的是追随者的独立思考性与组织目标性，以及独立解决问题与独立工作方面的行为；第 5 题项测量的是追随者的自我认知性，或追随者的坦率程度。第 6、第 7 题项测量的是自主性，完成工作时的思考性或自我意识。第 8、第 9、第 10 题项测量的是追随者追随行为的原则性。

事实上在这个量表中有三个方面的因素，如果在测量后进行因子分析，应该具有多个因子与之对应。

非盲从追随行为测量题项见表 4-6。

表 4–6　非盲从追随行为测量题项

变量 *Q* 06	题　项	参考文献
非盲从追随行为	*Q* 0601：我是在自己的人生目标和梦想指引下工作的	Kelley（1992）；Carsten 和 Uhl–Bien（2013）；Dvir 和 Shamir（2003）；Peter 和 Olson（1987）；Baker（2007）
	Q 0602：与完全等候或仅接受领导的指示相反，我会自己判断哪些活动对实现公司目标最关键	
	Q 0603：我会独立地想出并坚持那些对实现领导或公司目标很重要的新想法	
	Q 0604：我会尽量独立解决难题（技术方面或组织方面），而不是让领导解决	
	Q 0605：我会主动坦白自己的优点和缺点，而非避而不谈	
	Q 0606：我会提醒领导和团队同时关注事情的有利面和风险面，必要时我会故意唱反调	
	Q 0607：我会习惯性地在心里质疑领导决策的合理性，而不是仅仅服从命令	
	Q 0608：当领导要求我做一些违背我的专业或个人意愿的事情时，我会拒绝	
	Q 0609：我行事是有准则的，不会盲从领导或团队的标准	
	Q 0610：在重要问题上我会坚持自己的观点，即使这可能会和团队产生冲突	

4.3　追随者工作行为测量设计

笔者在第 3.2 节对组织中的追随者有效追随行为的衍生工作行为进行了理论分析，作为追随者或员工，其创造性的想法可以从小的适应到激进的突破（Mumford and Gustafson，1988），在这里将采用 Amabile（1997）在研究组织员工的工作行为时所划分的三个维度：激进的创造性行为、渐进的创造性行为、非创造性常规工作行为。追随者的这些行为之间是相互竞争的工作行为选择。

本节的目的是对追随者的工作行为进行操作化定义，并设计出测量量表。

4.3.1 激进的创造性工作行为（操作化定义）

激进的创造性行为，是一种在追随者自我判断的前提下对绩效结果做出积极贡献的非常规性工作行为，这种工作行为可能并未在工作手册中出现，也未有他人使用，是一种全新的工作行为，而且这种工作行为存在一定的不确定性。

对追随者激进的创造性工作行为，本书考虑了工作的非墨守成规性，这主要由 *Q* 0701“我一般不墨守成规，而是视情境去改变工作方式”、*Q* 0702“如果能发现全新的工作方法，我会在工作中进行尝试”、*Q* 0704“我经常会产生一些新的想法，并设法将其用在工作中”来测量。还考虑了追随者在工作中的其他积极进取性，这主要由 *Q* 0703“我总是设法以最低的成本完成工作”、*Q* 0705“我会想办法克服困难实现工作目标”、*Q* 0706“我会积极地制订适当的计划来实现我工作的全新思路”来测量。激进的创造性工作行为测量题项见表 4–7。

表 4–7　激进的创造性工作行为测量题项

变量 *Q* 07	题　项	参考文献
激进的创造性工作行为	*Q* 0701：我一般不墨守成规，而是视情境去改变工作方式	Amabile（1997）；Mumford 和 Gustafson（1988）
	Q 0702：如果能发现全新的工作方法，我会在工作中进行尝试	
	Q 0703：我总是设法以最低的成本完成工作	
	Q 0704：我经常会产生一些新的想法，并设法将其用在工作中	
	Q 0705：我会想办法克服困难实现工作目标	
	Q 0706：我会积极地制订适当的计划来实现我工作的全新思路	

4.3.2 渐进的创造性工作行为（操作化定义）

渐进的创造性工作行为是一种增量式的工作行为，是追随者在完成组织目标工作时的一种创造性水平的选择。Amabile（1996）和其他学者（例如，Audia and Goncalo，2007；Kirton，1994；Mumford and Gustafson，1988；Sternberg，1999，2006）认为渐进的创造性是员工依靠熟悉的算法和小适应的创造性工作，是增量或“适应性”，这意味着框架的变化很少。

所以根据这种内涵，本书从流程（表达的是工作框架）、改进（增量）方面设计题项。其中，*Q* 0801“在工作中我会对现行的工作方式或流程稍做改进”、*Q* 0803“我非常善于调整已经存在的工作思路，对流程进行优化”、*Q* 0804“在工作中我常常修改已经存在的或现有的工作方式，以适应当前的需要”，这 3 个题项主要测量的是不改变工作框架的改进。而 *Q* 0802“我认为进行增量改进，修改完善工作方法是明智的”，则主要测量的是增量性动机。

渐进的创造性工作行为测量题项如表 4–8 所示。

表 4–8　渐进的创造性工作行为测量题项

变量 *Q* 08	题　项	参考文献
渐进的创造性工作行为	*Q* 0801：在工作中我会对现行的工作方式或流程稍做改进	Amabile（1997）；Audia 和 Goncalo（2007）
	Q 0802：我认为进行增量改进，修改完善工作方法是明智的	
	Q 0803：我非常善于调整已经存在的工作思路，对流程进行优化	
	Q 0804：在工作中我常常修改已经存在的或现有的工作方式，以适应当前的需要	

4.3.3　非创造性常规工作行为（操作化定义）

在组织中，追随者的另外一种工作行为选择就是按部就班地工作，主要是指日常表现，从量上去完成工作，或“员工执行有助于组织技术核心的活动的有效性”（Borman and Motowidlo，1997）。所以，在进行操作化定义时，主要考虑追随者工作行为选择时对工作量、工作目标及现有流程的态度。本书设计题项时，从语义上反映追随者的非进取性、怕风险性。*Q* 0901“我一般情况下会严格按照现有的工作方式完成工作”，反映的是追随者的死板性。*Q* 0902“我认为如果采用一种新的工作方式而导致工作目标不能完成就得不偿失”、*Q* 0903“如果没有特别的激励，我宁愿采用现成的工作流程”、*Q* 0904“我认为采用已有的工作方式更为安全可靠”，反映的是追随者的风险规避与墨守成规性。

非创造性常规工作行为测量题项见表 4-9。

表 4-9　非创造性常规工作行为测量题项

变量 *Q 09*	题　项	参考文献
非创造性常规工作行为	*Q* 0901：我一般情况下会严格按照现有的工作方式完成工作	Amabile（1997）；Borman 和 Motowidlo（1997）
	Q 0902：我认为如果采用一种新的工作方式而导致工作目标不能完成就得不偿失	
	Q 0903：如果没有特别的激励，我宁愿采用现成的工作流程	
	Q 0904：我认为采用已有的工作方式更为安全可靠	

4.4　组织支持感及包容型领导的测量

基于本书的分析，追随者对组织的认同性、对领导的认同性决定了其追随行为意图以及由此而决定的追随行为有效性，但是当追随者将有效追随行为转化为其工作行为时，组织的氛围起着重要作用。本书在第 3.3 节中论证了组织支持感具有调节作用，论证了追随者对其追随的领导包容性的感知具有调节作用。

4.4.1　组织支持感测量（操作化定义）

组织支持感在有效追随行为与追随者的工作行为之间具有调节作用。但追随者的组织支持感是一个相对抽象的概念，因此为了对该概念进行测量，就必须进行操作化定义。

Eisenberger（1986）是最早对组织支持感测量或操作化定义的人，当时其认为组织支持感是单维度的，设计了由 36 个题项构成的量表。Eisenberger（1990）在研究"感知组织支持与员工的努力、承诺和创新行为的关系"时，又采用了一个由 18 个题项构成的量表。而 McMillin（1997）对 Eisenberger 的操作性定义进行了完善与深化，并划分出三个维度，即亲密支持、尊重支持与工具支持。本书研究的是追随者的有效追随行为所衍生的工作行为，其操作性定义为追随者感知到的他的情感与工作需求的支持程度两个维度。另外，本书还参考了谭道伦（2011）在研究“金融服务业员工组织支持感、组织认同与员工服务创新行为”时所设计的测量，再考虑到中国追随者的行为特征，设计了12个测量题项。

其中情感性组织支持的题项有8个。在设计这8个题项时，考虑到了组织对个人的尊重支持（第2题项、第3题项、第5题项）、利益支持（第1题项、第4题项、第7题项）、亲密支持（第6题项、第8题项）。而工作需求（工具）支持的题项为4个。具体测量设计如表4–10所示。

表4–10 组织支持感测量题项

变量 *Q* 10	题 项	参考文献
情感性组织支持	*Q* 1001：公司关心我的福利	Eisenberger（1986，1990）；McMillin（1997）；谭道伦（2011）
	Q 1002：公司重视我的贡献	
	Q 1003：公司尊重我的观点和意见	
	Q 1004：当我在生活上遇到困难时，公司会尽力帮助我的	
	Q 1005：公司尊重我的目标和价值	
	Q 1006：公司会原谅我的无心之过	
	Q 1007：公司关心我的个人发展	
	Q 1008：公司在意我的个人感受	
工作需求性组织支持	*Q* 1009：当我在工作中遇到困难时，公司会帮助我的	
	Q 1010：公司为我提供良好的工作环境和条件设施	
	Q 1011：公司为我提供工作所需的人员和信息支持	
	Q 1012：公司为我提供工作所需的培训或相关支持	

4.4.2 包容型领导测量（操作化定义）

包容型领导的内涵主要强调领导者对他人的包容体现在其行为中，如邀请追随者参与决策讨论、决策实施的过程，承认他人的观点，重视他人的声音等。Nembhard和Edmondson（2006）则对这个概念进行了量化研究，Carmeli等（2010）在此基础上分析了包容型领导的结构，提炼出3个维度：开放性（openness）、易接近性（accessibility）和可用性

(availability)。这也是本书关于该概念的基础，即包容型领导是一种领导者与追随者（或下属）的关系，强调领导者与追随者的互动与相互依赖，领导者对追随者的宽容、鼓励与包涵，也就是说领导包容性是一种情境变量。

虽然考虑到包容型领导这个变量在本书模型中的调节性作用，未在模型中进行维度的划分，但本书在设计包容型领导的题项时，还是保留了前人的相关内容。另外，本书在设计测量题项时，还着重考虑了包容型领导是与追随者共同做事，共同完成任务的，而不是在对他人做事，所以，在设计题项时更多考虑的是工作方面的内容，特别增加“容错性”方面的内容。*Q* 1101“领导愿意倾听新的观点”、*Q* 1102“领导能留意新的机会，从而改进工作进程”、*Q* 1103“领导愿意讨论期待的目标以及达到目标的新途径”三个题项测量的是追随者所感知包容型领导的“开放性”内容。而 *Q* 1104“领导鼓励我在出现新问题、出现失败或错误时找他（她）”、*Q* 1105“领导可以被找来讨论新出现的问题”、*Q* 1106“如果有问题或工作不顺利时，随时可以找领导咨询”测量的是包容型领导的“易接近性与容错性”。*Q* 1107“领导一直存在于团队中——随时可以找到他（她）”、*Q* 1108“我向领导咨询专业问题时，随时可以找到他（她）”、*Q* 1109“领导总是愿意倾听我的请求”测量的是领导对于追随者而言的“可用性”。

包容型领导测量题项见表 4–11。

表 4–11　包容型领导测量题项

变量 *Q* 11	题　项	参考文献
包容型领导	*Q* 1101：领导愿意倾听新的观点	Nembhard 和 Edmondson（2006）；Carmeli 等（2010）；程伟波（2014）
	Q 1102：领导能留意新的机会，从而改进工作进程	
	Q 1103：领导愿意讨论期待的目标以及达到目标的新途径	
	Q 1104：领导鼓励我在出现新问题、出现失败或错误时找他（她）	
	Q 1105：领导可以被找来讨论新出现的问题	
	Q 1106：如果有问题或工作不顺利时，随时可以找领导咨询	
	Q 1107：领导一直存在于团队中——随时可以找到他（她）	
	Q 1108：我向领导咨询专业问题时，随时可以找到他（她）	
	Q 1109：领导总是愿意倾听我的请求	

4.5 探索性因子分析及量表的确定

在第 4.1~4.4 节中设计了相关的 11 个潜变量的测量题项，但这基本上是在理论分析与概念内涵以及参考现有文献的基础上进行的，虽然有些变量已具有成熟的测量题项，但这些题项是在西方文化环境下形成的，因此需要对所设计的题项进行甄别，以确定出有效的测量题项作为本书研究的量表。为此，本书正式调查之前在陕西境内做了一个样本量相对小的调查，采用探索性因子分析方法，对所设计的题项进行甄别。

4.5.1 初次调查样本的基本情况

首先对基于 TPB 理论的追随行为及其衍生创造性工作行为进行了研究，将所设计的问卷中的表 4-1 至表 4-11 在陕西境内做了一个初步研究。第一次在线下通过企业共发放了 300 份问卷，回收了 270 份有效问卷。初次调查对象的基本特征如下：

（1）年龄与工龄特征

调查对象 53% 以上是 30 岁以下的年轻人；40 岁以下的人占总调查对象的将近 90%；88% 以上的调查对象的工作年限在 10 年以下；而 10 年或 20 年以上工龄的人数比例不到 12%，这类员工在一般企业还很难成为领导者，因此，他（她）们基本是下属，属于追随者的行列。这也符合本书的样本设计要求。

（2）学历特征

学历特征表达调查对象受教育程度及其专业素质，大专以上的调查者占到本次总人数的 98% 左右，本次调查的对象是企业中具有高素质的人群。因此，他们对于问卷（量表）应该具有足够的理解能力，如果调查对象是诚实的，相信得到的数据能够表达他（她）们的意愿。

（3）性别特征

本次抽样得到的样本中，约 40% 为男性，约 60% 为女性。抽样中女性偏多，可能是由于在发放问卷时，许多部门女性更愿意花时间来填写问卷。但从这个分布看，还是在合理范围内的。

（4）样本的行业特征

样本取自 12 个行业，约 77% 的样本分布在 IT、地产、建筑、服务、金融与制造业。这说明样本来源具有多样性，并未过分集中于某个行业，即数据的行业来源具有代表性与合理性。

（5）样本的企业性质

企业性质指企业的所有制性质，如国有企业、民营企业、外资企业等。样本来自国有企业的为 34.4%、民营企业的为 41.5%、外资企业的为 3.7%、合资企业的为 4.1%，这个比例与中国企业的所有制分布基本一致。所以从所有制性质来说，样本具有代表性与合理性。

（6）样本的企业规模特征

本书的样本中规模 1000 人以上的企业占样本频数的 25%，75% 的调查对象来自中小企业。这与中国企业的规模分布是相适应的，符合中国企业的规模分布情况。所以从企业人数规模来看，样本来源具有分布合理性。

（7）样本的岗位性质分布

由于研究追随行为，因此，样本应为非最高层，以中层管理者或具有管理职能的人员为主，在样本中这些人员的比重达到了 74%。高层（非最高层）管理人员占比较少（6.2%）。因为在企业中，一般而言高层管理人员也相对较少。

4.5.2　探索性因子分析及量表的确定

（1）*Q* 01 追随行为态度量表的确定

采用探索性因子分析的方法，对第 4.1.1 节中所设计的量表，使用在陕西省所获样本进行分析。得到的因子分析结果如表 4–12 与表 4–13 所示。

表 4–12　*Q* 01 的探索性因子分析

公因子方差			成分矩阵[a]	
变量	初始	提取	变量	成分 1
Q 0101	1.000	0.696	*Q* 0101	0.834
Q 0102	1.000	0.647	*Q* 0102	0.804
Q 0103	1.000	0.000	*Q* 0103	–0.017
Q 0104	1.000	0.708	*Q* 0104	0.841

续表

公因子方差			成分矩阵[a]	
变量	初始	提取	变量	成分 1
Q 0105	1.000	0.620	*Q* 0105	0.787
提取方法： 主成分分析，只抽取了一个成分。			提取方法：主成分分析。 a. 已提取了 1 个成分。	

表 4–13　单因子所提取的方差

成分	初始特征值			提取平方和载入		
	合计	方差百分比 / %	累计百分比 / %	合计	方差百分比 / %	累计百分比 / %
1	2.670	53.403	53.403	2.670	53.403	53.403
2	1.092	21.849	75.251			
3	0.480	9.596	84.848			
4	0.383	7.657	92.504			
5	0.375	7.496	100.000			

注：提取方法为主成分分析。

从表 4–12 中可以看出，*Q* 0103 在该因子上所提取的成分为 0.000，因此 *Q* 0103 与其他测量题项不属于同一因子。这说明本书在设计时的思路是对的。该测量题项本意就是对其他测量题项的一致性与有效性的验证。因为该测量题项的内容与其他测量题项在概念上是不一致的。其说的是追随者在面对绩效型领导时所产生的心理压力，而不是追随行为信念与追随结果的评价。所以本书完全有理由将该题项在正式量表中去除。

去除 *Q* 0103 后，其余 4 个测量题项的探索性因子分析结果如表 4–14 与表 4–15 所示。

表 4–14　*Q* 01 的探索性因子分析

公因子方差			成分矩阵[a]	
变量	初始	提取	变量	成分 1
Q 0101	1.000	0.696	*Q* 0101	0.834
Q 0102	1.000	0.644	*Q* 0102	0.803
Q 0104	1.000	0.709	*Q* 0104	0.842
Q 0105	1.000	0.621	*Q* 0105	0.788

续表

公因子方差			成分矩阵[a]	
变量	初始	提取	变量	成分 1
提取方法： 主成分分析，只抽取了一个成分。			提取方法：主成分分析。 a. 已提取了 1 个成分。	

表 4–15　单因子提取解释的总方差

成分	初始特征值			提取平方和载入		
	合计	方差百分比 / %	累计百分比 / %	合计	方差百分比 / %	累计百分比 / %
1	2.670	66.749	66.749	2.670	66.749	66.749
2	0.499	12.469	79.218			
3	0.456	11.399	90.617			
4	0.375	9.383	100.000			

注：提取方法为主成分分析。

因此，潜变量 *Q* 01 的测量量表就是由表 4–1 中的 *Q* 0101、*Q* 0102、*Q* 0104、*Q* 0105 所构成的，具体列于表 4–16 中。

表 4–16　确定的 *Q* 01 追随行为态度测量量表

变量 *Q* 01	题　项		参考文献
追随行为态度 *Ab*=*BB* × *OE*	信念 *BB*	结果 *OE*	Peter 和 Olson（1987）
	Q 0101 这个领导是一个很有战略能力的领导	与他（她）一起工作会取得很好的工作成绩	
	Q 0102 这个领导是一个有人文关怀的人	与他（她）一起工作我会心情愉快	
	Q 0104 这个领导有很好的工作经验	与他（她）一起工作我会很快提升能力	
	Q 0105 这个领导有很好的社会关系网络	与他（她）一起工作我的交往圈子扩大且能力得以提升	

（2）*Q* 02 感知追随行为主观规范量表的确定

采用探索性因子分析方法，对 *Q* 02 所设计的测量题项进行分析，其结果如表 4–17、表 4–18 所示。

表 4–17　*Q* 02 的探索性因子分析

公因子方差			成分矩阵[a]	
变量	初始	提取	变量	成分 1
Q 0201	1.000	0.441	*Q* 0201	0.664
Q 0202	1.000	0.671	*Q* 0202	0.819
Q 0203	1.000	0.479	*Q* 0203	0.692
提取方法： 主成分分析，只抽取了一个成分。			提取方法：主成分分析。 a. 已提取了 1 个成分。	

表 4–18　*Q* 02 单因子提取解释的总方差

成分	初始特征值			提取平方和载入		
	合计	方差百分比 / %	累计百分比 / %	合计	方差百分比 / %	累计百分比 / %
1	1.591	53.030	53.030	1.591	53.030	53.030
2	0.841	28.017	81.046			
3	0.569	18.954	100.000			

注：提取方法为主成分分析。

由表 4–17 及表 4–18 可知，潜变量 *Q* 02 设计的三个测量题项属于同一因子，结合理论分析，可知潜变量 *Q* 02 的量表符合要求，所以本书将采用所设计的这三个题项，即由表 4–2 所确定的测量题项是最终潜变量 *Q* 02 的测量量表。

（3）*Q* 03 感知追随行为控制量表的确定

采用探索性因子分析方法，对表 4–3 所设计的潜变量 *Q* 03 追随者感知追随行为控制测量题项，在所收集到的陕西样本中，进行因子分析，其结果如表 4–19、表 4–20 所示。

表 4–19　*Q* 03 的探索性因子分析

公因子方差			成分矩阵[a]	
变量	初始	提取	变量	成分 1
Q 0301	1.000	0.636	*Q* 0301	0.798
Q 0302	1.000	0.701	*Q* 0302	0.837
Q 0303	1.000	0.502	*Q* 0303	0.709
提取方法： 主成分分析，只抽取了一个成分。			提取方法：主成分分析。 a. 已提取了 1 个成分。	

表 4–20　*Q* 03 单因子提取解释的总方差

成分	初始特征值			提取平方和载入		
	合计	方差百分比 / %	累计百分比 / %	合计	方差百分比 / %	累计百分比 / %
1	1.839	61.311	61.311	1.839	61.311	61.311
2	0.695	23.179	84.490			
3	0.465	15.510	100.000			

注：提取方法为主成分分析。

由表 4–19、表 4–20 可知，只抽取到一个成分，且累计方差大于 61%。这说明潜变量 *Q* 03 的测量题项设计具有同因子性，因此，本书将采用表 4–3 作为潜变量 *Q* 03 的测量量表。

（4）*Q* 04 追随行为意图测量量表的确定

在设计追随行为意图测量量表时，共设计出 5 个题项（见表 4–4）。利用陕西样本，采用探索性因子分析方法，得到的结果如表 4–21、表 4–22 所示。

表 4–21　*Q* 04 的探索性因子分析

公因子方差			成分矩阵 [a]	
变量	初始	提取	变量	成分 1
Q 0401	1.000	0.680	*Q* 0401	0.825
Q 0402	1.000	0.683	*Q* 0402	0.826
Q 0403	1.000	0.470	*Q* 0403	0.686
Q 0404	1.000	0.518	*Q* 0404	0.719
Q 0405	1.000	0.580	*Q* 0405	0.761
提取方法： 主成分分析，只抽取了一个成分。			提取方法：主成分分析。 a. 已提取了 1 个成分。	

表 4–22　*Q* 04 单因子提取解释的总方差

成分	初始特征值			提取平方和载入		
	合计	方差百分比 / %	累计百分比 / %	合计	方差百分比 / %	累计百分比 / %
1	2.931	58.619	58.619	2.931	58.619	58.619
2	0.689	13.788	72.407			

续表

成分	初始特征值			提取平方和载入		
	合计	方差百分比 / %	累计百分比 / %	合计	方差百分比 / %	累计百分比 / %
3	0.522	10.435	82.842			
4	0.498	9.962	92.804			
5	0.360	7.196	100.000			

注：提取方法为主成分分析。

由表 4–21、表 4–22 可知，采用主成分分析方法只提取到一个因子。累计提取平方和达到了 58.6% 以上。这说明所设计的题项属于同一因子，因此，本书将采用表 4–4 作为潜变量 *Q* 04 的测量量表。

（5）有效追随行为测量量表的确定

由第 4.2 节可知，有效追随行为是本书的核心概念，在设计测量量表时，依据现有的研究成果，有效追随行为是由两个维度构成的：一是积极参与行为；二是非盲从行为。所以，本书也设计了两个维度的量表。下面将分别通过探索性因子分析方法，对所设计的两个维度的测量量表进行分析，以确定最终的测量题项。

a. *Q* 05 积极参与行为测量量表的确定

Kelley 等在设计积极参与行为测量量表时，有 10 个题项，本书针对中国的文化环境、组织特点对相关的表达方式进行了中国化的调整，初始时也设计了 10 个题项（见表 4–5）。

采用主成分提取法进行探索性因子分析，在初次分析中，发现表 4–5 所设计的题项中，*Q* 0501、*Q* 0502、*Q* 0505 与其他 7 个题项不属于同一因子，而 *Q* 0510 虽然是同一因子，但其得分较低。通过进一步分析发现，*Q* 0501 所测量的是对领导的顺从性，并非积极参与行为；而 *Q* 0502 更多表达的是追随者对领导的判断性；*Q* 0505 则表达的是参与组织活动给追随者自身带来的好处；*Q* 0510 表达的是对领导的帮助性。在中国情境下，大多数人还是有这种行为的，但一般人们可能不认为自己是这样的。也就是说，这 4 个题项在中国情境下并不能表达积极参与性，所以本书删除了这 4 个题项，再进行因子分析，其结果如表 4–23、

表 4-24 所示。

表 4-23　*Q* 05 的探索性因子分析

公因子方差			成分矩阵[a]	
变量	初始	提取	变量	成分 1
Q 0503	1.000	0.453	*Q* 0503	0.673
Q 0504	1.000	0.552	*Q* 0504	0.743
Q 0506	1.000	0.451	*Q* 0506	0.672
Q 0507	1.000	0.401	*Q* 0507	0.633
Q 0508	1.000	0.469	*Q* 0508	0.685
Q 0509	1.000	0.411	*Q* 0509	0.641
提取方法： 主成分分析，只抽取了一个成分。			提取方法：主成分分析。 a. 已提取了 1 个成分。	

表 4-24　*Q* 05 单因子提取解释的总方差

成分	初始特征值			提取平方和载入		
	合计	方差百分比 / %	累计百分比 / %	合计	方差百分比 / %	累计百分比 / %
1	2.737	45.609	45.609	2.737	45.609	45.609
2	0.801	13.343	58.951			
3	0.711	11.852	70.803			
4	0.624	10.400	81.203			
5	0.597	9.954	91.157			
6	0.531	8.843	100.000			

注：提取方法为主成分分析。

因此，*Q* 05 潜变量最终确定为由 *Q* 0503、*Q* 0504、*Q* 0506、*Q* 0507、*Q* 0508、*Q* 0509 共 6 个题项来测量，本书确定的潜变量 *Q* 05 的测量量表如表 4-25 所示。

表 4-25　确定的潜变量 *Q* 05 积极参与行为测量量表

变量 *Q* 05	题　项	参考文献
积极参与行为	*Q* 0503：我个人的工作目标和公司的首要目标相一致	Kelley（1992）；Carsten 和 Uhl-Bien（2013）；Dvir 和 Shamir（2003）；Peter 和 Olson（1987）；Baker（2007）
	Q 0504：我对工作和公司充满热情，愿意为其付出最大的努力	
	Q 0506：当开始一项新的工作或任务时，我会迅速在一些领导看重的任务中取得成功	
	Q 0507：我的领导可以无须过多监督，就将一项困难的任务交给我；他相信我不仅能高质量地完成，必要时还能弥补一定的缺陷	
	Q 0508：即使我不是团队项目的领导者，我仍然会积极贡献，并超额完成任务	
	Q 0509：即使得不到任何好处，我仍然会主动帮助同事使他们变得更好	

b. *Q* 06 非盲从追随行为测量量表的确定

Q 06 非盲从追随行为是对 Kelley 等的独立、批判性行为相关题项的改进而得到的，体现了独立性、自主性、原则性等内涵，共有 10 个题项（见表 4–6）。

由于本书将追随行为作为第一阶段研究的结果，又作为第二阶段研究的一个起点，因此希望所设计的量表只有一个维度，探索性因子分析的结果（见表 4–26 和表 4–27）表明表 4–6 中所设计的 10 个测量项有三个因子：*Q* 0601、*Q* 0602、*Q* 0603、*Q* 0604、*Q* 0605 为一个因子，通过对题项的分析可以看出，其测量的是追随者的独立性；*Q* 0606、*Q* 0607 为同一因子，其测量的是自主性；而 *Q* 0608、*Q* 0609、*Q* 0610 为同一因子，其测量的是追随者追随行为的原则性。

表 4–26　*Q* 06 的探索性因子分析

公因子方差			成分（成分矩阵 [a]）			成分（旋转成分矩阵 [a]）		
变量	初始	提取	1	2	3	1	2	3
Q 0601	1.000	0.537	0.523	0.423	–0.292	0.722	0.119	–0.047
Q 0602	1.000	0.494	0.693	0.120	–0.013	0.537	0.356	0.282
Q 0603	1.000	0.556	0.543	0.506	–0.064	0.726	0.002	0.167

续表

公因子方差			成分（成分矩阵[a]）			成分（旋转成分矩阵[a]）		
变量	初始	提取	1	2	3	1	2	3
Q 0604	1.000	0.349	0.421	0.415	0.003	0.563	−0.031	0.177
Q 0605	1.000	0.260	0.380	0.178	−0.291	0.457	0.202	−0.104
Q 0606	1.000	0.643	0.524	0.164	0.584	0.283	0.035	0.750
Q 0607	1.000	0.701	0.419	−0.218	0.691	−0.085	0.209	0.806
Q 0608	1.000	0.673	0.502	−0.597	−0.255	−0.018	0.820	−0.010
Q 0609	1.000	0.720	0.653	−0.514	−0.173	0.114	0.831	0.127
Q 0610	1.000	0.506	0.651	−0.277	−0.077	0.250	0.632	0.210
提取方法：主成分分析。			提取方法：主成分分析。 a. 已提取了 3 个成分。			提取方法：主成分分析。 旋转法：具有 Kaiser 标准化的正交旋转法。 a. 旋转在 5 次迭代后收敛。		

表 4–27　*Q* 06 的 3 个因子解释的总方差

成分	初始特征值			提取平方和载入			旋转平方和载入		
	合计	方差百分比 / %	累计百分比 / %	合计	方差百分比 / %	累计百分比 / %	合计	方差百分比 / %	累计百分比 / %
1	2.922	29.223	29.223	2.922	29.223	29.223	2.026	20.257	20.257
2	1.425	14.245	43.469	1.425	14.245	43.469	1.991	19.907	40.164
3	1.094	10.937	54.405	1.094	10.937	54.405	1.424	14.241	54.405
4	0.885	8.851	63.257						
5	0.802	8.022	71.279						
6	0.704	7.040	78.319						
7	0.617	6.166	84.485						
8	0.598	5.980	90.465						
9	0.547	5.474	95.940						
10	0.406	4.060	100.000						

注：提取方法为主成分分析。

由于本书在此主要测量的是追随者的非盲从行为，即测量的是追随者在追随行为决策时的独立性，而不是盲目地追随。所以，分析表 4–6 后发现其中 *Q* 0601~*Q* 0605 所表达的就是独立选择行为。因此，本书将删除

表 4–6 中的后 5 道测量题项。*Q* 06 去掉其他两个因子后，因子分析解释的总方差分析如表 4–28 所示，最终确定的 *Q* 06 非盲从追随行为测量量表如表 4–29 所示。

表 4–28　*Q* 06 的单因子解释的总方差

成分	初始特征值			提取平方和载入		
	合计	方差百分比 / %	累计百分比 / %	合计	方差百分比 / %	累计百分比 / %
1	2.633	51.426	51.426	2.633	51.426	51.426
2	0.737	14.394	65.820			
3	0.711	13.887	79.707			
4	0.534	10.430	90.137			
5	0.505	9.863	100.000			

注：提取方法为主成分分析。

表 4–29　确定的 *Q* 06 非盲从追随行为测量量表

变量 *Q* 06	题　项	参考文献
非盲从追随行为	*Q* 0601：我是在自己的人生目标和梦想指引下工作的	Kelley（1992）；Carsten 和 Uhl–Bien（2013）；Dvir 和 Shamir（2003）；Peter 和 Olson（1987）；Baker（2007）
	Q 0602：与完全等候或仅接受领导的指示相反，我会自己判断哪些活动对实现公司目标最关键	
	Q 0603：我会独立地想出并坚持那些对实现领导或公司目标很重要的新想法	
	Q 0604：我会尽量独立解决难题（技术方面或组织方面），而不是让领导解决	
	Q 0605：我会主动坦白自己的优点和缺点，而非避而不谈	

（6）追随者工作行为测量量表的确定

关于追随者的创造性工作行为，在第 4.3 节中进行了操作化的定义，采用 Amabile（1997）所划分的激进的创造性工作行为、渐进的创造性工作行为、非创造性常规工作行为三个维度。追随者的这些行为之间是相互竞争的工作行为选择，也就是说，有些追随者可能选择激进的创造性工作行为，而另外的追随者则不然。

a. 激进的创造性工作行为测量量表的确定

Q 07 激进的创造性工作行为是追随者追随行为的一种衍生工作行为，本书主要参考了 Amabile（1997）的相关测量题项设计而成，共有 6 个题项。

主要采用主成分分析方法进行探索性因子抽取，只提取到一个因子，如表 4–30、表 4–31 所示。

表 4–30　*Q* 07 的探索性因子分析

公因子方差			成分矩阵 [a]	
变量	初始	提取	变量	成分 1
Q 0701	1.000	0.488	*Q* 0701	0.699
Q 0702	1.000	0.508	*Q* 0702	0.713
Q 0703	1.000	0.228	*Q* 0703	0.477
Q 0704	1.000	0.483	*Q* 0704	0.695
Q 0705	1.000	0.271	*Q* 0705	0.520
Q 0706	1.000	0.479	*Q* 0706	0.692
提取方法： 主成分分析，只抽取了一个成分。			提取方法：主成分分析。 a. 已提取了 1 个成分。	

另外，从单因子提取解释的总方差看，达到了 40.954%。再参考公因子方差（见表 4–30），可以发现 *Q* 0703 与 *Q* 0705 的提取因子的方差较小。

表 4–31　*Q* 07 单因子提取解释的总方差

成分	初始特征值			提取平方和载入		
	合计	方差百分比 / %	累计百分比 / %	合计	方差百分比 / %	累计百分比 / %
1	2.457	40.954	40.954	2.457	40.954	40.954
2	0.867	14.453	55.407			
3	0.823	13.721	69.128			
4	0.671	11.185	80.313			
5	0.614	10.226	90.540			
6	0.568	9.460	100.000			

注：提取方法为主成分分析。

分析 Q 0703 “我总是设法以最低的成本完成工作” 与 Q 0705 “我会想办法克服困难实现工作目标”，尽管可以认为其在某种程度上测量了创造性，但还都不是激进的创造性。所以其解释性有些低就不足为奇了。于是，本书去掉了 Q 0703 与 Q 0705 两个测量题项，再进行探索性因子分析，其结果如表 4–32、表 4–33 所示。

表 4–32　Q 07 的探索性因子分析

公因子方差			成分矩阵 [a]	
变量	初始	提取	变量	成分 1
Q 0701	1.000	0.531	Q 0701	0.729
Q 0702	1.000	0.554	Q 0702	0.744
Q 0704	1.000	0.544	Q 0704	0.738
Q 0706	1.000	0.495	Q 0706	0.703
提取方法： 主成分分析，只抽取了一个成分。			提取方法：主成分分析。 a. 已提取了 1 个成分。	

表 4–33　Q 07 单因子提取解释的总方差

成分	初始特征值			提取平方和载入		
	合计	方差百分比 / %	累计百分比 / %	合计	方差百分比 / %	累计百分比 / %
1	2.124	53.089	53.089	2.124	53.089	53.089
2	0.683	17.082	70.171			
3	0.620	15.510	85.680			
4	0.573	14.320	100.000			

注：提取方法为主成分分析。

从表 4–32、表 4–33 中可以看出，去掉 Q 0703 与 Q 0705 两个测量题项后，主成分不变，但提取平方和载入增大了，达到了 53% 以上。所以本书确定 Q 07 的测量量表是由 Q 0701、Q 0702、Q 0704、Q 0706 构成的，具体如表 4–34 所示。

表 4–34　确定的 *Q* 07 激进的创造性工作行为测量量表

变量 *Q* 07	题　项	参考文献
激进的创造性工作行为	*Q* 0701：我一般不墨守成规，而是视情境去改变工作方式	Amabile（1997）；Mumford 和 Gustafson（1988）
	Q 0702：如果能发现全新的工作方法，我会在工作中进行尝试	
	Q 0704：我经常会产生一些新的想法，并设法将其用在工作中	
	Q 0706：我会积极地制订适当的计划来实现我工作的全新思路	

b. 渐进的创造性工作行为测量量表的确定

Q 08 渐进的创造性工作行为是一种增量式的工作行为，是追随者在完成组织目标工作时的一种创造性水平的选择。在第 4.3.2 节中参考了 Amabile（1996）、Audia 和 Goncalo（2007）的成果，所设计的测量题项有 4 个。采用探索性因子分析方法，在陕西的样本中得到的分析结果如表 4–35、表 4–36 所示。

表 4–35　*Q* 08 的探索性因子分析

公因子方差			成分矩阵[a]	
变量	初始	提取	变量	成分 1
Q 0801	1.000	0.574	*Q* 0801	0.758
Q 0802	1.000	0.277	*Q* 0802	0.526
Q 0803	1.000	0.651	*Q* 0803	0.807
Q 0804	1.000	0.593	*Q* 0804	0.770
提取方法： 主成分分析，只抽取了一个成分。			提取方法：主成分分析。 a. 已提取了 1 个成分。	

表 4–36　*Q* 08 单因子提取解释的总方差

成分	初始特征值			提取平方和载入		
	合计	方差百分比 / %	累计百分比 / %	合计	方差百分比 / %	累计百分比 / %
1	2.094	52.353	52.353	2.094	52.353	52.353
2	0.844	21.088	73.441			
3	0.592	14.792	88.233			
4	0.471	11.767	100.000			

注：提取方法为主成分分析。

由表 4–35、表 4–36 可知，所设计的 4 个测量题项属于一个因子，且提取公因子非常好，解释总方差达到 52% 以上。所以，可以采用所设计的 4 个题项作为本潜变量的测量量表。

c. 非创造性常规工作行为测量量表的确定

Q 09 非创造性常规工作行为作为追随者的另一种工作行为选择，是指按部就班式的工作行为，本书对其操作化定义考虑了追随者工作行为选择时对工作的非进取性、怕风险性等态度。共设计了 4 个题项。

同样采用来自陕西的样本及探索性因子分析方法，所得到的结果如表 4–37、表 4–38 所示。

表 4–37　*Q* 09 的探索性因子分析

公因子方差			成分矩阵 [a]	
变量	初始	提取	变量	成分 1
Q 0901	1.000	0.539	*Q* 0901	0.734
Q 0902	1.000	0.586	*Q* 0902	0.766
Q 0903	1.000	0.501	*Q* 0903	0.708
Q 0904	1.000	0.602	*Q* 0904	0.776
提取方法： 主成分分析，只抽取了一个成分。			提取方法：主成分分析。 a. 已提取了 1 个成分。	

表 4–38　*Q* 09 单因子提取解释的总方差

成分	初始特征值			提取平方和载入		
	合计	方差百分比 / %	累计百分比 / %	合计	方差百分比 / %	累计百分比 / %
1	2.229	55.718	55.718	2.229	55.718	55.718
2	0.690	17.259	72.978			
3	0.572	14.303	87.281			
4	0.509	12.719	100.000			

注：提取方法为主成分分析。

从表 4–37、表 4–38 中可以看出，潜变量 *Q* 09 的测量题项只提取到一个因子，这个因子所提取的解释总方差的平方和载入累计达到了 55.7% 以上，所以，表 4–9 所设计的 4 个题项就确定为潜变量 *Q* 09 的测量量表。

（7）*Q* 10 追随者组织支持感测量量表的确定

在本书中，组织支持感在有效追随行为与追随者的工作行为之间具有调节作用。自 McMillin（1997）对 Eisenberger 的操作性定义进行了完善与深化，并划分出亲密支持、尊重支持与工具支持 3 个维度以来，可以认为组织支持感的测量量表相对比较成熟。本书在参考谭道伦（2011）研究的基础上，设计了一个由两个维度 12 道题项构成的测量量表（见表 4–10）。采用陕西省的样本对其进行探索性因子分析，所得结果如表 4–39、表 4–40 所示。

表 4–39　*Q* 10 的探索性因子分析

公因子方差			成分矩阵[a]	
变量	初始	提取	变量	成分 1
Q 1001	1.000	0.655	*Q* 1001	0.810
Q 1002	1.000	0.663	*Q* 1002	0.814
Q 1003	1.000	0.634	*Q* 1003	0.796
Q 1004	1.000	0.577	*Q* 1004	0.759
Q 1005	1.000	0.543	*Q* 1005	0.737
Q 1006	1.000	0.674	*Q* 1006	0.821
Q 1007	1.000	0.257	*Q* 1007	0.507
Q 1008	1.000	0.694	*Q* 1008	0.833
Q 1009	1.000	0.594	*Q* 1009	0.771
Q 1010	1.000	0.514	*Q* 1010	0.717
Q 1011	1.000	0.448	*Q* 1011	0.670
Q 1012	1.000	0.428	*Q* 1012	0.654
提取方法： 主成分分析，只抽取了一个成分。			提取方法：主成分分析。 a. 已提取了 1 个成分。	

表 4–40　*Q* 10 单因子提取解释的总方差

成分	初始特征值			提取平方和载入		
	合计	方差百分比 / %	累计百分比 / %	合计	方差百分比 / %	累计百分比 / %
1	6.681	55.677	55.677	6.681	55.677	55.677
2	0.907	7.556	63.233			
3	0.711	5.923	69.156			
4	0.622	5.181	74.336			

续表

成分	初始特征值			提取平方和载入		
	合计	方差百分比 / %	累计百分比 / %	合计	方差百分比 / %	累计百分比 / %
5	0.528	4.402	78.738			
6	0.506	4.216	82.954			
7	0.465	3.879	86.833			
8	0.359	2.994	89.827			
9	0.343	2.856	92.683			
10	0.334	2.787	95.470			
11	0.288	2.403	97.873			
12	0.255	2.127	100.000			

注：提取方法为主成分分析。

由表 4–39、表 4–40 可知，本书所设计的 12 个题项，只提取到一个公因子，这个公因子就表达了追随者的组织支持感。

尽管本书在设计时考虑了两个维度，但理论分析表明，这个潜变量是有效追随行为与追随者的工作行为之间的调节变量。因此，本书在后文的分析中就不再按维度进行划分，只是将其作为一个单一维度的潜变量对待。

（8）*Q* 11 包容型领导测量量表的确定

在本书第 4.4.2 节中，参考 Nembhard 和 Edmondson（2006）对包容型领导概念的量化研究，以及 Carmeli 等（2010）提炼的开放性、易接近性和可用性三个维度，本书在设计测量题项时，还着重考虑了包容型领导是与追随者共同做事、共同完成任务的，所以，在设计题项时特别增加了“容错性”方面的内容，从而设计出由 9 道题项构成的测量题项，在陕西的样本上采用探索性因子分析方法，得到的结果如表 4–41、表 4–42 所示。

表 4–41　*Q* 11 的探索性因子分析

公因子方差			成分矩阵[a]		旋转成分矩阵[a]	
变量	初始	提取	成分 1	成分 2	成分 1	成分 2
Q 1101	1.000	0.774	0.774	0.266	0.753	0.319
Q 1102	1.000	0.683	0.683	0.465	0.819	0.110
Q 1103	1.000	0.667	0.667	0.407	0.768	0.143

续表

公因子方差			成分矩阵[a]		旋转成分矩阵[a]	
变量	初始	提取	成分 1	成分 2	成分 1	成分 2
Q 1104	1.000	0.689	0.689	0.126	0.597	0.368
Q 1105	1.000	0.718	0.718	0.078	0.586	0.422
Q 1106	1.000	0.737	0.737	0.141	0.643	0.388
Q 1107	1.000	0.742	0.742	−0.475	0.234	0.849
Q 1108	1.000	0.766	0.766	−0.479	0.249	0.869
Q 1109	1.000	0.753	0.753	−0.428	0.274	0.822
提取方法：主成分分析。			提取方法：主成分分析。 a. 已提取了 2 个成分。		提取方法：主成分分析。 旋转法：具有 Kaiser 标准化的正交旋转法。 a. 旋转在 3 次迭代后收敛。	

表 4–42　*Q* 11 因子提取解释的总方差

成分	初始特征值			提取平方和载入			旋转平方和载入		
	合计	方差百分比 / %	累计百分比 / %	合计	方差百分比 / %	累计百分比 / %	合计	方差百分比 / %	累计百分比 / %
1	4.748	52.753	52.753	4.748	52.753	52.753	3.133	34.808	34.808
2	1.134	12.598	65.351	1.134	12.598	65.351	2.749	30.543	65.351
3	0.675	7.501	72.853						
4	0.542	6.023	78.875						
5	0.498	5.530	84.405						
6	0.434	4.823	89.229						
7	0.400	4.446	93.675						
8	0.333	3.701	97.376						
9	0.236	2.624	100.000						

注：提取方法为主成分分析。

由表 4–41、表 4–42 可知，共提取到两个因子，两个因子的解释的总方差达到了 65% 以上。但是，由于在本书所要研究的问题中，包容型领导这个潜变量是作为调节变量出现的，因而两个因子会使问题复杂化，从而冲淡研究的主题，所以对所设计的 9 个测量题项再进行分析，发现题项 *Q* 1107“领导一直存在于团队中——随时可以找到他（她）”、*Q* 1108“我向领导咨询专业问题时，随时可以找到他（她）”、Q 1109“领导总是愿意倾听我的请求”测量的是领导对于追随者而言的“可用性”。尽管“可用性”是包容型领导的一种特性，但相比领导的“容错性”与“易接近性”，其测量的该潜变量的内涵是可以忽略的。所以本书去掉了这三个题项，再进行探索性因子分析，其结果如表 4–43、表 4–44 所示。

表 4–43　Q 11 的探索性因子分析

公因子方差			成分矩阵[a]	
变量	初始	提取	变量	成分 1
Q 1101	1.000	0.662	Q 1101	0.814
Q 1102	1.000	0.602	Q 1102	0.776
Q 1103	1.000	0.548	Q 1103	0.740
Q 1104	1.000	0.509	Q 1104	0.714
Q 1105	1.000	0.535	Q 1105	0.731
Q 1106	1.000	0.574	Q 1106	0.757
提取方法： 主成分分析，只抽取了一个成分。			提取方法：主成分分析。 a. 已提取了 1 个成分。	

表 4–44　Q 11 单因子提取解释的总方差

成分	初始特征值			提取平方和载入		
	合计	方差百分比 / %	累计百分比 / %	合计	方差百分比 / %	累计百分比 / %
1	3.430	57.163	57.163	3.430	57.163	57.163
2	0.696	11.606	68.769			
3	0.547	9.114	77.882			
4	0.515	8.589	86.471			
5	0.419	6.980	93.451			
6	0.393	6.549	100.000			

注：提取方法为主成分分析。

由表 4–43、表 4–44 可知，去掉 Q 1107、Q 1108、Q 1109 后，剩余的 6 个题项只提取到一个因子，这个因子解释的总方差达到 57% 以上。因此，本书决定把 Q 1101~Q 1106 共 6 个题项作为潜变量 Q 11 的测量量表，具体如表 4–45 所示。

表 4–45　确定的 *Q* 11 包容型领导测量量表

变量 *Q* 11	题　项	参考文献
包容型领导	*Q* 1101：领导愿意倾听新的观点	Nembhard 和 Edmondson（2006）；Carmeli 等（2010）；程伟波（2014）
	Q 1102：领导能留意新的机会，从而改进工作进程	
	Q 1103：领导愿意讨论期待的目标以及达到目标的新途径	
	Q 1104：领导鼓励我在出现新问题、出现失败或错误时找他（她）	
	Q 1105：领导可以被找来讨论新出现的问题	
	Q 1106：如果有问题或工作不顺利时，随时可以找领导咨询	

另外，本书第一阶段的研究完成了论文《基于 TPB 理论的追随行为意图的前因与后果研究：来自企业组织调查数据的实证》（王晓燕等，2020），在这篇文章中，对表 4–1~ 表 4–6 进行了信度与效度的检验，研究结果表明，表 4–1~ 表 4–6 是具有信度与效度的。

在问卷中，为了提高调查的信度，本书对复合型问题的测量采取了一些相应的处理。表 4–1 是追随行为态度的量表，可以看出，追随行为态度 *Ab* 是由追随行为态度的信念 *BB* 与行为结果 *OE* 两项相乘而得，即 $Ab=BB \times OE$，所以在调查问卷设计时，将行为态度信念 *BB* 与行为结果 *OE* 分别作为两个问题放在问卷中；表 4–2 是追随行为主观规范的量表设计，由于追随行为主观规范 *SN* 的测量是由主观规范信念 *NB* 及依从动机 *MC* 相乘而得到的，即 $SN=NB \times MC$，因而本书将 *NB* 与 *MC* 分别作为两个题项放在问卷中；同理，表 4–3 是追随行为感知控制的量表设计，由于追随行为的感知行为控制 *PBC* 是由追随行为控制信念 *CB* 与行为控制的便利性认知 *PF* 二者相乘，即 $PBC=CB \times PF$。因此，本书将 *CB* 与 *PF* 作为两个问题放在问卷中。

初次调查的目的是试图采用因子分析的方法，对所设计的量表进行确定。根据表 4–1~ 表 4–11 的设计，以及表 4–12~ 表 4–45 的探索性因子分析，最终形成了一份调查问卷（见附录）。

4.5.3 最终调查对象的确定

在经过对来自陕西省的样本的探索性因子进行分析后，以上对 11 个潜变量的测量量表进行了确定。下面本书要确定正式调查的对象及调查设计。

由于本书的研究内容之一是基于 TPB 理论的追随行为，内容之二是追随者追随行为所衍生的创造性工作行为，所以，由研究内容所决定的调查对象就是一般组织中的一般员工，而非最高层的一般管理人员。

委托专业调查公司采用线上发放问卷，在与该公司签订合同时提出了一些具体要求：

（1）调查对象是在职工作人员

从年龄上看，调查对象是 18~65 岁；学历为大专、本科、研究生及以上都有；工作经验在 3 年以上。

（2）地区要求有代表性

因而问卷发放的地区有：北京、上海、广东、江苏、山东、河南、湖北、河北、福建、四川、安徽、辽宁、湖南、陕西、江西、重庆、山西、吉林、天津、云南、内蒙古、黑龙江。可知本书调查的范围基本涵盖了全国大部分地区，只在每个省份的中心城市发放问卷，主要是企业单位的一般工作人员。

（3）不做行业限定

本书只是想得到一般性的研究结果，因而对行业没有特别的要求，一般的企业、事业、行政单位都可以。

本次调查共计线上发放问卷 600 份，回收有效问卷 409 份。

4.6 本章小结

本章根据上一章的理论分析所涉及概念的内涵与外延，参考了现有的研究成果，设计了 11 个变量的量表，其中有些量表是笔者设计的，特别是采用 TPB 理论时，专门设计了相关量表。该理论只是给出了行为态度、行为社会规范、行为控制与行为意向的定义，认为每个具体问题应由研究者根据需要自行设计。本书用了很大篇幅来论证组织中追随行为的理论性与行为控制特征，设计出相应的测量题项，并在正式调查前进行了试调查，通过探索性因子分析方法对相关测量题项进行了确定。

同样，本书还对有效追随行为、组织支持、包容型领导以及创造性工作行为的三个维度的测量题项，在中国语境下进行了修改，采用了试调查与探索性因子分析方法进行了测量题项的确定。

试调查阶段，在陕西省抽取了 270 个有效样本，采用探索性因子分析方法对所设计的 11 个变量的测量量表进行了筛选与确定；将量表设计成调查问卷；确定了调查对象及调查范围；委托相关专业调查公司在全国范围内实施调查，共发放问卷 600 份，回收有效问卷 409 份。

第 5 章

数据分析及假设检验

本章的目的是根据本书的理论模型及收集到的数据对本书所提出的理论进行验证，对所提出的若干假设进行检验。

由于本书研究的问题有二，因而假设检验也是分两个阶段进行的。第一阶段是对组织中追随者的追随行为是计划行为进行验证；第二阶段是对有效追随行为衍生为工作行为的因果关系进行检验。

首先对数据进行分析，在此基础上采用结构方程模型（第一阶段）、多元回归分析模型（第二阶段）对所提出的若干假设进行检验。

5.1　调查数据统计特征及效度与信度检验

本书的调查分两个阶段进行。第一阶段为试调查，其目的在于对量表进行确定，确定量表之后，第二阶段开始正式调查。正式调查是根据所确定的量表委托正规调查公司，通过网络发放问卷，在北京、上海、广东、江苏、山东、河南、湖北、河北、福建、四川、安徽、辽宁、湖南、陕西、江西、重庆、山西、吉林、天津、云南、内蒙古、黑龙江等 22 个省份发放了 600 份问卷，获得有效问卷 409 份，并对所得样本从性别、年龄、工龄、学历、行业、企业性质、企业规模、岗位性质及职务等分布上进行了传记特征分析，结果表明本次调查所得样本符合设计与研究要求，具有适当性。

5.1.1 调查对象的传记特征

传记特征是对研究对象的基本特征进行统计，以期说明问卷调查对象选择是合理有效的。

（1）性别分布特征

从表 5–1 中可以看出，本次调查的性别分布非常平均，几乎是男女各占 50%。

表 5–1 调查对象的性别分布

指标		频率	百分比 / %	有效百分比 / %	累计百分比 / %
有效问卷（409 份）	男	204	49.9	49.9	49.9
	女	205	50.1	50.1	100.0
	合计	409	100.0	100.0	

（2）年龄与工龄特征

从表 5–2 中可以看出，调查对象 80% 以上是 40 岁以下的中青年人，50 岁以下的人占总调查对象的 97%。所以，从年龄特征来看调查对象一般不是企业的负责人，属于追随者行列。

表 5–2 调查对象年龄分布

指标		频率	百分比 / %	有效百分比 / %	累计百分比 / %
有效问卷（409 份）	21~30 岁	95	23.2	23.2	23.2
	31~40 岁	247	60.4	60.4	83.6
	41~50 岁	56	13.7	13.7	97.3
	51 岁及以上	11	2.7	2.7	100.0
	合计	409	100.0	100.0	

从表 5–3 中可以看出，78% 以上的调查对象的工作年限在 10 年以下，而一般情况下，这部分人在一般组织中很难成为最高领导者。因此，他（她）们基本是下属，属于追随者的行列。而工作年限在 10 年或 20 年以上的人数比例不到 22%，这也符合本书的样本设计要求。

表 5–3　调查对象的工龄特征

指标		频率	百分比 / %	有效百分比 / %	累计百分比 / %
有效问卷（409 份）	1 年及以下	10	2.4	2.4	2.4
	2~5 年	137	33.5	33.5	35.9
	6~10 年	175	42.8	42.8	78.7
	11~20 年	63	15.4	15.4	94.1
	21 年及以上	24	5.9	5.9	100.0
	合计	409	100.0	100.0	

（3）学历特征

学历特征用来表达调查对象的受教育程度及其专业素质，本次调查的数据如表 5–4 所示。

表 5–4　调查对象的学历分布特征

指标		频率	百分比 / %	有效百分比 / %	累计百分比 / %
有效问卷（409 份）	高中中专及以下	2	0.5	0.5	0.5
	大专	46	11.2	11.2	11.7
	本科	223	54.5	54.5	66.3
	硕士	130	31.8	31.8	98.0
	博士	8	2.0	2.0	100.0
	合计	409	100.0	100.0	

从表 5–4 中可以看出，大专以上的调查者占到本次总人数的 99% 左右，因此，本次调查的对象是企业及组织中具有高素质的人群。因此，他们对于问卷（量表）应该具有足够的理解能力，如果调查对象是诚实的，相信得到的数据能够表达他（她）们的意愿。

（4）样本的行业特征

样本取自表 5–5 所示的 13 个行业，其中 12% 以上的样本分布在 IT 行业，约 25% 的样本来自制造业，其余的地产、建筑、餐饮、教育、金融、化工、医疗、通信、能源、交通运输业的样本数都在10%以下，相对均匀。这说明样本来源具有多样性，成比例性，并未过分集中于某个行业，从这个变量来看，数据来源具有代表性与合理性。

表 5–5　调查对象的行业分布特征

指标		频率	百分比 / %	有效百分比 / %	累计百分比 / %
有效问卷（409份）	IT	50	12.2	12.2	12.2
	地产	17	4.2	4.2	16.4
	建筑	23	5.6	5.6	22.0
	餐饮	20	4.9	4.9	26.9
	教育	34	8.3	8.3	35.2
	金融	32	7.8	7.8	43.0
	制造生产	101	24.7	24.7	67.7
	化工	9	2.2	2.2	69.9
	医疗	18	4.4	4.4	74.3
	通信	18	4.4	4.4	78.7
	能源	26	6.4	6.4	85.1
	交通运输	15	3.7	3.7	88.8
	其他	46	11.2	11.2	100.0
	合计	409	100.0	100.0	

（5）企业的性质分布特征

企业性质主要考虑的是企业的所有制性质，如国有企业、民营企业、外资企业等。

从表5–6中可以看出，调查对象约37%来自国有企业，约45%来自民营企业，两者约占82%。另外，还有一定的外资企业与合资企业，而这个比例与中国企业的所有制分布基本一致。所以，从所有制性质来看，调查对象的来源具有代表性与合理性。

表 5–6　样本企业的所有制性质分布

指标		频率	百分比 / %	有效百分比 / %	累计百分比 / %
有效问卷（409 份）	国有企业	150	36.7	36.7	36.7
	民营企业	183	44.7	44.7	81.4
	外资企业	24	5.9	5.9	87.3
	合资企业	31	7.6	7.6	94.9
	其他	21	5.1	5.1	100.0
	合计	409	100.0	100.0	

（6）样本企业（组织）的规模特征

企业（组织）规模主要通过人数来表达。在中国一般认为 1000 人以上的组织是大型组织，其余为中小组织，而中小组织在社会所有组织中占大多数。从表 5–7 中可以看出，1000 人以上的企业占样本频数的 22%，78% 的调查对象来自中小企业。这与中国企业的规模分布是相适应的，符合中国企业的规模分布情况。所以，从企业人数规模上看，样本来源具有分布合理性。

表 5–7　样本企业人数规模分布

指标		频率	百分比 / %	有效百分比 / %	累计百分比 / %
有效问卷（409 份）	50 人及以下	52	12.7	12.7	12.7
	51~100 人	60	14.7	14.7	27.4
	101~200 人	61	14.9	14.9	42.3
	201~500 人	94	23.0	23.0	65.3
	501~1000 人	52	12.7	12.7	78.0
	1001 人及以上	90	22.0	22.0	100.0
	合计	409	100.0	100.0	

（7）样本对象的岗位性质分布

由于本书是研究追随行为的，因此，样本中应以非企业的最高层为主。

表 5-8、表 5-9 从不同的角度说明了这一问题，显示了样本的数据来源的分布情况。

表 5-8　样本调查对象的岗位分布特征

指标		频率	百分比 / %	有效百分比 / %	累计百分比 / %
有效问卷（409 份）	管理岗	158	38.6	38.6	38.6
	技术岗	137	33.5	33.5	72.1
	营销岗	30	7.3	7.3	79.5
	服务岗	27	6.6	6.6	86.1
	文秘	16	3.9	3.9	90.0
	生产	15	3.7	3.7	93.6
	财务	17	4.2	4.2	97.8
	其他	9	2.2	2.2	100.0
	合计	409	100.0	100.0	

表 5-9　样本对象的职务分布特征

指标		频率	百分比 / %	有效百分比 / %	累计百分比 / %
有效问卷（409 份）	普通员工	105	25.7	25.7	25.7
	基层管理者	166	40.6	40.6	66.3
	中层管理者	103	25.2	25.2	91.4
	高层管理者	28	6.8	6.8	98.3
	其他	7	1.7	1.7	100.0
	合计	409	100.0	100.0	

表 5-8 表明，数据以管理者或具有管理职能的人员为主，在样本中这些人员的比重达到了约 80%。而管理类人员在企业中追随行为更为明显。

表 5-9 表明，高层管理人员占比较少。因为在企业中，一般而言高层管理人员有些就是领导者。因此本书在选择样本时，以企业中的管理人员为主，但尽量避免是企业领导者自身。而样本的这个特征表明，本书的样本达到了要求。

本书从以上 7 个方面对样本的传记特征进行了分析，各方面的数据都表明，本书所依据的数据样本是合理的，具有代表性。这样就克服了样本在一定意义上的非随机性所带来的困扰，也就从根本上保证了本书研究的科学性。

5.1.2　数据处理及信度检验

本书的量表是通过充分论证的，主要变量的测量题项都是经过实测后进行了测量纯化的。因此，本书首先要进行的检验是量表的信度与效度，进而做验证性因子分析。

（1）测量变量数据中心化

本书是由 8 个构念、11 个潜变量构成的两阶段模型：第一阶段是基于 TPB 理论的 6 个潜变量构成的结构方程模型（其中内生潜变量 *Q* 05、*Q* 06 是有效追随行为的两个维度）；第二阶段则是由 7 个潜变量（其中 *Q* 05、*Q* 06 是本模型中的自变量，是有效追随行为的两个维度）构成的双调节（调节变量为组织支持感、包容型领导）的模型。每一个潜变量都有自己的测量变量，所以本书对所有的测量变量都进行了中心化处理。

（2）信度检验

尽管本书所设计的量表是经过多方论证，且根据研究的目的通过概念的内涵与外延选择出来的，但是为了严谨与严肃起见，还是需要进行信度检验，即对测量结果的一致性或稳定性的程度进行检验。通过一致性来反映所采用量表的内在关系，即测量数据的信度。本书主要采用 Cronbach 在 1951 年提出的 Alpha 系数来检验信度，亦称 Cronbach's Alpha 系数。

本书共有 11 个潜变量，总体的信度 Cronbach's Alpha 系数为 0.917，11 个潜变量的信度 Cronbach's Alpha 系数如表 5–10 所示。

从表 5–10 中可以看出，所有潜变量的信度 Cronbach's Alpha 系数均大于 0.70，表明本书所采用的量表可靠性较高，达到了信度检验的要求。

表 5-10 11 个潜变量的信度 Cronbach's Alpha 系数

潜变量	测量变量个数	Cronbach's Alpha
Q 01 追随行为态度	4	0.834
Q 02 感知追随行为主观规范	3	0.752
Q 03 感知追随行为控制	3	0.782
Q 04 追随行为意图	5	0.822
Q 05 积极参与行为	6	0.894
Q 06 非盲从行为	5	0.821
Q 07 激进创造性工作行为	4	0.705
Q 08 渐进创造性工作行为	4	0.788
Q 09 非创造性常规工作行为	4	0.774
Q 10 追随者感知组织支持	12	0.925
Q 11 包容型领导	6	0.850

5.1.3 效度检验

效度一般是指理论构念与其量表之间的一致程度，涉及效度的概念很多，如内容效度、结构效度、聚敛效度、区分效度。本书在此主要对所设计的测量题项的构念效度或内容效度进行说明，对区分效度进行检验。

（1）样本充足度检验

本书共获得有效样本 409 份，采用 KMO 和 Bartlett 球形度检验，所得结果如表 5-11 所示。表 5-11 表明这部分的取样是符合要求的，KMO 指标达到了 0.942，说明样本量是充足的。

表 5-11 KMO 和 Bartlett 球形度检验

取样足够度的 Kaiser-Meyer-Olkin 度量		0.942
Bartlett 球形度检验	近似卡方	11312.754
	df	1540
	Sig.	0.000

（2）内容效度

本书涉及 11 个潜变量，对每个潜变量所来自的概念内涵与测量项（题目），都是参考了计划行为理论的初始问题，再结合追随理论、感知组织支持、包容型领导、创造性工作行为的相关概念定义与内涵而设计的。本书认为，提高内容效度的第一步，也是最重要的一步就是在设计测量项时，使每一测量题项都是所测量构念的反映，使其与所测量的构念具有一致性。因此，本书在参考了大量相关文献的基础上，形成了表 4–1~ 表 4–11 的测量量表题项设计，又经过对一个较小样本（270 个案）采用探索性因子分析方法，最终确定了如第 4.5 节中所论述的测量量表，基本结构如表 5–10 所示，即对追随行为态度、追随行为的主观规范、追随行为的自我控制、追随行为意图、有效追随行为、创造性工作行为等的定义及测量题项进行了讨论，最终确定了 8 个概念、11 个潜变量、56 道测量题项的测量量表。

对此 11 个潜变量的 56 道测量题项，进一步采用专家打分的方法进行内容效度的确定。具体做法如下：组织 7 位专家采用专家评定表的方式进行打分，打分表采用 5 分制，内容效度专家评分表如表 5–12 所示。

表 5–12　内容效度专家评分表

题项	评价				
	很好 5	较好 4	一般 3	较差 2	很差 1
Q 0101					
Q 0102					
Q 0104					
Q 0105					
Q 0201					
…					
…					
问卷总体（W 01） 问卷结构（W 02） 问卷内容（W 03）	专家签字： 时　　间：				

本书精心选择了在心理学领域、领导理论研究及创造性研究方面的7位专家，采用电子邮件方式，将表5–12及所设计的相关概念的测量量表（见附录）发送给所选专家，并说明本书设计该量表的目的与用途，请专家根据自己的理解独立地给出量表题项的打分值。

专家背靠背打分后，采用电子邮件方式返回，笔者再进行汇总统计，结果如表5–13所示。

表5–13 量表及问卷专家评价描述统计

测量项	专家数 *N*	极小值	极大值	均值	标准差	测量项	专家数 *N*	极小值	极大值	均值	标准差
Q 0101	7	4	5	4.42	0.534	*Q* 0801	7	4	5	4.57	0.535
Q 0102	7	3	5	4.29	0.755	*Q* 0802	7	3	5	4.14	0.900
Q 0104	7	4	5	4.57	0.534	*Q* 0803	7	3	5	4.14	0.690
Q 0105	7	3	5	4.14	0.899	*Q* 0804	7	2	5	4.14	0.715
Q 0201	7	3	5	4.14	0.690	*Q* 0901	7	4	5	4.29	0.488
Q 0202	7	2	5	4.14	1.214	*Q* 0902	7	3	5	4.14	0.900
Q 0203	7	4	5	4.29	0.487	*Q* 0903	7	4	5	4.43	0.535
Q 0301	7	3	5	4.14	0.899	*Q* 0904	7	3	5	4.43	0.787
Q 0302	7	4	5	4.43	0.534	*Q* 1001	7	3	5	4.43	0.787
Q 0303	7	3	5	4.42	0.786	*Q* 1002	7	3	5	4.14	0.690
Q 0401	7	3	5	4.14	0.900	*Q* 1003	7	3	5	4.29	0.756
Q 0402	7	3	5	4.14	0.690	*Q* 1004	7	3	5	4.43	0.787
Q 0403	7	2	5	4.14	1.215	*Q* 1005	7	3	5	4.14	0.690
Q 0404	7	4	5	4.29	0.488	*Q* 1006	7	4	5	4.43	0.535
Q 0405	7	3	5	4.14	0.900	*Q* 1007	7	3	5	4.29	0.756
Q 0503	7	3	5	4.43	0.787	*Q* 1008	7	3	5	4.14	0.690
Q 0504	7	3	5	4.14	0.690	*Q* 1009	7	4	5	4.57	0.535
Q 0506	7	3	5	4.43	0.787	*Q* 1010	7	3	5	4.14	0.900
Q 0507	7	3	5	4.14	0.690	*Q* 1011	7	3	5	4.14	0.690

续表

测量项	专家数 N	极小值	极大值	均值	标准差	测量项	专家数 N	极小值	极大值	均值	标准差
Q 0508	7	4	5	4.43	0.535	*Q* 1012	7	2	5	4.14	0.615
Q 0509	7	3	5	4.29	0.756	*Q* 1101	7	4	5	4.29	0.488
Q 0601	7	4	5	4.57	0.535	*Q* 1102	7	3	5	4.14	0.900
Q 0602	7	3	5	4.14	0.900	*Q* 1103	7	4	5	4.43	0.535
Q 0603	7	3	5	4.14	0.690	*Q* 1104	7	3	5	4.43	0.787
Q 0604	7	2	5	4.14	1.215	*Q* 1105	7	3	5	4.43	0.787
Q 0605	7	4	5	4.29	0.488	*Q* 1106	7	3	5	4.14	0.690
Q 0701	7	3	5	4.29	0.756	*W*01	7	3	5	4.43	0.787
Q 0702	7	3	5	4.43	0.787	*W*02	7	3	5	4.14	0.690
Q 0704	7	4	5	4.43	0.535	*W*03	7	3	5	4.29	0.756
Q 0706	7	3	5	4.14	0.690						

从专家评价结果看，本书所设计的相关的 11 个潜变量的测量量表具有非常好的专家评分值。从表 5–13 中可以看出，在所有 56 个题项中最低平均得分为 4.14 分，最高平均得分为 4.57 分，这说明专家对此问卷所设计的题项，在对相应概念的测量方面高度认可。另外，从所有得分值的标准差看，最大的标准差为 1.215，这说明专家得分具有高度的一致性。从表 5–13 中还可以看出，专家对问卷总体（*W* 01）、问卷结构（*W* 02）及问卷内容（*W* 03）都具有高度的认可性。可见，本书所设计的相关潜变量的测量量表具有很好的内容效度。

（3）区分效度

主要采用验证性因子分析方法，首先对样本数据采用主成分分析方法提取公因子，表 5–14 为各测量项公因子方差数据。

为了使本书的研究结果具有科学有效性，需要在此采用最终调查数据，对量表测量的结果进行结构效度检验。采用验证性因子分析方法，选择基于特征值共提取 11 个因子，解释的累计方差达到 60.432%（见表 5–15）。

表 5-14　样本公因子方差数据

测量变量	初始	提取	测量变量	初始	提取
Q 0101	1.000	0.593	Q 0704	1.000	0.526
Q 0102	1.000	0.621	Q 0706	1.000	0.549
Q 0104	1.000	0.683	Q 0801	1.000	0.549
Q 0105	1.000	0.577	Q 0802	1.000	0.605
Q 0201	1.000	0.505	Q 0803	1.000	0.707
Q 0202	1.000	0.749	Q 0804	1.000	0.593
Q 0203	1.000	0.604	Q 0901	1.000	0.582
Q 0301	1.000	0.577	Q 0902	1.000	0.655
Q 0302	1.000	0.561	Q 0903	1.000	0.559
Q 0303	1.000	0.565	Q 0904	1.000	0.673
Q 0401	1.000	0.688	Q 1001	1.000	0.674
Q 0402	1.000	0.688	Q 1002	1.000	0.693
Q 0403	1.000	0.602	Q 1003	1.000	0.654
Q 0404	1.000	0.609	Q 1004	1.000	0.625
Q 0405	1.000	0.606	Q 1005	1.000	0.697
Q 0503	1.000	0.544	Q 1006	1.000	0.576
Q 0504	1.000	0.652	Q 1007	1.000	0.716
Q 0506	1.000	0.572	Q 1008	1.000	0.661
Q 0507	1.000	0.587	Q 1009	1.000	0.621
Q 0508	1.000	0.619	Q 1010	1.000	0.584
Q 0509	1.000	0.597	Q 1011	1.000	0.616
Q 0601	1.000	0.536	Q 1012	1.000	0.515
Q 0602	1.000	0.582	Q 1101	1.000	0.623
Q 0603	1.000	0.550	Q 1102	1.000	0.562
Q 0604	1.000	0.479	Q 1103	1.000	0.596
Q 0605	1.000	0.617	Q 1104	1.000	0.551
Q 0701	1.000	0.516	Q 1105	1.000	0.593
Q 0702	1.000	0.613	Q 1106	1.000	0.617

注：采用主成分分析法提取公因子。

表 5-15 解释的总方差

成分	初始特征值			提取平方和载入			旋转平方和载入		
	合计	方差百分比 / %	累计百分比 / %	合计	方差百分比 / %	累计百分比 / %	合计	方差百分比 / %	累计百分比 / %
1	16.911	30.198	30.198	16.911	30.198	30.198	8.868	15.836	15.836
2	3.762	6.718	36.916	3.762	6.718	36.916	6.308	11.264	27.100
3	2.319	4.142	41.058	2.319	4.142	41.058	3.974	7.096	34.195
4	2.043	3.649	44.707	2.043	3.649	44.707	2.943	5.255	39.450
5	1.632	2.914	47.621	1.632	2.914	47.621	2.339	4.177	43.627
6	1.410	2.518	50.139	1.410	2.518	50.139	2.132	3.807	47.434
7	1.329	2.373	52.512	1.329	2.373	52.512	1.538	2.746	50.179
8	1.285	2.295	54.807	1.285	2.295	54.807	1.511	2.697	52.877
9	1.105	1.972	56.780	1.105	1.972	56.780	1.468	2.621	55.497
10	1.047	1.870	58.650	1.047	1.870	58.650	1.427	2.549	58.046
11	0.998	1.782	60.432	0.998	1.782	60.432	1.336	2.386	60.432
12	0.927	1.655	62.087						
13	0.912	1.629	63.716						
14	0.860	1.536	65.252						
15	0.850	1.519	66.771						
16	0.825	1.473	68.244						
17	0.786	1.404	69.648						
18	0.755	1.348	70.996						
19	0.740	1.322	72.318						
20	0.707	1.263	73.581						
21	0.691	1.234	74.814						
22	0.664	1.186	76.000						
23	0.654	1.168	77.168						
24	0.629	1.123	78.291						
25	0.621	1.108	79.400						
26	0.603	1.078	80.477						
27	0.565	1.009	81.486						

续表

成分	初始特征值			提取平方和载入			旋转平方和载入		
	合计	方差百分比 / %	累计百分比 / %	合计	方差百分比 / %	累计百分比 / %	合计	方差百分比 / %	累计百分比 / %
28	0.557	0.995	82.481						
29	0.541	0.967	83.447						
30	0.519	0.927	84.374						
31	0.503	0.897	85.271						
32	0.497	0.887	86.159						
33	0.468	0.836	86.994						
34	0.465	0.831	87.825						
…	…	…	…						
56	0.183	0.327	100.000						

验证性因子分析选择基于特征值大于 1 的方法，共提取 11 个因子，而这 11 个因子正好与本书所设计的 11 个变量相对应。旋转成分矩阵如表 5–16 所示。

表 5–16 旋转成分矩阵 [a]

测量变量	成分										
	1	2	3	4	5	6	7	8	9	10	11
Q 0101		0.645									
Q 0102		0.617									
Q 0104		0.687									
Q 0105		0.520									
Q 0201							0.697				
Q 0202							0.812				
Q 0203							0.518				
Q 0301						0.586					
Q 0302						0.546					
Q 0303						0.506					
Q 0401	0.669										

续表

测量变量	成分										
	1	2	3	4	5	6	7	8	9	10	11
Q 0402	0.630										
Q 0403	0.627										
Q 0404	0.711										
Q 0405	0.660										
Q 0503				0.672							
Q 0504				0.553							
Q 0506				0.694							
Q 0507				0.620							
Q 0508				0.635							
Q 0509				0.727							
Q 0601										0.555	
Q 0602										0.704	
Q 0603										0.535	
Q 0604										0.626	
Q 0605										0.707	
Q 0701			0.623								
Q 0702			0.635								
Q 0704			0.612								
Q 0706			0.753								
Q 0801									0.652		
Q 0802									0.658		
Q 0803									0.768		
Q 0804									0.697		
Q 0901					0.753						
Q 0902					0.744						
Q 0903					0.629						
Q 0904					0.780						
Q 1001											0.762

续表

测量变量	成分										
	1	2	3	4	5	6	7	8	9	10	11
Q 1002											0.737
Q 1003											0.686
Q 1004											0.716
Q 1005											0.689
Q 1006											0.612
Q 1007											0.732
Q 1008											0.640
Q 1009											0.646
Q 1010											0.689
Q 1011											0.656
Q 1012											0.604
Q 1101								0.684			
Q 1102								0.552			
Q 1103								0.730			
Q 1104								0.681			
Q 1105								0.653			
Q 1106								0.639			

提取方法：主成分分析。
旋转法：具有 Kaiser 标准化的正交旋转法。
a. 旋转在 15 次迭代后收敛。

从表 5–16 中可以看出，11 个潜变量对应 11 个因子，而且其因子载荷与预期完全一致。潜变量 Q 01 为追随行为态度，其 4 个测量题项（Q 0101、Q 0102、Q 0104、Q 0105）均负载于因子 2；潜变量 Q 02 为感知追随行为主观规范，其 3 个测量题项（Q 0201~Q 0203）均负载于因子 7；潜变量 Q 03 为感知追随行为控制，其 3 个测量题项（Q 0301~Q 0303）均负载于因子 6；潜变量 Q 04 为追随行为意图，其 5 个测量题项（Q 0401~Q 0405）均负载于因子 1；潜变量 Q 05 为有效追随行为中的积极参与维度，其 6 个测量题项（Q 0503、Q 0504、Q 0506、Q 0507、Q 0508、Q 0509）均负载于因子 4；潜变量 Q 06 为有效追随行为中的非盲从行为，其 5 个测量题项（Q 0601~Q 0605）均负载于因子 10；Q 07 为潜变量激进创造性工作行为，其 4 个测量题项（Q 0701、Q 0702、Q 0704、Q 0706）均负载于因子 3；Q 08 为潜变量渐进创造性工作行为，其 4 个测量题项（Q 0801~Q 0804）均负载于因子 9；Q 09 为潜变量非创造性常规工作行为，其 4 个测量题项（Q 0901~Q 0904）均负载于因子 5；Q 10 为潜变量追随者感知组织支持，其 12 个测量题项（Q 1001~Q 1012）均负载于因子 11。Q 11 为潜变量包容型领导，其 6 个测量题项（Q 1101~Q 1106）均负载于因子 8。

表 5-16 的旋转矩阵表明，本书最终所确定的量表与测量目的具有一致性，各变量的测量具有很好的内在一致性，各变量之间具有很好的区分度。这说明本书所设计的潜变量的测量具有很好的区分度，是合理的、有效度的，与研究目的完全一致。

（4）共同方法偏差控制及检验

共同方法偏差的来源大致有四个方面：其一，同一数据来源或同一评分者；其二，问卷题目特征所造成的；其三，问卷内容偏差造成的；其四，测量环境造成的偏差。本书主要采用程序控制方法与统计检验方法来控制和避免共同方法偏差。

由表 5-15 可知，采用验证性因子分析方法，基于特征值共提取 11 个因子，解释的累计方差达到 60.432%，其中第一个因子的方差为 16.911，占比为 30.198%，小于 60.432% 的 50%（30.216%）的标准，符合 Hair 等（1998）提出的判别标准，即本书所采用的测量所得数据不存在共同方法偏差。

5.1.4　测量模型适配度检验与聚合效度检验

（1）追随行为意图前因的聚合效度与区分效度检验

由第 3 章及第 4 章可知，基于计划行为理论，组织中追随者追随行为意图之前因有三个：其一，Q 01 追随行为态度；其二，Q 02 感知追随行为主观规范；其三，Q 03 感知追随行为控制。

a. 追随行为意图之前因的聚合效度检验

追随行为意图之前因的测量模型如图 5-1 所示，采用 AMOS 22.0 进行聚合效度检验。运行结果如表 5-17、表 5-18 所示。

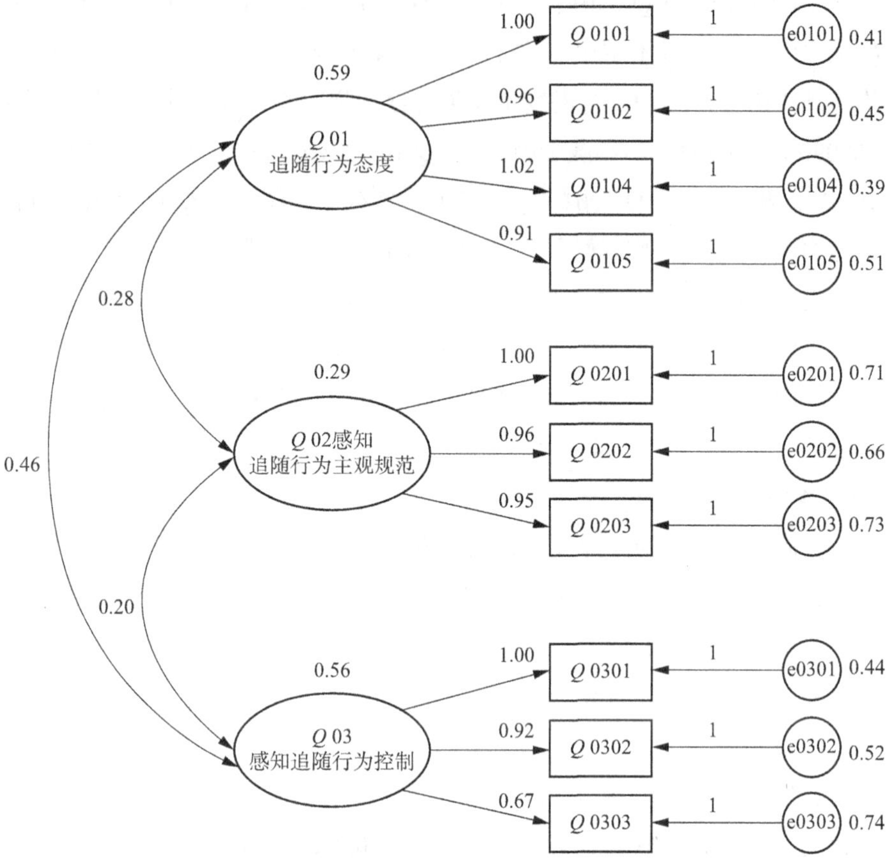

图 5-1　*Q* 01~*Q* 03 追随行为意图之前因的路径

表 5-17　测量模型适配度检验摘要表（追随行为意图之前因）

指标	χ^2/df	RMR	GFI	AGFI	RMSEA	NFI	RFI	IFI	TFI	CFI
	2.08	0.043	0.955	0.923	0.054	0.921	0.909	0.944	0.921	0.944
参考值	介于 1~3	<0.05	>0.90	>0.90	<0.08	>0.90	>0.90	>0.90	>0.90	>0.90

从表 5-17 所有指标的结果可以看出本测量模型的适配度很好。

从表 5-18 中可以看出，追随行为意图之三个前因变量的因子载荷最低为 0.705，最高为 0.880，所有结果都在参考值之内，说明这三个潜变量的测量量表具有很好的聚合效度。

表 5-18　测量模型聚合效度结果（追随行为意图之前因）

			因子载荷	信度系数	测量误差	组合信度 CR	AVE
Q 0101	←	*Q* 01	0.867	0.752	0.248		
Q 0102	←	*Q* 01	0.840	0.706	0.294		
Q 0104	←	*Q* 01	0.880	0.774	0.226		
Q 0105	←	*Q* 01	0.800	0.640	0.360		
						0.910	0.718
Q 0201	←	*Q* 02	0.741	0.549	0.451		
Q 0202	←	*Q* 02	0.779	0.607	0.393		
Q 0203	←	*Q* 02	0.715	0.511	0.489		
						0.789	0.556
Q 0301	←	*Q* 03	0.851	0.724	0.276		
Q 0302	←	*Q* 03	0.789	0.623	0.377		
Q 0303	←	*Q* 03	0.705	0.497	0.503		
						0.826	0.615
参考值			0.50~0.95			>0.60	>0.50

b. 追随行为意图之前因的区分效度检验

采用 AMOS 22.0 对追随行为意图前因的三个潜变量的相关系数进行计算，将表 5-18 中的 AVE 值写于对角线，再计算 AVE 的平方根并将其列于表的最后一行，从而形成表 5-19 所示的结果。

表 5-19　测量模型区分效度结果（追随行为意图之前因）

	Q 01	*Q* 02	*Q* 03
Q 01	0.718		
Q 02	0.468***	0.556	
Q 03	0.492***	0.303***	0.615
AVE 平方根	0.847	0.745	0.784

注：*** 表示 $P \leqslant 0.001$。

从表 5-19 中可以看出，三个潜变量之间具有显著相关性，但相关系数均小于 0.5，所有相关系数都小于 AVE 平方根。这说明本书的这三个潜变量之间具有一定的相关性，同时彼此又具有一定的区分度，即该量表数据的区分效度较为理想。

（2）追随行为意图测量模型聚合效度检验

追随行为意图是一个单维构念，因此只需要进行聚合效度检验即可。

从表 5-20 中可以看出，本测量模型的适配度很好。

表 5-20　测量模型适配度检验摘要（追随行为意图）

指标	χ^2/df	RMR	GFI	AGFI	RMSEA	NFI	RFI	IFI	TFI	CFI
	1.75	0.022	0.991	0.974	0.043	0.987	0.974	0.994	0.989	0.994
参考值	介于 1~3	<0.05	>0.90	>0.90	<0.08	>0.90	>0.90	>0.90	>0.90	>0.90

从表 5-21 中可以看出，潜变量追随行为意图的单维度测量模型的聚合效度非常好，所有指标都在参考值范围之内。*Q* 04 追随行为意图测量模型路径见图 5-2。

表 5-21　测量模型聚合效度结果（追随行为意图）

			因子载荷	信度系数	测量误差	组合信度 CR	AVE
Q 0401	←	*Q* 04	0.792	0.627	0.3727		
Q 0402	←	*Q* 04	0.796	0.634	0.3664		
Q 0403	←	*Q* 04	0.578	0.334	0.6659		
Q 0404	←	*Q* 04	0.632	0.399	0.6006		
Q 0405	←	*Q* 04	0.669	0.448	0.5524		
						0.825	0.510
参考值			0.50~0.95			>0.60	>0.50

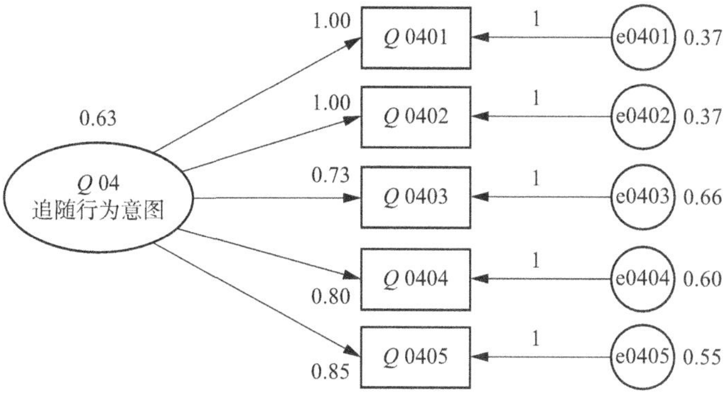

图 5-2　*Q* 04 追随行为意图测量模型路径

（3）有效追随行为测量模型聚合效度与区分效度检验

如第 3 章及第 4.2 节与第 4.5 节所示，有效追随行为有两个维度，即 *Q* 05 与 *Q* 06 两个潜变量，最终确定了这两个潜变量分别由 6 个与 5 个测量题项所构成的测量量表。

表 5-22 显示，有效追随行为测量模型的适配度达到要求，即设计的测量量表及收集到的数据具有适配度。

表 5-22　测量模型适配度检验摘要（有效追随行为）

指标	χ^2/df	RMR	GFI	AGFI	RMSEA	NFI	RFI	IFI	TFI	CFI
	2.507	0.045	0.954	0.930	0.061	0.931	0.919	0.936	0.918	0.936
参考值	介于 1~3	<0.05	>0.90	>0.90	<0.08	>0.90	>0.90	>0.90	>0.90	>0.90

表 5-23 报告了有效追随行为测量模型的聚合效度，检验结果表明，本测量模型具有很好的聚合效度。

表 5-23　测量模型聚合效度结果（有效追随行为）

			因子载荷	信度系数	测量误差	组合信度 CR	AVE
***Q* 0503**	←	***Q* 05**	0.821	0.674	0.3260		
***Q* 0504**	←	***Q* 05**	0.835	0.697	0.3028		
***Q* 0506**	←	***Q* 05**	0.801	0.642	0.3584		
***Q* 0507**	←	***Q* 05**	0.772	0.596	0.4040		

续表

			因子载荷	信度系数	测量误差	组合信度 CR	AVE
Q 0508	←	*Q* 05	0.765	0.585	0.4148		
Q 0509	←	*Q* 05	0.739	0.546	0.4539		
						0.908	0.623
Q 0601	←	*Q* 06	0.707	0.500	0.5002		
Q 0602	←	*Q* 06	0.703	0.494	0.5058		
Q 0603	←	*Q* 06	0.756	0.572	0.4285		
Q 0604	←	*Q* 06	0.695	0.483	0.5170		
Q 0605	←	*Q* 06	0.659	0.434	0.5657		
						0.831	0.525
参考值			0.50~0.95			>0.60	>0.50

表 5-24 报告了有效追随行为两个维度之间的区分效度检验结果。从表中可以看出，该两个维度的潜变量之间具有很高的相关性（相关系数大于 0.5），同时，AVE 的平方根值小于相关系数。因此，本构念的测量模型不具有很好的区分度。本书可以将这两个潜变量在适当时作为一个潜变量处理。其实在第一阶段研究模型中，有效追随行为是一个内生变量，所以本书在此就可以将其合并为一个单维潜变量建立结构方程模型。

表 5-24　测量模型区分效度检验结果（有效追随行为）

	Q 05	*Q* 06
Q 05	0.623	
Q 06	0.898***	0.525
AVE 平方根	0.790	0.725

注：*** 表示 $P \leq 0.001$。

有效追随行为两个维度测量模型的路径见图 5-3。

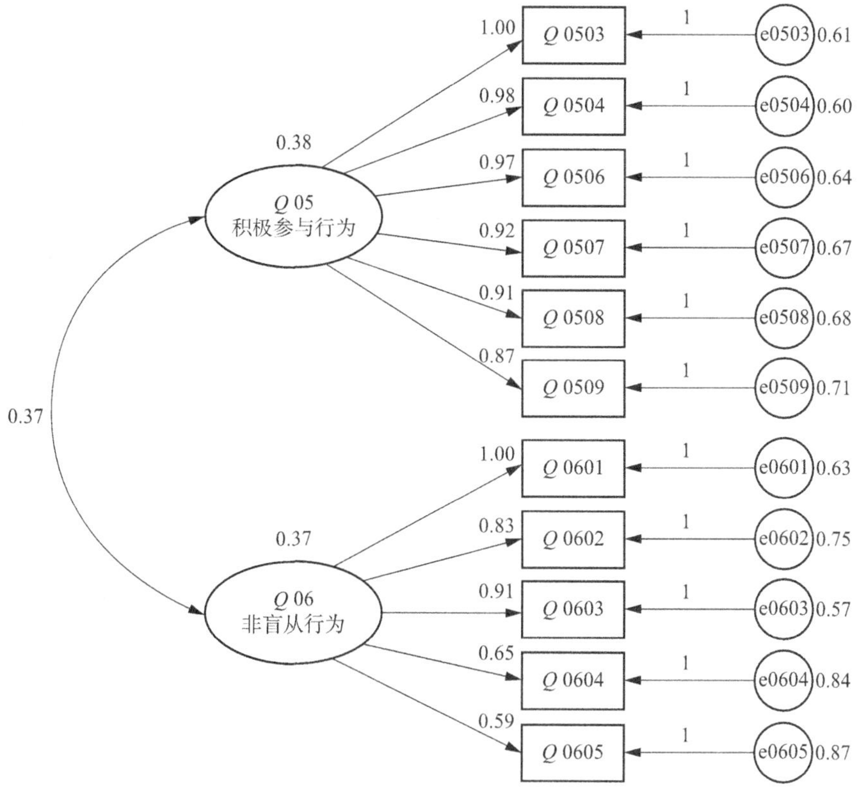

图 5–3　有效追随行为两个维度测量模型的路径

（4）有效追随行为衍生的创造性工作行为测量模型聚合效度与区分效度检验

追随者有效追随行为的衍生行为——工作行为或创造性工作行为的测量模型是由三个维度或三个潜变量及 12 个测量变量构成的，这三个维度分别是 *Q* 07 激进创造性工作行为、*Q* 08 渐进创造性工作行为、*Q* 09 非创造性常规工作行为（具体见第 4.3 节与第 4.5 节）。

a. 测量模型适配度检验

如上所述，追随者创造性工作行为有三个维度，其适配度检验摘要如表 5–25 所示。从表 5–25 中可以看出，所有指标都在参考值的范围之内，这说明追随者由追随行为所衍生的创造性工作行为构念的测量模型具有很好的适配度。

表 5-25　测量模型适配度检验摘要（追随者创造性工作行为）

指标	χ^2/df	RMR	GFI	AGFI	RMSEA	NFI	RFI	IFI	TFI	CFI
	2.08	0.047	0.953	0.928	0.065	0.923	0.905	0.944	0.927	0.943
参考值	介于 1~3	<0.05	>0.90	>0.90	<0.08	>0.90	>0.90	>0.90	>0.90	>0.90

b. 追随者创造性工作行为测量模型聚合效度检验

从表 5-26 中可以看出，追随者创造性工作行为的三个维度无论是因子载荷，还是组合信度、AVE 值都在参考值范围之内，这说明本书所设计的构念与所获得的数据具有很好的聚合效度。

表 5-26　测量模型聚合效度检验结果（追随者创造性工作行为）

			因子载荷	信度系数	测量误差	组合信度 CR	AVE
Q 0701	←	*Q* 07	0.769	0.591	0.4086		
Q 0702	←	*Q* 07	0.798	0.637	0.3632		
Q 0704	←	*Q* 07	0.842	0.709	0.2910		
Q 0706	←	*Q* 07	0.829	0.687	0.3128		
						0.884	0.656
Q 0801	←	*Q* 08	0.804	0.646	0.3536		
Q 0802	←	*Q* 08	0.516	0.266	0.7337		
Q 0803	←	*Q* 08	0.773	0.598	0.4025		
Q 0804	←	*Q* 08	0.768	0.590	0.4102		
						0.812	0.525
Q 0901	←	*Q* 09	0.701	0.491	0.5086		
Q 0902	←	*Q* 09	0.749	0.561	0.4390		
Q 0903	←	*Q* 09	0.711	0.506	0.4945		
Q 0904	←	*Q* 09	0.799	0.638	0.3616		

续表

			因子载荷	信度系数	测量误差	组合信度 CR	AVE
						0.829	0.549
参考值			0.50~0.95			>0.60	>0.50

c. 测量模型的区分效度检验（追随者创造性工作行为）

表 5-27 报告了追随者创造性工作行为三个潜变量测量模型的区分效度检验结果。从表中可以看出潜变量 *Q* 07 与 *Q* 08 具有非常强的正相关性，而且 AVE 的平方根小于二者之间的相关系数，这说明潜变量 *Q* 07 与 *Q* 08 之间不具有很好的区分度，但 *Q* 07 和 *Q* 08 都与 *Q* 09 具有很好的区分度。

表 5-27　测量模型区分效度检验结果（追随者创造性工作行为）

	***Q* 07**	***Q* 08**	***Q* 09**
***Q* 07**	0.656		
***Q* 08**	0.902***	0.525	
***Q* 09**	−0.341***	−0.298***	0.549
AVE 平方根	0.810	0.725	0.741

注：*** 表示 $P \leqslant 0.001$。

其原因在于 *Q* 07 与 *Q* 08 分别是激进性创造性工作行为与渐进性创造性工作行为，即二者的含义都是创造性工作行为，而 *Q* 09 则是非创造性常规工作行为。所以，当 *Q* 07 与 *Q* 08 不具有很好的区分度时，说明在中国情境下，追随者不易将激进创造性和渐进创造性加以区分。这一点与 Amabile（1996）的研究结果不一致，Amabile 的结果是 *Q* 07 与 *Q* 08 是正交的，即不具有相关性。

d. 追随者创造性工作行为的测量模型路径

追随者创造性工作行为测量模型的路径见图 5-4。

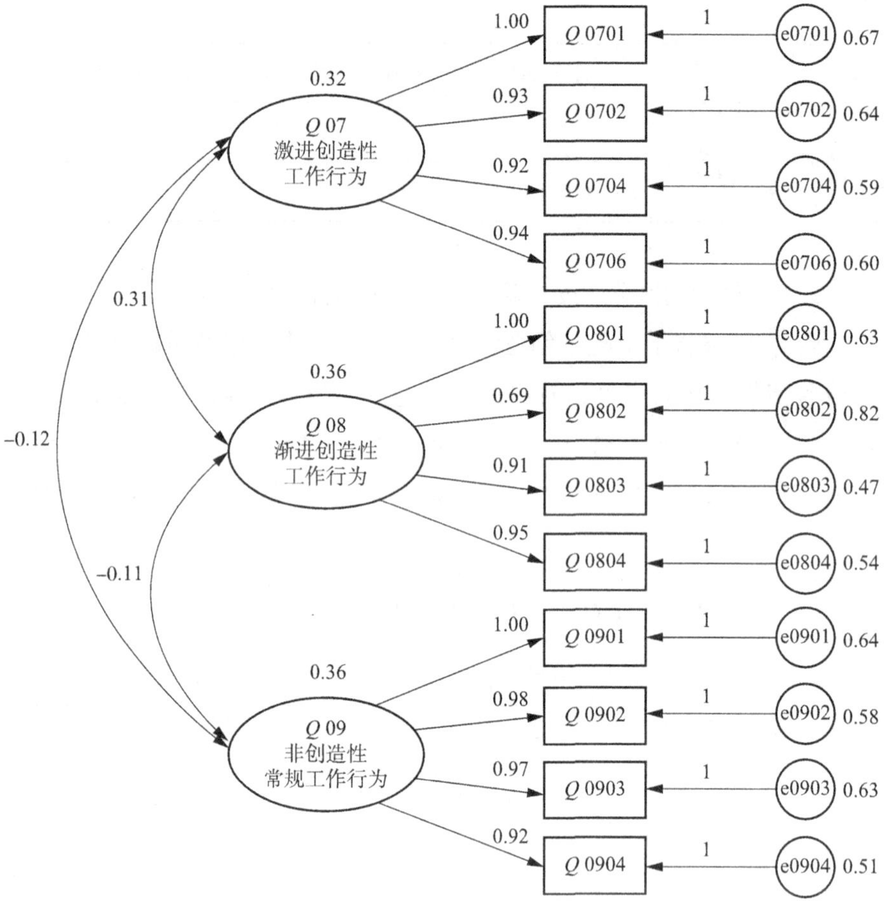

图 5-4　追随者创造性工作行为测量模型的路径

（5）追随者感知组织支持测量模型聚合效度检验

在本书中潜变量 *Q* 10 追随者感知组织支持是追随者有效追随行为与追随者工作行为之间的调节变量，这是一个单维的测量模型。因此，只需要进行聚合效度检验即可。

a. 追随者感知组织支持测量模型路径

根据本书第 4 章对追随者感知组织支持测量的操作化定义，并通过探索性因子分析共确定了 12 个题项作为本构念的测量量表。图 5-5 报告了追随者感知组织支持潜（调节）变量 *Q* 10 的测量模型的路径。

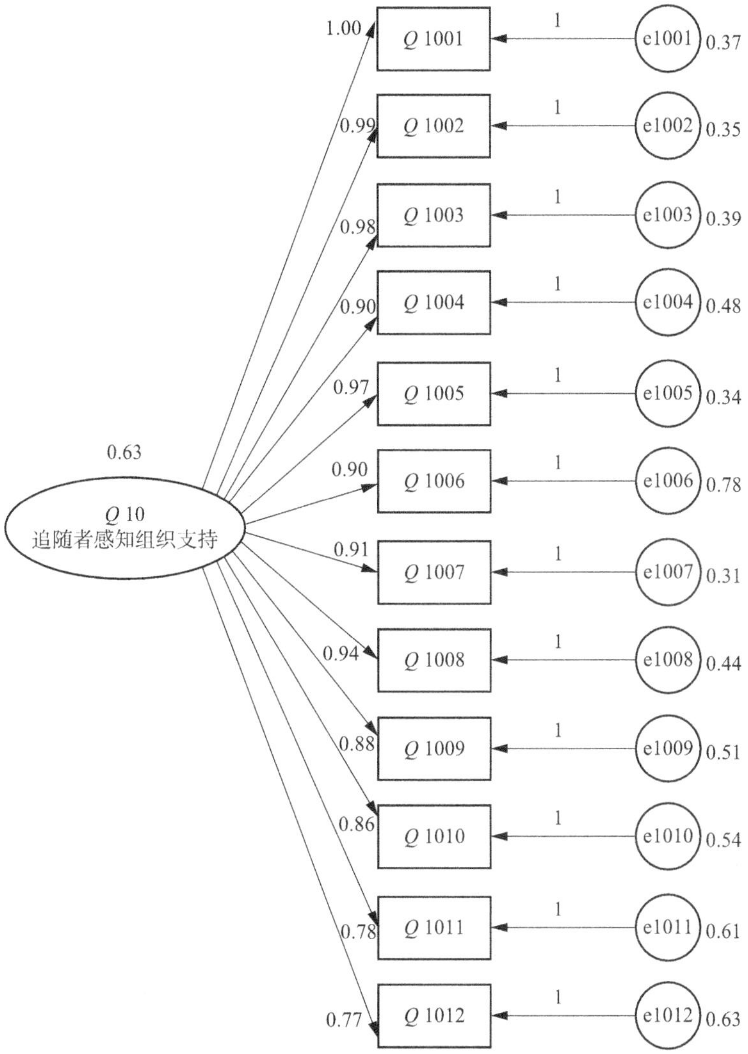

图 5–5　测量模型的路径（追随者感知组织支持）

b. 测量模型适配度检验（追随者感知组织支持）

表 5–28 报告了追随者感知组织支持测量模型的适配度检验结果。从表中可以看出，所有指标都在参考值范围之内，说明测量模型的适配度很好。

表 5–28　测量模型适配度检验摘要表（追随者感知组织支持）

指标	χ^2/df	RMR	GFI	AGFI	RMSEA	NFI	RFI	IFI	TFI	CFI
	2.284	0.038	0.928	0.908	0.075	0.937	0.923	0.955	0.945	0.955
参考值	介于 1~3	<0.05	>0.90	>0.90	<0.08	>0.90	>0.90	>0.90	>0.90	>0.90

c. 测量模型聚合效度检验（追随者感知组织支持）

表 5–29 报告了追随者感知组织支持测量模型的聚合效度。从表中可以看出，本测量模型的聚合效度达到了要求。

表 5–29　测量模型聚合效度检验结果（追随者感知组织支持）

			因子载荷	信度系数	测量误差	组合信度 CR	AVE
Q 1001	←	*Q* 10	0.793	0.629	0.3712		
Q 1002	←	*Q* 10	0.803	0.645	0.3552		
Q 1003	←	*Q* 10	0.779	0.607	0.3932		
Q 1004	←	*Q* 10	0.717	0.514	0.4859		
Q 1005	←	*Q* 10	0.812	0.659	0.3407		
Q 1006	←	*Q* 10	0.664	0.415	0.7847		
Q 1007	←	*Q* 10	0.828	0.686	0.3144		
Q 1008	←	*Q* 10	0.749	0.561	0.4390		
Q 1009	←	*Q* 10	0.700	0.490	0.5100		
Q 1010	←	*Q* 10	0.680	0.462	0.5376		
Q 1011	←	*Q* 10	0.621	0.386	0.6144		
Q 1012	←	*Q* 10	0.608	0.370	0.6303		
						0.927	0.519
参考值			0.50~0.95			>0.60	>0.50

（6）追随者感知包容型领导测量模型聚合效度检验

a. 追随者感知包容型领导测量模型的路径

图 5–6 展示了追随者感知包容型领导测量模型的路径，这是一个单维度的测量模型。

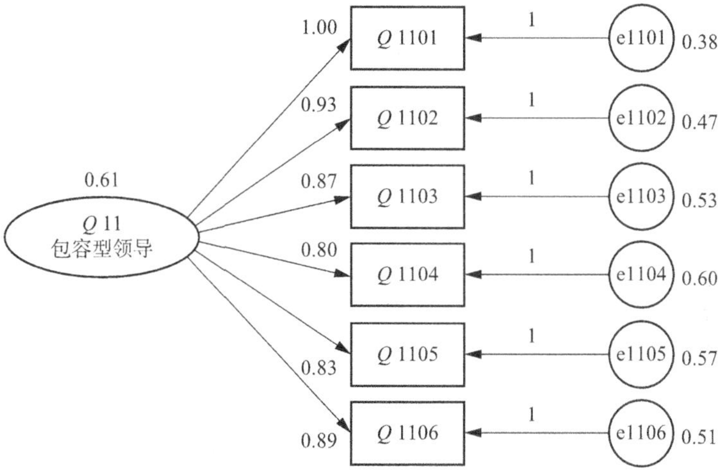

图 5–6　追随者感知包容型领导测量模型路径

b. 测量模型适配度检验（追随者感知包容型领导）

从表 5–30 中可以看出，所有指标都在参考值范围之内，说明本潜变量 *Q* 11 追随者感知包容型领导的测量模型的适配度很好。

表 5–30　测量模型适配度检验摘要（追随者感知包容型领导）

指标	χ^2/df	RMR	GFI	AGFI	RMSEA	NFI	RFI	IFI	TFI	CFI
	2.171	0.032	0.977	0.947	0.073	0.9968	0.947	0.978	0.963	0.978
参考值	介于 1~3	<0.05	>0.90	>0.90	<0.08	>0.90	>0.90	>0.90	>0.90	>0.90

c. 测量模型聚合效度检验（追随者感知包容型领导）

本测量模型是一个单维度的测量模型，因此，只需要进行聚合效度检验即可。表 5–31 报告了聚合效度检验的结果。从表中可以看出，追随者感知包容型领导潜变量的测量模型的聚合效度非常好。

表 5-31 测量模型聚合效度检验结果（追随者感知包容型领导）

			因子载荷	信度系数	测量误差	组合信度 CR	AVE
Q 1101	←	*Q* 11	0.785	0.616	0.3838		
Q 1102	←	*Q* 11	0.726	0.527	0.4729		
Q 1103	←	*Q* 11	0.684	0.468	0.5321		
Q 1104	←	*Q* 11	0.632	0.399	0.6006		
Q 1105	←	*Q* 11	0.654	0.428	0.5723		
Q 1106	←	*Q* 11	0.697	0.486	0.5142		
						0.850	0.516
参考值			0.50~0.95			>0.60	>0.50

5.2 基于 TPB 理论的追随行为相关假设的检验

本书的研究涉及两个具有演进关系的问题：一是试图证明组织中追随者的有效追随行为是一种计划行为；二是作为计划行为的追随行为可以衍生出不同的工作行为。因而，本书的研究也就分为对应的两部分。在本节中，就是对研究一的相关假设，利用所收集到的数据进行检验。

5.2.1 基于 TPB 理论的有效追随行为线性模型

（1）基本路径及结构方程模型

在本书的第 3 章中得到了基于 TPB 理论的组织成员对其领导的追随行为模型（见图 3-1），在这里根据图 3-1，采用 AMOS 22.0，得到如图 5-7 所示的线性模型。这个线性模型表达的思想是组织中追随者的追随行为意图，如第 3 章所述，是由三个因素决定的，而追随行为意图又完全决定了追随者的有效追随行为。

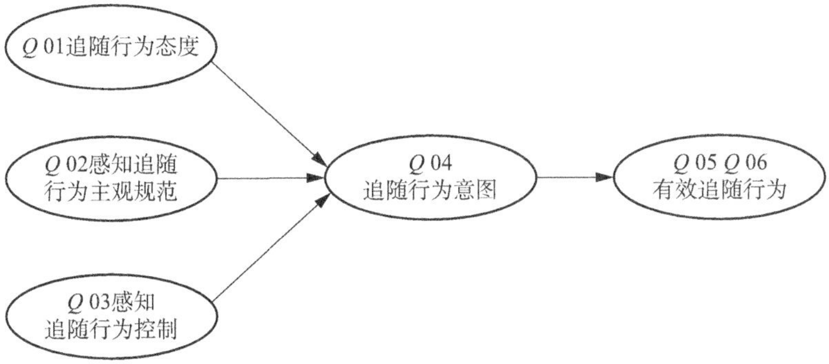

图 5–7　线性关系的有效追随行为模型

根据图 5–7，将所有潜变量的测量变量引入，就可以得到如图 5–8 所示的结构方程模型及路径。

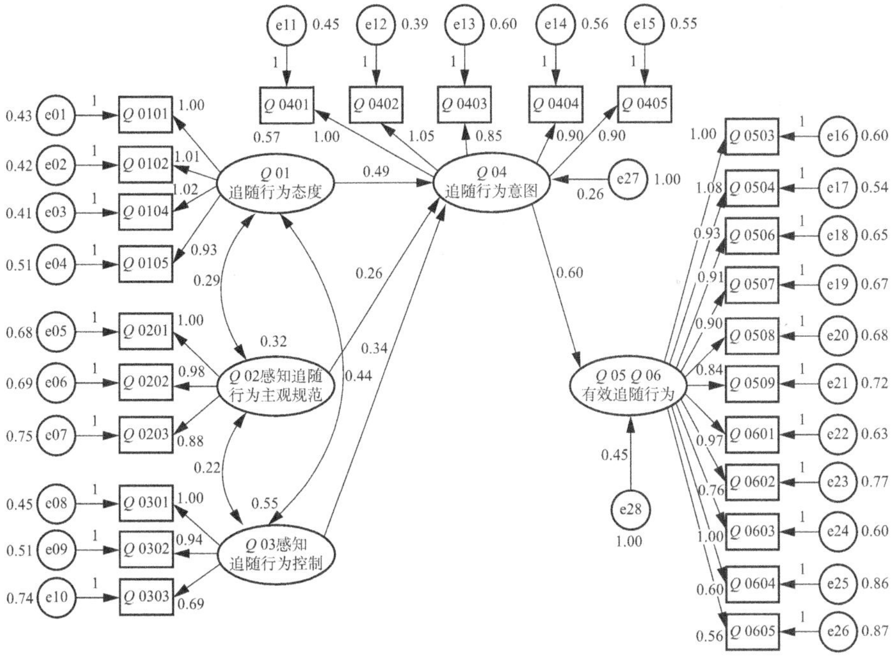

图 5–8　线性模型的有效追随行为路径

（2）模型适配度检验（线性模型）

在图 5–8 中采用 AMOS 22.0，代入调查数据，可得到表 5–32，表 5–32 报告了结构方程模型的适配度情况。从表 5–32 中可以看出，本结构方程模型具有很好的适配度。

表 5–32　结构方程模型适配度检验摘要（线性模型）

指标	χ^2/df	RMR	GFI	AGFI	RMSEA	NFI	RFI	IFI	TFI	CFI
	2.455	0.044	0.978	0.953	0.060	0.978	0.907	0.979	0.960	0.971
参考值	介于 1~3	<0.05	>0.90	>0.90	<0.08	>0.90	>0.90	>0.90	>0.90	>0.90

（3）结构方程模型估计结果（线性模型）

表 5–33　结构方程模型估计结果（线性模型）

			回归权重					标准化回归权重
			估计	标准误	检验统计量	显著性	标签	估计
Q 04	←	*Q* 01	0.490	0.107	4.574	***	par_22	0.494
Q 04	←	*Q* 02	0.259	0.100	2.598	**	par_23	0.198
Q 04	←	*Q* 03	0.340	0.090	3.793	***	par_24	0.340
Q 05	←	*Q* 04	0.597	0.060	9.916	***	par_25	0.703
Q 0101	←	*Q* 01	1.000					0.754
Q 0102	←	*Q* 01	1.009	0.067	15.163	***	par_1	0.760
Q 0104	←	*Q* 01	1.020	0.066	15.344	***	par_2	0.769
Q 0105	←	*Q* 01	0.931	0.067	13.912	***	par_3	0.702
Q 0201	←	*Q* 02	1.000					0.567
Q 0202	←	*Q* 02	0.979	0.137	7.165	***	par_4	0.555
Q 0203	←	*Q* 02	0.882	0.130	6.760	***	par_5	0.500
Q 0301	←	*Q* 03	1.000					0.742
Q 0302	←	*Q* 03	0.938	0.077	12.204	***	par_6	0.696
Q 0303	←	*Q* 03	0.687	0.075	9.158	***	par_7	0.510
Q 0404	←	*Q* 04	0.895	0.068	13.087	***	par_8	0.663
Q 0403	←	*Q* 04	0.850	0.069	12.395	***	par_9	0.630
Q 0402	←	*Q* 04	1.054	0.068	15.561	***	par_10	0.782
Q 0401	←	*Q* 04	1.000					0.741

续表

			回归权重					标准化回归权重
			估计	标准误	检验统计量	显著性	标签	估计
Q 0503	←	**Q 05**	1.000					0.629
Q 0504	←	**Q 05**	1.080	0.097	11.141	***	par_11	0.679
Q 0506	←	**Q 05**	0.934	0.094	9.940	***	par_12	0.587
Q 0507	←	**Q 05**	0.907	0.093	9.706	***	par_13	0.571
Q 0405	←	**Q 04**	0.905	0.068	13.237	***	par_14	0.671
Q 0508	←	**Q 05**	0.896	0.093	9.607	***	par_15	0.564
Q 0509	←	**Q 05**	0.842	0.092	9.122	***	par_16	0.530
Q 0601	←	**Q 06**	0.968	0.095	10.233	***	par_17	0.609
Q 0602	←	**Q 06**	0.758	0.091	8.338	***	par_18	0.477
Q 0603	←	**Q 06**	0.998	0.095	10.485	***	par_19	0.628
Q 0604	←	**Q 06**	0.597	0.089	6.734	***	par_20	0.376
Q 0605	←	**Q 06**	0.563	0.088	6.372	***	par_21	0.354

注：*** 表示 $P \leqslant 0.001$，** 表示 $P \leqslant 0.01$。

从表 5–33 中可以得到如下数学表达式：

$$\widehat{Q04} = 0.494 \times Q01 + 0.198 \times Q02 + 0.340 \times Q03 \qquad (5\text{–}1)$$

由表 5–33、式（5–1）可知，式（5–1）右边所有的系数都是正数。也就是说本书所提出的基本观点得到了检验：组织中的追随者的追随行为是一种计划行为。

由表 5–33、式（5–1）可知，H1 具有 0.001（***）的显著性水平。组织中追随者的追随行为态度（*Q* 01）对追随行为意图（*Q* 04）增加的边际贡献为 0.494。与 *Q* 02 及 *Q* 03 相比，追随行为态度（*Q* 01）边际贡献最大。

即“H1：追随者的追随行为态度与追随行为意图之间有正向相关性”通过了检验。

由表 5–33、式（5–1）可知，H2 具有 0.01（**）的显著性水平。式（5–1）表明，组织中的追随者的感知追随行为主观规范（*Q* 02）对追随行为意图（Q 04）增加的边际贡献为 0.198。相比 Q 01 与 Q 03，Q 02 对 Q 04 追随行为意图的边际贡献最小。

即“H2：追随者感知的主观规范与追随行为意图之间有正向相关性”通过了检验。

由表 5-33、式（5-1）可知，H3 具有 0.001（***）的显著性水平。式（5-1）表明，组织中的追随者的感知追随行为控制（Q 03）对追随行为意图（Q 04）增加的边际贡献为 0.340。相比 Q 01 与 Q 02，Q 03 对 Q 04 追随行为意图的边际贡献居于中间。

即“H3：追随者感知的追随行为控制与追随行为意图之间有正向相关性”通过了检验。

从表 5-33 中还可以得到：

$$\widehat{Q05} = 0.703 \times Q04 \tag{5-2}$$

式（5-2）表明，追随行为意图（Q 04）决定了追随者的有效追随行为（Q 05），追随者的追随行为意图（Q 04）对其有效追随行为（Q 05+Q 06）的边际贡献为 0.703。

即“H4：追随者的追随行为意图与有效追随行为之间有正向相关性”通过了检验。

5.2.2 有效追随行为的标准 TPB 模型

（1）基本路径及结构方程模型

TPB 理论认为行为是经过深思熟虑以后的计划的结果，Ajzen（1991）指出，人的行为并不是百分之百地出于自愿，而是处在控制之下。他们在提出 TPB 理论时，认为个体对行为控制的感知不仅可以影响行为意图，也可以直接影响行为。所以在做构念模型时，应该在图 5-7 中加上一条从感知追随行为控制 Q 03 直接到有效追随行为（Q 05+Q 06）的作用线。

根据图 3-1 及 TPB 理论，本书得到如图 5-9 所示的有效追随行为的潜变量路径图。图 5-9 与图 5-7 最根本的区别就是多了一条“感知追随行为控制”（*Q* 03）与“有效追随行为”（*Q* 05+*Q* 06）的作用线。

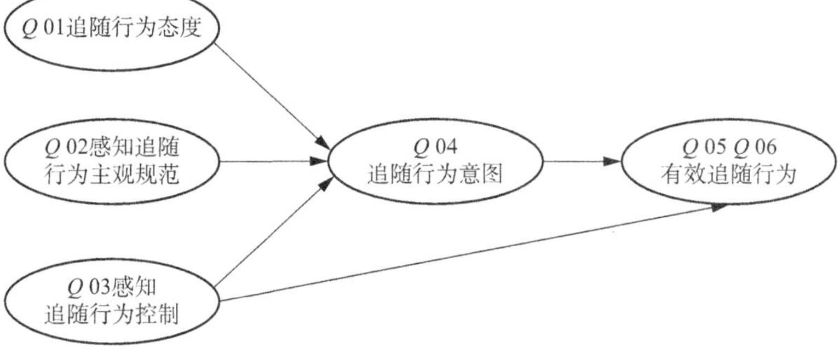

图 5–9　基于 TPB 理论的有效追随行为模型

根据图 5–9，将所有潜变量的测量变量引入，就可以得到图 5–10 所示的结构方程模型及路径。

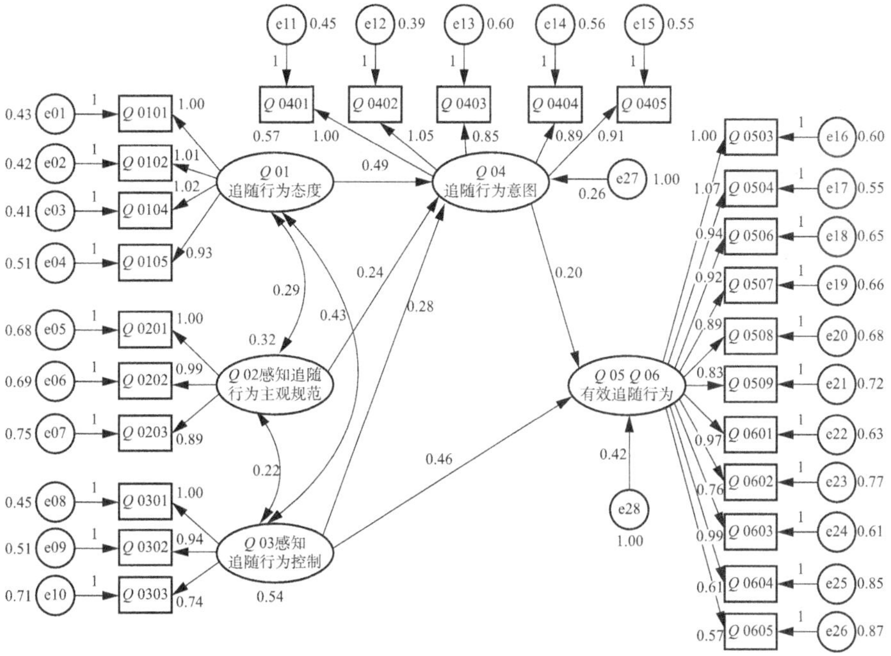

图 5–10　基于 TPB 模型的有效追随行为路径

从图 5–10 中可以看出，从“感知追随行为控制”（*Q* 03）到“有效追随行为”（*Q* 05+*Q* 06）的作用线上的路径系数还是很高的。

（2）模型适配度检验（TPB 模型）

采用 AMOS 22.0 生成图 5-10 时，就可得到基于 TPB 理论的有效追随行为模型的适配度指标。从表 5-34 中可以看出，所有指标都在参考值范围之内，且指标较表 5-32 中的指标有一定的优化。也就是说 TPB 模型的适配度有所提高。

表 5-34　结构方程模型适配度检验摘要（TPB 模型）

指标	χ^2/df	RMR	GFI	AGFI	RMSEA	NFI	RFI	IFI	TFI	CFI
	2.399	0.041	0.981	0.957	0.049	0.931	0.912	0.989	0.981	0.983
参考值	介于 1~3	<0.05	>0.90	>0.90	<0.08	>0.90	>0.90	>0.90	>0.90	>0.90

（3）结构方程模型估计结果（TPB 模型）

表 5-35 报告了基于 TPB 理论的有效追随行为的结构方程模型估计结果。

表 5-35　结构方程模型估计结果（TPB 模型）

			回归权重					标准化回归权重
			估计	标准误	检验统计量	显著性	标签	估计
Q 04	←	*Q* 01	0.565	0.101	5.610	***	par_22	0.572
Q 04	←	*Q* 02	0.245	0.100	2.450	0.009**	par_23	0.182
Q 04	←	*Q* 03	0.280	0.082	3.411	***	par_24	0.277
Q 05	←	*Q* 04	0.199	0.101	1.966	0.049*	par_25	0.235
Q 05	←	*Q* 03	0.460	0.115	4.001	***	par_31	0.537
Q 0101	←	*Q* 01	1.000					0.753
Q 0102	←	*Q* 01	1.009	0.067	15.153	***	par_1	0.760
Q 0104	←	*Q* 01	1.023	0.067	15.370	***	par_2	0.770
Q 0105	←	*Q* 01	0.930	0.067	13.890	***	par_3	0.701
Q 0201	←	*Q* 02	1.000					0.565
Q 0202	←	*Q* 02	0.986	0.138	7.155	***	par_4	0.557

续表

			回归权重					标准化回归权重
			估计	标准误	检验统计量	显著性	标签	估计
Q 0203	←	**Q 02**	0.886	0.131	6.746	***	par_5	0.501
Q 0301	←	**Q 03**	1.000					0.735
Q 0302	←	**Q 03**	0.935	0.077	12.157	***	par_6	0.687
Q 0303	←	**Q 03**	0.736	0.076	9.732	***	par_7	0.540
Q 0404	←	**Q 04**	0.889	0.068	13.042	***	par_8	0.661
Q 0403	←	**Q 04**	0.845	0.068	12.374	***	par_9	0.629
Q 0402	←	**Q 04**	1.051	0.067	15.572	***	par_10	0.782
Q 0401	←	**Q 04**	1.000					0.744
Q 0503	←	**Q 05**	1.000					0.630
Q 0504	←	**Q 05**	1.065	0.096	11.066	***	par_11	0.671
Q 0506	←	**Q 05**	0.936	0.094	9.990	***	par_12	0.589
Q 0507	←	**Q 05**	0.923	0.093	9.882	***	par_13	0.582
Q 0405	←	**Q 04**	0.915	0.068	13.448	***	par_14	0.681
Q 0508	←	**Q 05**	0.892	0.093	9.606	***	par_15	0.562
Q 0509	←	**Q 05**	0.832	0.092	9.064	***	par_16	0.524
Q 0601	←	**Q 06**	0.965	0.094	10.244	***	par_17	0.608
Q 0602	←	**Q 06**	0.763	0.091	8.412	***	par_18	0.481
Q 0603	←	**Q 06**	0.992	0.095	10.471	***	par_19	0.625
Q 0604	←	**Q 06**	0.608	0.089	6.859	***	par_20	0.383
Q 0605	←	**Q 06**	0.572	0.088	6.490	***	par_21	0.360

注：*** 表示 $P \leqslant 0.001$，** 表示 $P \leqslant 0.01$，* 表示 $P \leqslant 0.05$。

从表 5-35 中可以得到如下数学表达式：

$$\widehat{Q04} = 0.572 \times Q01 + 0.182 \times Q02 + 0.277 \times Q03 \qquad (5\text{-}3)$$

由表 5-35、式（5-3）可知，式（5-3）右边所有的系数都是正数。也就是说本书所提出的基本观点“组织中的追随者的追随行为是一种计划行为”得到了检验。

由表 5–35、式（5–3）可知，H1 具有 0.001（***）的显著性水平。组织中追随者的追随行为态度（Q 01）对追随行为意图（Q 04）增加的边际贡献为 0.572。与 Q 02 及 Q 03 相比，追随行为态度（Q 01）边际贡献最大。

相比线性模型，基于 TPB 模型的追随行为态度对追随行为意图的边际贡献有所提高。

即“H1：追随者的追随行为态度与追随行为意图之间有正向相关性”通过了检验。

由表 5–35、式（5–3）可知，H2 具有 0.01（**）的显著性水平，其真实的 P=0.009。式（5–3）表明，组织中的追随者的感知追随行为主观规范（Q 02）对追随行为意图（Q 04）增加的边际贡献为 0.182。相比 Q 01 与 Q 03，Q 02 对 Q 04 追随行为意图的边际贡献最小。

即“H2：追随者感知的主观规范与追随行为意图之间有正向相关性”通过了检验。

由表 5–35、式（5–3）可知，H3 具有 0.001（***）的显著性水平。式（5–3）表明，组织中的追随者的感知追随行为控制（Q 03）对追随行为意图（Q 04）增加的边际贡献为 0.277。相比 Q 01 与 Q 02，Q 03 对 Q 04 追随行为意图的边际贡献居于中间。

即“H3：追随者感知的追随行为控制与追随行为意图之间有正向相关性”通过了检验。

从表 5–35 中还可以得到：

$$\widehat{Q05} = 0.235 \times Q04 + 0.537 \times Q03 \qquad (5\text{–}4)$$

式（5–4）表明追随者的追随行为意图（Q 04）与感知追随行为控制（Q 03）共同决定了追随者的有效追随行为（Q 05）。追随者的追随行为意图（Q 04）对其有效追随行为（Q 05+Q 06）的边际贡献为 0.235；追随者的感知追随行为控制（Q 03）对其有效追随行为（Q 05+Q 06）的边际贡献为 0.537。

即“H4：追随者的追随行为意图与有效追随行为之间有正向相关性”与“H4–1：追随者感知的追随行为控制与有效追随行为之间有正向相关性”都得到了检验。

但是如果对照一下式（5–2）与式（5–4）就会发现，在 TPB 模型中追随行为意图（Q 04）对有效追随行为（Q 05+Q 06）的边际贡献显著下降，而感知追随行为控制（Q 03）对有效追随行为（Q 05+Q 06）的边际贡献起了主场作用。这可以解释为在本书的样本数据中，组织中的追随者的有效追随行为有 50% 的可能性是由其感知追随行为控制所决定的。也可以说组织中的成员如果采用其他消极追随行为，不能成为“圈内人”，这很有可能是非自愿的行为。

5.3　有效追随行为与创造性工作行为相关假设的检验

组织中的追随者的有效追随行为与其所衍生的创造性工作行为之间的关系是本书研究的第二个问题。如第 3 章所论证，组织中的追随者的追随行为，经过心理内化，在个人与组织的社会交换原理的支配下，在追随行为转化为内在工作动机中，最终产生的是工作行为。而工作行为可以有三个维度：一是激进创造性工作行为；二是渐进创造性工作行为；三是非创造性常规工作行为。另外，本书还论证了当追随者的追随行为衍生为创造性工作行为时，组织支持与领导包容对二者之间关系有不同的作用。

以上内容构成了本书研究的第二阶段的内容，形成了另外 3 个基本假设以及相应的 9 个具体假设。本节将采用所收集到的数据及多元回归模型，分别对这些假设进行检验。检验的顺序是按照内生潜变量 Q 07 激进创造性工作行为、Q 08 渐进创造性工作行为、Q 09 非创造性常规工作行为依次进行。

5.3.1　有关变量及检验方法说明

（1）需要检验内容的结构图

如前所述，当组织中的追随者将其有效追随行为（两个维度）衍生为创造性工作行为时，由于追随行为的不同，导致其工作行为有三个维度。

所以有效追随行为就分别影响了创造性工作行为，所以可以以有效追随行为的两个维度为外生变量，对创造性工作行为的三个维度内生变量做回归。在此检验的基础上，再检验追随者感知组织支持与包容型领导两个调节变量的调节作用。

图 5–11 给出了相关变量之间的具体、详细的路径。从图中可以看出主效应与调节效应的关系与内容。

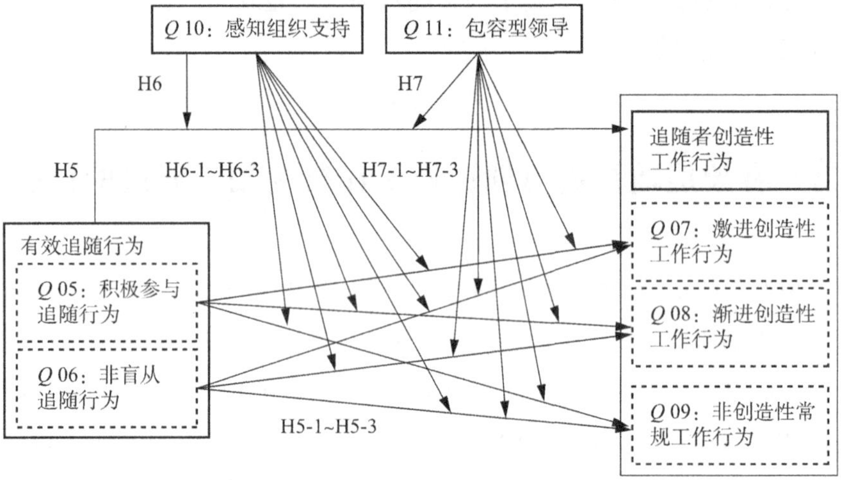

图 5–11　第二阶段模型需要检验的关系及假设

（2）有关变量符号的规定

为了计算与数学表述的方便，在此，令：

X_5=Q 05，表示第二阶段分析中追随者有效追随行为的第一个维度：外生潜变量“积极参与追随行为”。

X_6=Q 06，表示第二阶段分析中追随者有效追随行为的第二个维度：外生潜变量“非盲从追随行为”。

Y_7=Q 07，表示第二阶段分析中追随者有效追随行为的衍生工作行为的第一个维度：内生潜变量“激进创造性工作行为”。

Y_8=Q 08，表示第二阶段分析中追随者有效追随行为的衍生工作行为的第二个维度：内生潜变量“渐进创造性工作行为”。

Y_9=Q 09，表示第二阶段分析中追随者有效追随行为的衍生工作行为的第三个维度：内生潜变量“非创造性常规工作行为”。

U_1=Q 10，表示追随者感知组织支持这个作为调节变量的潜变量。

U_2=Q 11，表示追随者感知包容型领导这个作为调节变量的潜变量。

（3）检验方法

本部分要检验的内容，主要是各潜变量之间的作用关系。本书采用多元回归进行分析，分别检验三个内生潜变量与其他变量之间的相关关系与调节关系。数据是在前文因子分析中所得到的各潜因子得分值，分析工具为 SPSS 22.0。

5.3.2　有效追随行为与追随者创造性工作行为直接关系的检验

这里主要是检验外生潜变量与内生潜变量之间的直接关系。

H5 表明，追随者有效追随行为正向促进其创造性工作行为，但追随行为的不同维度与创造性工作行为的不同维度的作用结果是不同的。

（1）激进创造性工作行为与有效追随行为关系（H5–1）检验

为检验这个假设，建立简单的多元回归模型，采用 SPSS 22.0 作为运算工具，得到如表 5–36 所示的结果。

表 5–36　激进创造性工作行为（Y_7）与有效追随行为

模型	非标准化系数		标准系数	t	Sig.
	B	标准误差	试用版		
（常量）	8.657E–018	0.041		0.000	1.000
X_5	0.203***	0.057	0.203	3.542	0.000
X_6	0.396***	0.057	0.396	6.924	0.000

注：*** 表示 $P \leqslant 0.001$。

由表 5–36 可以得到如下回归方程：

$$\hat{Y}_7 = 0.203X_5 + 0.396X_6 \quad (5\text{–}5)$$

表 5–36 和式（5–5）表明，组织中追随者的激进创造性工作行为与追随者的积极参与追随行为和非盲从追随行为正相关，且显著性非常高，达到了 P=0.001 的水平以上，即 H5–1 在 P<0.001 的水平上通过了检验。

（2）渐进创造性工作行为与有效追随行为关系（H5–2）检验

为检验这个假设，建立简单的多元回归模型，采用 SPSS 22.0 作为运算工具，得到如表 5–37 所示的结果。

表 5–37 渐进创造性工作行为（Y_8）与有效追随行为

模型	非标准化系数		标准系数	t	Sig.
	B	标准误差	试用版		
（常量）	2.732E–017	0.041		0.000	1.000
X_5	0.169**	0.057	0.169	2.977	0.003
X_6	0.432***	0.057	0.432	7.594	0.000

注：*** 表示 $P \leqslant 0.001$，** 表示 $P \leqslant 0.01$。

由表 5–37，可以得到如下回归方程：

$$\hat{Y}_8 = 0.169X_5 + 0.432X_6 \qquad (5\text{–}6)$$

表 5–37 和式（5–6）表明，组织中追随者的渐进创造性工作行为与追随者的积极参与追随行为和非盲从追随行为正相关，且显著性水平非常高，积极参与追随行为达到了 P=0.003，而非盲从追随行为达到了 P=0.001 的水平以上。即 H5–2 在 $P \leqslant 0.003$ 的水平上通过了检验。

（3）非创造性常规工作行为与有效追随行为关系（H5–3）检验

为检验这个假设，建立简单的多元回归模型，采用 SPSS 22.0 作为运算工具，得到如表 5–38 所示的结果。

表 5–38 非创造性常规工作行为（Y_9）与有效追随行为

模型	非标准化系数		标准系数	t	Sig.
	B	标准误差	试用版		
（常量）	1.361E–017	0.049		0.000	1.000
X_5	–0.166*	0.068	–0.166	–2.449	0.015
X_6	–0.011	0.068	–0.011	–0.157	0.875

注：* 表示 $P \leqslant 0.05$。

由表 5–38 可以得到如下回归方程：

$$\hat{Y}_9 = -0.166X_5 - 0.011X_6 \qquad (5\text{–}7)$$

表 5–38 和式（5–7）表明，组织中追随者的非创造性常规工作行为与追随者的积极参与追随行为负相关，显著性水平 P<0.05，与非盲从追随行

为有弱的负相关，且不具有显著性。即 H5–3 通过了检验。

通过以上三个检验，发现有效追随行为的两个维度确实与其所衍生的创造性工作行为的三个维度作用关系不同，这一点可以从式（5–5）、式（5–6）及式（5–7）中明显看出，也就是说，H5、H5–1、H5–2、H5–3 都通过了检验。

5.3.3　调节作用的检验

从图 3–3、图 3–4 及图 5–11 中可以看出，共有两个调节变量，分别对第 5.3.2 节中的 3 个模型的关系进行调节，在此将对追随者创造性工作行为的 3 个维度分别进行检验。

（1）激进创造性工作行为与有效追随行为关系调节作用的检验

a. 激进创造性工作行为与其他变量的路径关系图

从图 5–11 中可以分离出图 5–12 所示的关系图。

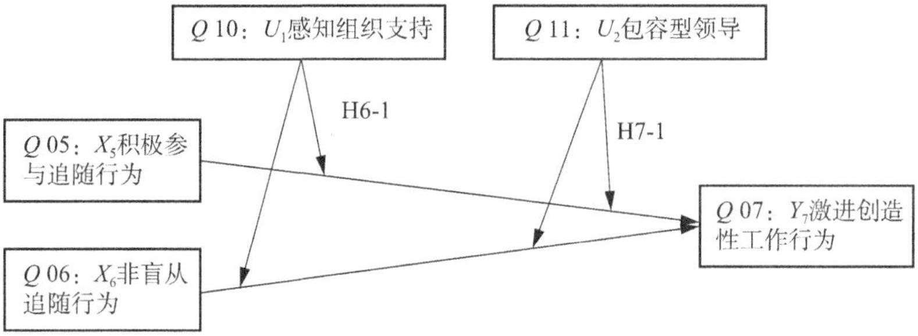

图 5–12　对激进创造性工作行为的调节模型

b. 回归结果及调节作用检验

为检验两个调节变量的作用，建立了三个多元回归模型：一是以激进创造性工作行为（Y_7）为内生潜变量，以积极参与追随行为（X_5）、非盲从追随行为（X_6）为外生潜变量，以感知组织支持（U_1）为调节变量；二是以激进创造性工作行为（Y_7）为内生潜变量，以积极参与追随行为（X_5）、非盲从追随行为（X_6）为外生潜变量，以包容型领导（U_2）为调节变量；三是以激进创造性工作行为（Y_7）为内生潜变量，以积极参与追随行为（X_5）、非盲从追随行为（X_6）为外生潜变量，以感知组织支持（U_1）、包容型领导（U_2）为双调节变量。采用 SPSS 22.0 作为运算工具，得到如表 5–39 所示的回归结果。

表 5–39　激进创造性工作行为（Y_7）的调节模型检验结果

	变量	B	标准误差	t	Sig.
单调节变量模型 1：U_1 组织支持感	（常量）	–0.003	0.047	–0.073	0.942
	X_5	0.171	0.064	2.654	0.008
	X_6	0.367	0.059	6.244	0.000
	U_1	0.127	0.052	2.442	0.014
	$U_1 \times X_5$	0.113*	0.059	1.915	0.050
	$U_1 \times X_6$	–0.119*	0.055	–2.163	0.031
单调节变量模型 2：U_2 包容型领导	（常量）	–0.009	0.044	–0.209	0.834
	X_5	0.172	0.063	2.753	0.006
	X_6	0.366	0.058	6.297	0.000
	U_2	0.147	0.048	3.080	0.002
	$U_2 \times X_5$	0.110*	0.052	2.115	0.035
	$U_2 \times X_6$	–0.113*	0.051	–2.216	0.028
双调节变量模型 3：U_1 组织支持感；U_2 包容型领导	（常量）	–0.003	0.047	–0.069	0.945
	X_5	0.173	0.065	2.646	0.008
	X_6	0.363	0.059	6.136	0.000
	U_1	–0.013	0.070	–0.183	0.855
	U_2	0.156	0.065	2.422	0.016
	$U_1 \times X_5$	0.000	0.094	0.002	0.999
	$U_1 \times X_6$	–0.026	0.091	–0.284	0.777
	$U_2 \times X_5$	0.129	0.083	1.554	0.119
	$U_2 \times X_6$	–0.127	0.084	–1.512	0.131

注：* 表示 $P \leqslant 0.05$。

为了清楚起见，将表 5–39 的结果写成回归方程，得到：

模型 1：组织支持感 U_1 变量的调节作用

$$Y_7 = 0.171X_5 + 0.367X_6 + 0.127U_1 + 0.113U_1X_5 - 0.119U_1X_6 \quad (5\text{–}8)$$

模型 2：包容型领导 U_2 变量的调节作用

$$Y_7 = 0.172X_5 + 0.366X_6 + 0.147U_2 + 0.110U_2X_5 - 0.113U_2X_6 \quad (5\text{-}9)$$

模型 3：双调节变量的调节作用

$$Y_7 = 0.173X_5 + 0.363X_6 - 0.013U_1 + 0.156U_2 - 0.026U_1X_6 + 0.129U_2X_5 - 0.127U_2X_6 \quad (5\text{-}10)$$

图 5-13 直观地呈现了组织支持感（U_1）对积极参与追随行为（X_5）、非盲从追随行为（X_6）与激进创造性工作行为（Y_7）之间关系的调节作用。图 5-14 直观地呈现了包容型领导（U_2）对积极参与追随行为（X_5）、非盲从追随行为（X_6）与激进创造性工作行为（Y_7）之间关系的调节作用。

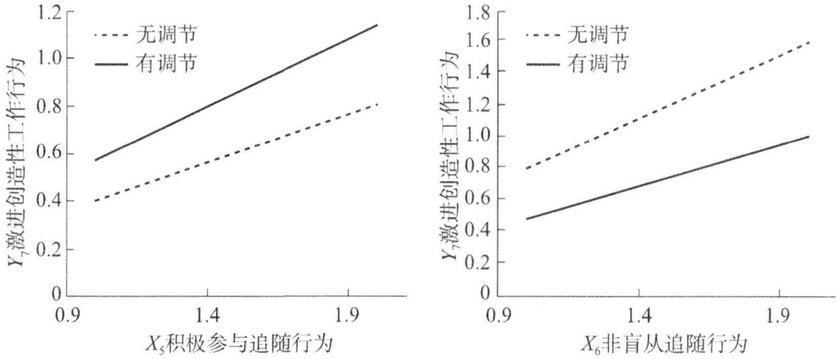

（a）U_1对X_5与Y_7的调节作用　（b）U_1对X_6与Y_7的调节作用

图 5-13　U_1 对有效追随行为 X_5、X_6 与 Y_7 关系的调节作用

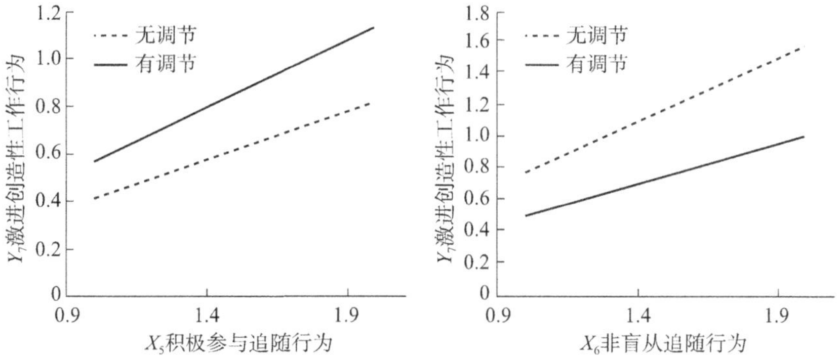

（a）U_2对X_5与Y_7的调节作用　（b）U_2对X_6与Y_7的调节作用

图 5-14　U_2 对有效追随行为 X_5、X_6 与 Y_7 关系的调节作用

c. 检验结果

从表 5–39 和式（5–8）、式（5–9）的结果可以看出，如果分别用 U_1（组织支持感）和 U_2（包容型领导）作为调节变量，即单调节变量时：U_1（组织支持感）和 U_2（包容型领导）正向调节积极参与追随行为（X_5）与激进创造性工作行为（Y_7）之间的关系，即在 0.05 的显著性水平上，U_1 和 U_2 强化了 X_5 与 Y_7 的正相关性；U_1 和 U_2 负向调节非盲从追随行为（X_6）与激进创造性工作行为（Y_7）之间的关系，即在 0.05 的显著性水平上，U_1 和 U_2 弱化了 X_6 与 Y_7 的正相关性。即 H6–1 和 H7–1 通过了检验。

从表 5–39 及式（5–10）的结果可以看出，如果将 U_1（组织支持感）和 U_2（包容型领导）作为双调节变量，二者的调节作用就消失了。所以，模型 3 的调节作用不明显。

（2）渐进创造性工作行为与有效追随行为关系调节作用的检验

a. 渐进创造性工作行为与其他变量的路径关系图

从图 5–11 中可以分离出图 5–15 所示关系图。

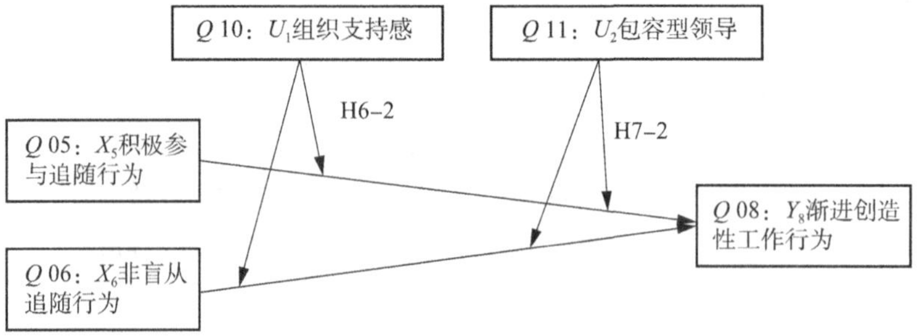

图 5–15　对渐进创造性工作行为的调节模型

b. 回归结果及调节作用检验

为检验调节变量的作用，建立了三个多元回归模型：一是以渐进创造性工作行为（Y_8）为内生潜变量，以积极参与追随行为（X_5）、非盲从追随行为（X_6）为外生潜变量，以感知组织支持（U_1）为调节变量；二是以渐进创造性工作行为（Y_8）为内生潜变量，以积极参与追随行为（X_5）、非盲从追随行为（X_6）为外生潜变量，以包容型领导（U_2）为调节变量；三是以渐进创造性工作行为（Y_8）为内生潜变量，以积极参与追随行为（X_5）、非盲从追随行为（X_6）为外生潜变量，以感知组织支持（U_1）、包容型领导（U_2）为双调节变量。采用 SPSS 22.0 作为运算工具，得到如表 5-40 所示的回归结果。

为了清楚起见，将表 5-40 的结果写成回归方程，得到

模型 1：组织支持感 U_1 变量的调节作用

$$Y_8 = 0.154X_5 + 0.390X_6 + 0.119U_1 + 0.131U_1X_5 - 0.162U_1X_6 \quad (5\text{-}11)$$

表 5-40　渐进创造性工作行为（Y_8）的调节模型检验结果

	变量	B	标准误差	t	Sig.
单调节变量模型 1：U_1 组织支持感	（常量）	0.015	0.047	0.321	0.749
	X_5	0.154	0.064	2.427	0.016
	X_6	0.390	0.058	6.715	0.000
	U_1	0.119	0.052	2.288	0.022
	$U_1 \times X_5$	0.131*	0.056	2.339	0.017
	$U_1 \times X_6$	−0.162**	0.054	−3.115	0.002
单调节变量模型 2：U_2 包容型领导	（常量）	0.008	0.044	0.190	0.850
	X_5	0.135	0.061	2.213	0.033
	X_6	0.394	0.057	6.894	0.000
	U_2	0.175	0.047	3.747	0.000
	$U_2 \times X_5$	0.112*	0.051	2.196	0.023
	$U_2 \times X_6$	−0.159**	0.050	−3.166	0.002
双调节变量模型 3：U_1 组织支持感；U_2 包容型领导	（常量）	0.017	0.046	0.369	0.712
	X_5	0.143	0.064	2.249	0.025
	X_6	0.394	0.058	6.809	0.000
	U_1	−0.137	0.069	−1.985	0.047
	U_2	0.237	0.063	3.749	0.000
	$U_1 \times X_5$	0.083	0.092	0.904	0.366
	$U_1 \times X_6$	−0.157*	0.079	−1.987	0.045
	$U_2 \times X_5$	0.048	0.081	0.593	0.554
	$U_2 \times X_6$	−0.160	0.082	−1.951	0.051

注：** 表示 $P \leqslant 0.01$，* 表示 $P \leqslant 0.05$。

模型 2：包容型领导 U_2 变量的调节作用

$$Y_8 = 0.135X_5 + 0.394X_6 + 0.175U_2 + 0.112U_2X_5 - 0.159U_2X_6 \quad (5\text{-}12)$$

模型 3：双调节变量的调节作用

$$Y_8 = 0.143X_5 + 0.394X_6 - 0.137U_1 + 0.237U_2 + 0.083U_1X_5 - 0.157U_1X_6 + 0.048U_2X_5 - 0.160U_2X_6 \quad (5\text{-}13)$$

图 5-16 直观地呈现了组织支持感（U_1）对积极参与追随行为（X_5）、非盲从追随行为（X_6）与渐进创造性工作行为（Y_8）之间关系的调节作用。图 5-17 直观地呈现了包容型领导（U_2）对积极参与追随行为（X_5）、非盲从追随行为（X_6）与渐进创造性工作行为（Y_8）之间关系的调节作用。

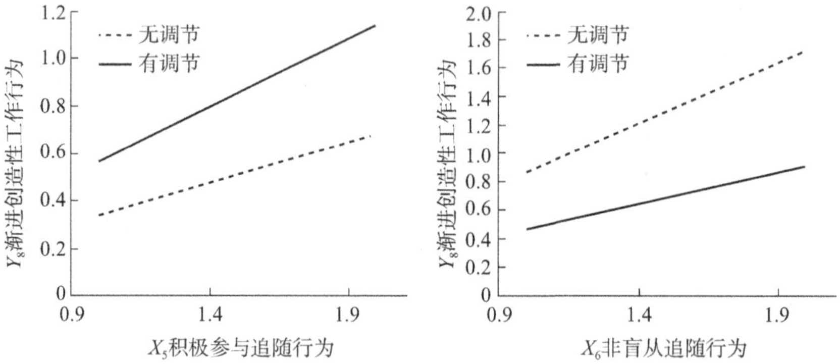

（a）U_1对X_5与Y_8的调节作用　（b）U_1对X_6与Y_8的调节作用

图 5-16　U_1 对有效追随行为 X_5、X_6 与 Y_8 关系的调节作用

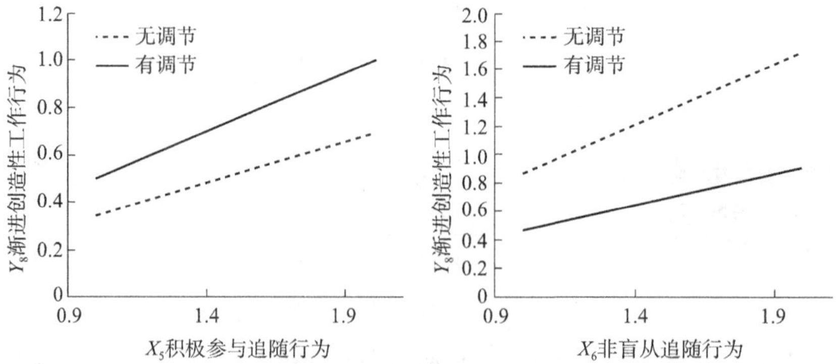

（a）U_2对X_5与Y_8的调节作用　（b）U_2对X_6与Y_8的调节作用

图 5-17　U_2 对有效追随行为 X_5、X_6 与 Y_8 关系的调节作用

c. 检验结果

从表 5–40 和式（5–11）与式（5–12）的结果可以看出，如果分别用 U_1（组织支持感）和 U_2（包容型领导）作为调节变量，即单调节变量时：U_1（组织支持感）和 U_2（包容型领导）正向调节积极参与追随行为（X_5）与渐进创造性工作行为（Y_8）之间的关系，即在 0.05 的显著性水平上，U_1 和 U_2 强化了 X_5 与 Y_8 的正相关性；U_1 和 U_2 负向调节非盲从追随行为（X_6）与渐进创造性工作行为（Y_8）之间的关系，即在 0.01 的显著性水平上，U_1 和 U_2 弱化了 X_6 与 Y_8 的正相关性。即 H6–2 和 H7–2 通过了检验。

另外，由表 5–40 及式（5–13）可以看出，模型 3 的双调节作用检验中，U_1（组织支持感）对 X_6 与 Y_8 之间的关系具有 0.05 显著性水平的负向调节作用，而其他关系的调节作用均不显著，均不具有调节作用。

（3）非创造性常规工作行为与有效追随行为关系调节作用的检验

a. 非创造性常规工作行为与其他变量的路径关系图

从图 5–11 中可以分离出图 5–18 所示关系图。

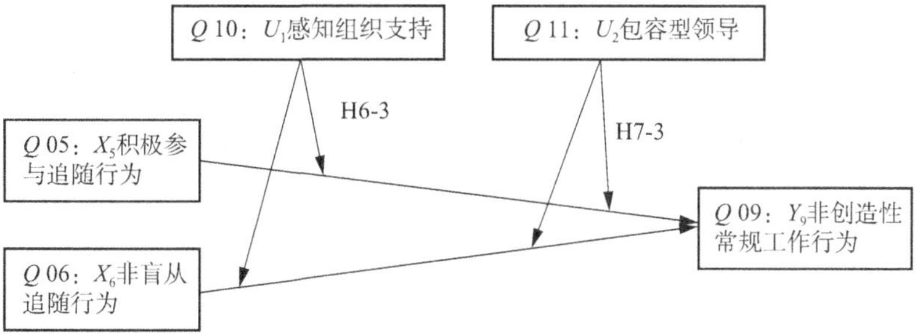

图 5–18　对非创造性常规工作行为的调节模型

b. 回归结果及调节作用检验

为检验调节变量的作用，建立了三个多元回归模型：一是以非创造性常规工作行为（Y_9）为内生潜变量，以积极参与追随行为（X_5）、非盲从追随行为（X_6）为外生潜变量，以感知组织支持（U_1）为调节变量；二是以非创造性常规工作行为（Y_9）为内生潜变量，以积极参与追随行为（X_5）、非盲从追随行为（X_6）为外生潜变量，以包容型领导（U_2）为调节变量；三是以非创造性常规工作行为（Y_9）为内生潜变量，以积极参与追随行为

（X_5）、非盲从追随行为（X_6）为外生潜变量，以感知组织支持（U_1）、包容型领导（U_2）为双调节变量。采用 SPSS 22.0 作为运算工具，得到如表 5–41 所示的回归结果。

表 5–41　非创造性常规工作行为（Y_9）的调节模型检验结果

	变量	B	标准误差	t	Sig.
单调节变量模型 1：U_1 组织支持感	（常量）	0.038	0.056	0.674	0.500
	X_5	−0.167	0.076	−2.202	0.028
	X_6	0.029	0.069	0.418	0.676
	U_1	−0.097	0.062	−1.575	0.116
	$U_1 \times X_5$	−0.169*	0.070	−2.419	0.016
	$U_1 \times X_6$	0.127	0.065	1.960	0.051
单调节变量模型 2：U_2 包容型领导	（常量）	0.034	0.053	0.653	0.514
	X_5	−0.168	0.075	−2.261	0.024
	X_6	0.022	0.069	0.319	0.750
	U_2	−0.116	0.057	−2.034	0.043
	$U_2 \times X_5$	−0.123*	0.062	−1.980	0.048
	$U_2 \times X_6$	0.066	0.061	1.089	0.277
双调节变量模型 3：U_1 组织支持感；U_2 包容型领导	（常量）	0.034	0.056	0.606	0.545
	X_5	−0.162	0.077	−2.094	0.037
	X_6	0.031	0.070	0.438	0.661
	U_1	−0.010	0.083	−0.122	0.903
	U_2	−0.110	0.077	−1.436	0.152
	$U_1 \times X_5$	−0.194	0.111	−1.743	0.082
	$U_1 \times X_6$	0.216	0.108	1.996	0.047
	$U_2 \times X_5$	0.014	0.099	0.140	0.889
	$U_2 \times X_6$	−0.090	0.099	−0.903	0.367

注：* 表示 $P \leqslant 0.05$。

图 5–19 直观地呈现了组织支持感（U_1）、包容型领导（U_2）对积极参与追随行为（X_5）与非创造性常规工作行为（Y_9）之间关系的调节效应。

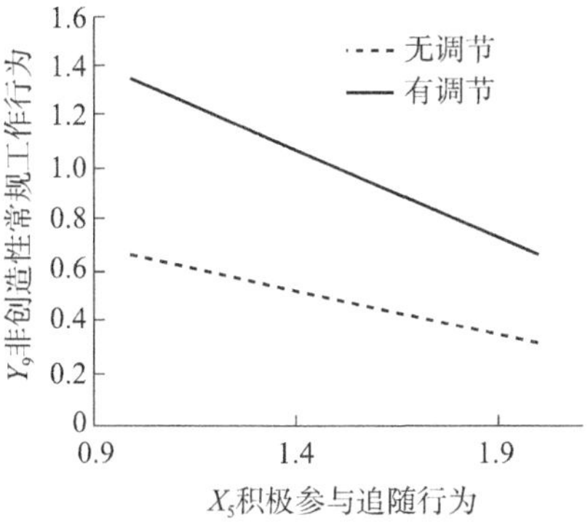

（a）U_1对X_5与Y_9的调节作用

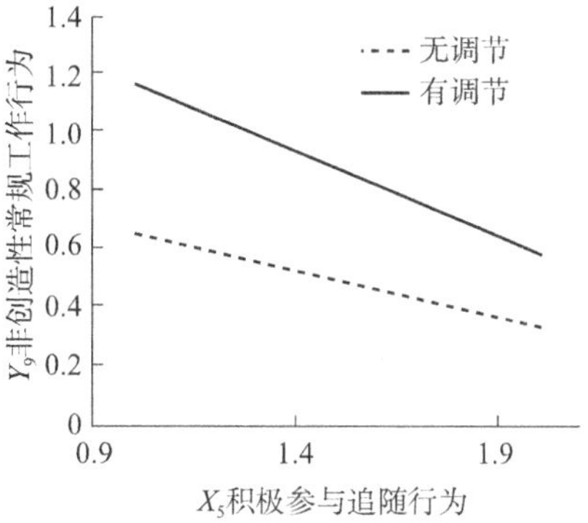

（b）U_2对X_5与Y_9的调节作用

图 5-19　U_1、U_2 对积极参与追随行为 X_5 与 Y_9 关系的调节作用

c. 检验结果

从表 5-41 中可以看出，如果分别用 U_1（组织支持感）和 U_2（包容型领导）作为调节变量，即单调节变量时：U_1（组织支持感）和 U_2（包容型领导）负向调节积极参与追随行为（X_5）与非创造性常规工作行为（Y_9）之间的关系，即在 0.05 的显著性水平上，U_1 和 U_2 强化了 X_5 与 Y_9 的负相关性；U_1 和 U_2 对非盲从追随行为（X_6）与非创造性常规工作行为（Y_9）之间关系的调节作用不显著。即 H6-3 与 H7-3 通过了检验。

最后，从表 5-41 中可以看出，在模型 3 的双调节作用检验中，U_1（组织支持感）和 U_2（包容型领导）的调节作用均不显著，不具有双调节作用。

5.4　本章小结

本章依据第 3 章的理论分析，采用第 4 章的研究设计中的量表及所收集到的 409 个样本数据，对所提出的假设进行了实证检验。表 5-42 是对相关假设检验结果的总结。从表 5-42 中可以看出，H1、H2、H3、H4 全部通过了检验，即本样本数据证实了本书所提出的基本假设：追随者的有效追随行为是一种计划行为；H5 通过检验则说明追随者的有效追随行为可以衍生出追随者的工作行为，而有效追随行为的不同维度则与工作行为的不同维度的作用强度有所不同；H6、H7 通过检验说明组织支持及包容型领导对追随者有效追随行为的调节作用是有程度上的差别的。

表 5-42 两阶段模型的基本假设检验结果汇总

阶段	被检验的假设	结果
第一阶段：基于 TPB 理论的追随行为模型及假设	H1：追随者的追随行为态度与追随行为意图之间有正向相关性	通过
	H2：追随者感知的主观规范与追随行为意图之间有正向相关性	通过
	H3：追随者感知的追随行为控制与追随行为意图之间有正向相关性	通过
	H4：追随者的追随行为意图与有效追随行为之间有正向相关性	通过
	H4-1：追随者感知的追随行为控制与有效追随行为之间有正向相关性	通过
第二阶段：有效追随行为及其衍生创造性工作行为及相关假设	H5：追随者有效追随行为正向作用于其创造性工作行为，但有效追随行为的不同维度与创造性工作行为的不同维度的作用结果是不同的	通过
	H5-1：追随者的激进创造性工作行为与其积极参与追随行为和非盲从追随行为正相关	通过
	H5-2：追随者的渐进（增量）创造性工作行为与其积极参与追随行为呈正相关，但相比激进创造行为，这种相关性要弱；与非盲从追随行为呈正相关，但相比激进创造行为，这种相关性要强	通过
	H5-3：追随者的非创造性常规工作行为与其积极参与追随行为具有负相关关系，与非盲从追随行为无显著相关关系	通过
	H6：追随者的组织支持感对有效追随行为与衍生创造性工作行为之间的关系具有调节作用	通过
	H6-1：追随者组织支持感对积极参与追随行为与激进创造性工作行为之间的关系具有正向调节作用，对非盲从追随行为与激进创造性工作行为之间的关系具有负向调节作用	通过
	H6-2：追随者组织支持感对积极参与追随行为与渐进创造性工作行为之间的关系具有正向调节作用，对非盲从追随行为与渐进创造性工作行为之间的关系具有负向调节作用	通过
	H6-3：追随者组织支持感对积极参与追随行为与非创造性常规工作行为之间的关系具有负向强化作用，对非盲从追随行为与非创造性常规工作行为之间关系的调节作用不显著	通过
	H7：追随者感知的包容型领导对有效追随行为与衍生创造性工作行为之间的关系具有调节作用	通过
	H7-1：追随者感知的包容型领导对积极参与追随行为与激进创造性工作行为之间的关系具有正向的调节作用，对非盲从追随行为与激进创造性工作行为之间的关系具有负向的调节作用	通过
	H7-2：追随者感知的包容型领导对积极参与追随行为与渐进创造性工作行为之间的关系具有正向的调节作用，对非盲从追随行为与渐进创造性工作行为之间的关系具有负向的调节作用	通过
	H7-3：追随者感知的包容型领导对积极参与追随行为与非创造性常规工作行为之间的关系具有负向强化作用，对非盲从追随行为与非创造性常规工作行为之间关系的调节作用不显著	通过

第 6 章

研究结果及讨论

在第 3 章中通过理论分析，提出了一个组织中追随者有效追随行为及其衍生工作行为的两阶段模型；在第 4 章中对这个两阶段模型的相关变量进行了测量设计；第 5 章则通过调查得到的数据对相关假设进行了检验；本章将对这些检验结果进行讨论，并对研究结果的管理启示加以分析。

6.1　实证结果讨论

从表 5-42 中可以看出，本书所提出的模型及相关假设通过了检验。在此，本书将根据实证结果的具体统计特征对研究结果做一些解释和讨论。

6.1.1　第一阶段研究结果及讨论

本书第一阶段研究目标是试图去证明组织中的追随者的有效追随行为是一种理性行为，也是一种计划行为。同时，试图回答如下问题：在现代背景下组织中的追随者的有效追随行为是一种什么样的行为？从理论上讲，人的行为是理性支配的行为，那么组织中追随者的行为是否具有理性？如果是理性追随，那么是什么因素决定着有效追随行为？影响人们有效追随行为的因素都有哪些？而有效追随行为本身的构成又是怎样的？

前面在分析时将有效追随行为的两个维度进行了合并，而且作为结果变量进行假设检验，检验结果总结在表 5-42 中。在这里将分两次逐步对检验结果进行讨论。

（1）追随者的追随行为是理性行为检验结果及讨论

本书所提出的第一个基本假设是：组织中的追随者的追随行为是一种理性行为。为了检验这一假设，依据所采集到的数据，首先，进行了线性模型的检验。这种线性模型是指，追随者的有效追随行为是由其追随行为意图所决定的，而追随行为意图则是由追随行为态度、追随行为主观规范、追随行为控制 3 个因素决定的，追随者的追随行为是一种理性行为。

采用完全线性模型得到结果见式（5–1）和式（5–2）。从式（5–1）中可以明确看出，追随者的追随行为意图确实是由追随行为态度、追随行为主观规范、追随行为控制所决定，而且在这三个因素中，对追随行为意图影响最大的因素是追随行为态度，也就是说，就追随行为意图而言，态度具有决定作用。而追随行为态度是由追随行为信念 *BB* 与行为结果评价 *OE* 的乘积所测量。即追随者的行为态度与追随的行为意图之间具有正向关系，追随者认为一种行为结果对自己好处越多，就越有追随行为意图。

其次，在线性的理性模型中，还可以发现，组织中追随者的感知追随行为控制对其追随行为意图的影响起第二作用，也就是说，追随者所感知到的类似自我效能概念的“感知追随行为控制”对追随行为意图起到的作用也很大，而追随者感知追随行为控制的内涵是追随行为控制的信念 *CB* 与其便利性的认知 *PF*，也就是说，对自己追随行为效能与达到这种效能的难易程度的感知，如果感知很难达到一种追随效果，行为就会受到影响，越是感觉自己的行为控制能力强就越能产生追随行为意图。即追随者感知的追随行为控制与追随行为意图具有正向相关性。式（5–1）的第三项表明这种追随者行为控制是很重要的，这就可以解释为什么组织中的追随者，有些人成了“圈内人”，而有些人成了“圈外人”。

再次，从式（5–1）的第二项可以看出，追随者的感知主观规范也是正向地影响着追随者的追随行为意图。就追随行为的感知主观规范的内涵与量化定义可以看出，其是由主观规范信念 *NB* 及依从动机 *MC* 的乘积所决定的，主观规范信念主要是追随者自己认为的重要社会关系（重要的他人）对其追随行为的看法，另外就是他对这个“看法的发出者”有无依从、依从动机强弱等。式（5–1）表明，追随者感知主观规范是正向影响追随者的追随行为意图的，即追随者感知的主观规范与追随者的追随行为意图有正向相关性，但影响的强度没有其他两个因素大。这说明就样本而言，被调查者的相对独立性较强，在追随行为意图的决定因素方面，追随行为意图是由其追随行为态度与自身能力决定的。

最后，由式（5–2）可以看出，追随者的追随行为意图正向影响了有效追随行为，即追随者的追随行为意图对有效追随行为具有正相关作用。

这就是说，本书用一个线性的模型证明了组织中的追随者的有效追随行为是一种理性行为。

（2）基于 TPB 的有效追随行为检验结果及讨论

根据图 5–9 所建立的有效追随行为 TPB 模型，检验结果见式（5–3）与式（5–4）。

从式（5–3）中可以看出，追随行为意图的决定因素依然是追随行为态度，比较式（5–1）与式（5–3）可知，追随行为态度对追随行为意图的边际贡献还有所增大，而其他两个因素的边际贡献都有所下降。但三个因素与追随行为意图影响的方向与性质都没有发生变化，即“H1：追随者的追随行为态度与追随行为意图之间有正向相关性”“H2：追随者感知的主观规范与追随行为意图之间有正向相关性”“H3：追随者感知的追随行为控制与追随行为意图之间有正向相关性”都通过了检验。

式（5–4）表明追随行为意图与追随行为控制二者共同决定了有效追随行为。即“H4：追随者的追随行为意图与有效追随行为之间有正向相关性”，且“H4–1：追随者感知的追随行为控制与有效追随行为之间有正向相关性”通过了检验。

但是，本书发现，追随者感知追随行为控制（*Q* 03）对有效追随行为的边际贡献率达到了 0.537，追随行为意图对有效追随行为的边际贡献率只有 0.235，这个结果与前文所建立的有效追随行为的线性分析模型有很大差异。也就是说，在基于 TPB 理论的有效追随行为模型中，追随者有效追随行为的决定因素首先是感知追随行为控制，其次才是追随行为意图。这是本书研究实证结果的一个发现。这一研究发现表明，组织中追随者的有效追随行为的决定因素主要是追随者在与领导相互作用过程中所能感知到的追随行为控制，这种追随行为控制在本质上是一种自我效能，是一种追随者对自身追随能力与“客观”因素相匹配的结果。即组织中的追随者是否采取有效追随行为的关键是其追随行为控制，而这在大部分情况下是由其追随能力所决定，能否产生有效追随行为有时是一种非自愿行为。因为，即使从理性上看，追随行为意图非常明显，但由于追随者的追随行为控制（自我效能）不足、追随能力不足，也可能产生无效追随行为或不追随行为，即“不得不追随”或被外在因素“强迫不追随”，即在追随行为上出现非自愿特征。

感知追随行为控制（自我效能）与有效追随行为的直接关系，可以很顺畅地解释为什么按照 LMX 理论会产生“圈内人”与“圈外人”，因为如果按照领导成员的交换理论，只是用“交换”的多少与质量来解释与界定“圈内人”与“圈外人”，但解释不了为什么有些人“交换”的数量多、质量高，而另外一些人则不然，因为追随者都是理性的。追随行为控制因素则表明，尽管追随者从意图上讲具有有效追随行为的动机，但当考虑追随行为控制因素时（Fishbein and Ajzen，1980），其“计算”的结果可能是非有效追随。追随行为控制是追随者在与领导者相互作用中的一种感知，类似于追随行为自我效能、便利性条件等，是一种客观外在因素。所以，由追随行为控制所导致的非有效追随行为有时是一种非自愿行为。

总之，本书通过理论与实证，证明了组织中的追随者的有效追随行为既是一种理性行为，又是一种计划行为。

6.1.2 第二阶段研究结果及讨论

在第二阶段研究中，本书将有效追随行为作为外生（自）变量，而将追随者衍生的工作行为作为因变量，构建了一个有两个调节变量的构念模型（见图 3-2、图 3-3），提出了 3 个主要假设及 9 个具体假设，并在第 5 章进行了检验，结果见表 5-42。

在具体检验中，本书将追随者的工作行为的 3 个维度分别作为内生（因）变量，建立了 3 组多元回归模型。

（1）有效追随行为与工作行为直接关系的假设检验结果及讨论

在第 5 章中，得到了回归方程式（5-5）、式（5-6）及式（5-7）。式

（5–5）表达的是激进创造性工作行为与有效追随行为两个维度之间的关系；式（5–6）表达的是渐进创造性工作行为与有效追随行为两个维度之间的关系；式（5–7）表达的是非创造性常规工作行为与有效追随行为两个维度之间的关系。式（5–5）、式（5–6）、式（5–7）的结果证明本书的另一基本假设“H5：追随者有效追随行为正向作用于其创造性工作行为，但有效追随行为的不同维度与创造性工作行为的不同维度的作用结果是不同的”通过了检验。

由式（5–5）和表 5–36 可知，积极参与追随行为（X_5）与非盲从追随行为（X_6）的确正向作用于激进创造性工作行为（Y_7），所以“H5–1：追随者的激进创造性工作行为与其积极参与追随行为和非盲从追随行为正相关”通过了检验。但就边际贡献而言，积极参与追随行为（X_5）的边际贡献为 0.203，非盲从追随行为（X_6）的边际贡献为 0.396，而非盲从追随行为的边际贡献更大一些。这种结果说明，对于激进创造性工作行为而言，追随者的积极参与追随行为与非盲从追随行为的边际贡献都是较强的，但 X_5 的边际贡献小于 X_6 的边际贡献。

从式（5–6）和表 5–37 中可以看到，积极参与追随行为（X_5）与非盲从追随行为（X_6）的确正向作用于渐进创造性工作行为（Y_8）。就边际贡献而言，积极参与追随行为（X_5）的边际贡献为 0.169，而非盲从追随行为（X_6）的边际贡献为 0.432，即非盲从追随行为的边际贡献远大于积极参与追随行为的边际贡献，且这个值也大于其对激进创造性工作行为的边际贡献。所以“H5–2：追随者的渐进（增量）创造性工作行为与其积极参与追随行为呈正相关，但相比激进创造行为，这种相关性要弱；与非盲从追随行为呈正相关，但相比激进创造行为，这种相关性要强”通过了检验。

比较式（5–5）和式（5–6）可知，X_5 对 Y_7 的边际贡献大于 X_5 对 Y_8 的边际贡献，X_6 对 Y_7 的边际贡献小于 X_6 对 Y_8 的边际贡献。这是一个非常有启发性的结果。从直觉出发，人们会认为“非盲从行为越强，追随者越倾向于激进创造行为”，其隐含的假设为“追随者的独立性与自主性是创造性工作行为的关键”。但本书的研究结果表明，非盲从追随行为对渐进创造性工作行为的作用要大于对激进创造性工作行为的作用，积极参与追随行为对激进创造性工作行为的作用大于对渐进创造性工作行为的作用，这表明追随者的参与性才是创造性工作行为的关键。

从式（5-7）与表 5-38 中可以看出，积极参与追随行为（X_5）与非盲从追随行为（X_6）都负向作用于非创造性常规工作行为（Y_9），其中 X_5 对 Y_9 具有负向作用，其显著性水平为 0.05，而 X_6 对 Y_9 亦具有负向作用，但未达到显著性。所以“H5-3：追随者的非创造性常规工作行为与其积极参与追随行为具有负相关关系，与非盲从追随行为无显著相关关系”通过了检验。

从理论上看，追随者的参与性体现的是追随者的内在动机与外在动机的整合，这才是创造性工作行为的关键。如果一个追随者的追随只表现在口头上，而行为并没有融入组织的工作中，那么其不可能产生创造性工作行为，更不会有创造性工作绩效。也就是说，积极参与追随行为与非创造性常规工作行为的确具有负相关性，其揭示的是追随者越是积极地参与工作，就越不会采用非创造性常规工作行为，也支持了前面的结果。

（2）组织支持感的调节作用的假设检验结果及讨论

从表 5-39、表 5-40、式（5-8）及式（5-11）可以看出，组织支持感（U_1）对积极参与追随行为（X_5）与激进创造性工作行为（Y_7）、对积极参与追随行为（X_5）与渐进创造性工作行为（Y_8）两种关系都具有正向的调节作用，显著性水平为 0.05；组织支持感（U_1）对非盲从追随行为（X_6）与激进创造性工作行为（Y_7）、对非盲从追随行为（X_6）与渐进创造性工作行为（Y_8）两种关系都具有负向的调节作用，显著性水平分别为 0.05 和 0.01。从图 5-13、图 5-16 中可以更清楚地看出这种调节作用。所以，“H6：追随者的组织支持感对有效追随行为与衍生创造性工作行为之间的关系具有调节作用”通过了检验，且“H6-1：追随者组织支持感对积极参与追随行为与激进创造性工作行为之间的关系具有正向调节作用，对非盲从追随行为与激进创造性工作行为之间的关系具有负向调节作用”与“H6-2：追随者组织支持感对积极参与追随行为与渐进创造性工作行为之间的关系具有正向调节作用，对非盲从追随行为与渐进创造性工作行为之间的关系具有负向调节作用”都通过了检验。

统计检验结果表明，组织支持无论对于积极参与追随行为与激进创造性工作行为之间的关系，还是对于积极参与追随行为与渐进创造性工作行为之间的关系都具有正向增强作用；而组织支持无论对非盲从追随行为与激进创造性工作行为之间的关系，还是对非盲从追随行为与渐进创造性工作行为之间的关系都具有负向调节作用。也就是说，组织支持感会强化积极参与追随行为与创造性工作行为之间的关系，会弱化非盲从追随行为与创造性工作行为之间的关系。

组织支持感会强化积极参与追随行为与创造性工作行为之间的关系、会弱化非盲从追随行为与创造性工作行为之间的关系，这一结果与直觉似乎不一致，但这是正确的。因为组织中的追随者感知到组织支持时，根据社会交换理论，其追随行为就会更多地表现为参与组织活动，在活动中更愿意用创造性工作行为来回报组织支持。

最后，从表5–41中可以看出，组织支持感（U_1）在有效追随行为的两个维度与非创造性常规工作行为（Y_9）之间的关系上具有不同的作用，组织支持感（U_1）对积极参与追随行为（X_5）与非创造性常规工作行为（Y_9）之间的关系具有负向的调节作用，显著性水平为0.05，而组织支持感（U_1）对非盲从追随行为（X_6）与非创造性常规工作行为（Y_9）之间的关系无显著调节作用。U_1对X_5与Y_9关系的调节效应见图5–19（a）。所以“H6–3：追随者组织支持感对积极参与追随行为与非创造性常规工作行为之间的关系具有负向强化作用，对非盲从追随行为与非创造性常规工作行为之间关系的调节作用不显著”通过了检验。

这表明，组织中采用非创造性常规工作行为的人，一般是相对麻木的人，他们要么感知不到组织支持，要么能感知到组织支持，在感知到组织支持后反而更不愿意采用非创造性常规工作行为。同样地，组织支持他们则感知不到，从而会采用较高的常规非创造性的工作行为；一旦他们感知到组织支持，就不愿意采用非创造性常规工作行为，也许愿意采用创造性工作行为，从而组织支持感负向强化了参与性追随行为与非创造性工作行为之间的负相关关系。

（3）包容型领导的调节作用的假设检验结果及讨论

从表5–39、表5–40、式（5–9）及式（5–12）可以看出，包容型领导（U_2）对积极参与追随行为（X_5）与激进创造性工作行为（Y_7）、对积极参与追随行为（X_5）与渐进创造性工作行为（Y_8）两种关系都具有正向的调节作用，显著性水平为 0.05，图 5–14（a）与图 5–17（a）直观地表达了这种关系；包容型领导（U_2）对非盲从追随行为（X_6）与激进创造性工作行为（Y_7）、对非盲从追随行为（X_6）与渐进创造性工作行为（Y_8）两种关系都具有负向的调节作用，显著性水平分别为 0.05 和 0.01，图 5–14（b）与图 5–17（b）分别直观地表达了这种关系。所以，“H7：追随者感知的包容型领导对有效追随行为与衍生创造性工作行为之间的关系具有调节作用”通过了检验，且“H7–1：追随者感知的包容型领导对积极参与追随行为与激进创造性工作行为之间的关系具有正向的调节作用，对非盲从追随行为与激进创造性工作行为之间的关系具有负向的调节作用”与“H7–2：追随者感知的包容型领导对积极参与追随行为与渐进创造性工作行为之间的关系具有正向的调节作用，对非盲从追随行为与渐进创造性工作行为之间的关系具有负向的调节作用”都通过了检验。

统计检验结果表明，包容型领导正向增强了积极参与追随行为与激进创造性、渐进创造性工作行为之间的关系，包容型领导负向弱化了非盲从追随行为对激进创造性、渐进创造性工作行为的作用。简言之，包容型领导会强化积极参与追随行为与创造性工作行为之间的关系，会弱化非盲从追随行为与创造性工作行为之间的关系。也就是说，当追随者感知包容型领导时，一方面，就更愿意参与组织的活动，并在活动中采用创造性的工作行为，所以领导类型对于员工的工作绩效有正向作用；另一方面，基于独立的创造性行为就会弱化，而不是增加。这一点是与直觉不一致的，这就为本书提出了一个问题，在组织中（至少中国的样本表明）非盲从性或者独立性与创造性工作行为之间的关系会由于包容型领导的存在而减弱。

最后，从表 5–41 中可以看出，包容型领导（U_2）在有效追随行为的两个维度与非创造性常规工作行为（Y_9）之间关系上的调节作用明显不同，其对积极参与追随行为（X_5）与非创造性常规工作行为（Y_9）之间的关系具有负向的调节作用，显著性水平为 0.05，而包容型领导（U_2）对非盲从追随行为（X_6）与非创造性常规工作行为（Y_9）之间的关系无显著调节作用。U_2 对 X_5 与 Y_9 关系的调节效应见图 5–19（b）。所以，“H7–3：追随者感知的包容型领导对积极参与追随行为与非创造性常规工作行为之间的关系具有负向强化作用，对非盲从追随行为与非创造性常规工作行为之间关系的调节作用不显著”通过了检验。这表明，组织中那些不积极参与且完全非盲从的追随者，其或者感知不到领导的包容，或者感知到领导的包容反而使其在工作中更不愿意采用非创造性常规工作行为。

6.2 研究结果的管理启示

本节对如上所得的研究结果的管理启示加以论述，论证的内容与顺序依然是按研究问题的顺序展开，即首先论述基于 TPB 理论的有效追随行为的管理启示，其次论述有效追随行为及衍生工作行为关系的管理启示。

6.2.1 有效追随行为是计划行为的管理启示

追随行为是理性的计划行为，而成员间的认知是有差异的，使得不同成员选择了自己与领导者的关系。由于人的理性，成员在与领导者的相互作用过程中彼此认知会深化，从而关系就会分化，追随行为就表现为进入圈子与不进入圈子或退出圈子的决策。这就回答了本书引言中提出的几个问题。

其一，在一个组织中追随者对领导者的追随是计划行为。在理性行为理论中，一般只权衡一个行为的得失，而计划行为还要考虑实施这个行为后一般感知主观规范以及追随行为控制两个方面的因素，即基于计划行为理论，追随者最终能否实施追随行为，受追随行为意图的强弱影响，而追随行为意图的强弱受追随者的追随行为态度、感知追随行为主观规范、感知追随行为控制三个因素影响。

其二，追随行为意图的决定因素是追随行为态度。从表 5-35 及式（5-3）可以看出，当追随行为态度增加一个单位时，追随行为意图就会增加近 60%。这一点非常重要，这说明决定追随者追随行为意图的主要因素是这个追随行为对追随者所带来的好坏或价值（态度），而追随行为所能带来的价值是由追随者对被追随对象（领导者）的各种认知所决定的。

然而，当一个被追随者的声誉不好时，追随者就会出现内心的追随行为态度（能带来好处）与追随者的感知的主观规范的冲突，从而产生压力，这就会大大减弱追随行为意图。同样，当追随者感知到自己的追随能力不足时也会大大地减少追随行为意图。

其三，追随行为意图与感知的主观规范正相关表明，追随行为意图是否可以产生，与这个领导的声誉、社会或组织中其他成员对他（她）的评价有关。因而积极的追随者并不是仅仅从追随行为对自己的得失来考虑，而是把自己的追随行为放在社会关系中来考虑的。当一个领导的声誉很好时，就会促进一个追随者或强化一个追随者的追随行为意图；反之，当一个领导的声誉不好时，就会抑制追随者的追随行为意图。从这个意义上讲，追随者的追随行为意图受被追随者（领导者）影响，这就在一定意义上解释了追随者的追随行为为何有程度不同的非自愿性。

其四，追随者的感知追随行为控制与追随行为意图正相关，这表明，追随者并非完全是在追随好坏的评价与追随行为社会规范的促使下产生追随行为意图的，他（她）还会考虑自己的追随能力能否达到追随所需要的自我效能方面的要求。这是一个双向的权衡：既要权衡自身的能力，又要权衡领导者（被追随者）的各种偏好与要求，自己的努力能否达到预期的追随效果。如果追随者有足够的自信，认为能达到预期的追随效果，就会促进追随行为意图的产生。

其五，追随行为控制与追随行为意图共同决定了有效追随行为。表面上看，这似乎是不证自明的，但事实并非如此。本书的检验结果表明，从追随行为意图到做出追随行为内含着复杂的决策机制，是追随者的追随决策经过追随行为态度、追随行为的主观规范及追随行为控制等感知的复杂的心理活动的结果。

本书的理论启示在于，对追随者行为的研究深入到决策机制层面；实践启示在于追随者的追随行为是理性的计划行为，是与领导行为相互作用的结果，因而领导者应在与追随者相互作用的过程中调节自己的行为，提高追随者的事实认知与价值认知度，从而巩固追随行为，为实现组织的目标而共同努力。

6.2.2　有效追随行为与衍生工作行为直接关系的管理启示

本书所定义的有效追随行为有两个维度：一是为积极参与追随行为；二是非盲从追随行为。这种追随行为所衍生的工作行为有三个维度：一是激进创造性工作行为；二是渐进创造性工作行为；三是非创造性常规工作行为。追随者有效追随行为正向促进其工作行为的基本假设得到数据检验支持，具体假设也得到数据检验支持，这就给本书提供了一些管理启示。

其一，组织中追随者的（激进与渐进）创造性工作行为与追随者的积极参与追随行为和非盲从追随行为正相关。这个结果所给出的管理启示是，追随者积极参与行为越强，越有利于其激进（原创）创造性的工作行为，其次有利于其渐进创造性工作行为，同时追随者还应具有一定程度的非盲从性。此外，在管理中要重视追随者的积极参与追随行为与非盲从追随行为的平衡。

其二，追随者积极参与追随行为与激进创造性工作行为的正相关性要比其与渐进创造性工作行为的正相关性强，追随者非盲从追随行为与激进创造性工作行为的正相关性要比其与渐进创造性工作行为的弱。也就是说，本书发现在渐进创造性工作行为的影响因素中，相比激进创造性工作行为，非盲从性追随行为的边际贡献变大了，而积极参与性追随行为的边际贡献则变小了。其管理启示是，在有效追随行为中，非盲从追随行为的得分高反而创造性的程度下降，即在一定的条件下，非盲从追随行为过分的话不利于追随者的创造性工作行为。也就是说，积极参与行为是一个关键，而非盲从行为是一种“度”，非盲从行为并非越高越好。

所以，要激发追随者的创造性工作行为，最重要的事情是员工参与到组织的活动中去，参与性越强越有利于创造性行为；在中国情境下，增加追随者的参与性、控制其非盲从性更有利于员工创造性工作行为的产生。

其三，组织中追随者的非创造性常规工作行为与其有效追随行为中的积极参与行为负相关，与非盲从行为无显著相关性。结果表明，如果一个追随者的工作行为是非创造性的，这是因为，其不具有积极参与性追随行为，也就是说，当追随者不愿采用积极参与追随行为时，其工作行为就往往是非创造性的常规工作行为。所以，组织中的领导一定要设法使所有的组织成员都成为积极追随者，具有积极参与的追随行为，这样才能更好地实现组织的目标。

6.2.3 调节作用的管理启示

本书第二阶段的研究模型中（见图 5-11）有两个调节变量：其一，追随者感知组织支持；其二，追随者感知包容型领导。按照研究假设，这两个变量是作为组织因素对作为外生（自）变量的追随者有效追随行为（有两个维度）与作为内生（因）变量的追随者创造性工作行为（有三个维度）之间关系的调节变量。检验结果及讨论见第 5.3.3 节和第 6.1.2 节，这也给本书一些管理启示。

其一，组织支持感对有效追随行为的积极参与维度与激进创造性工作行为、渐进创造性工作行为之间的关系具有正向的调节作用，对有效追随行为的非盲从行为维度与激进创造性工作行为、渐进创造性工作行为之间的关系具有负向的调节作用。也就是说，组织支持感会强化追随者积极参与追随行为与创造性工作行为之间的关系，会弱化非盲从追随行为与创造性工作行为之间的关系。这一研究结果所给出的管理启示是，对于采用（激进或渐进）创造性工作行为的追随者而言，当组织期望提高追随者积极参与追随时，可以强化组织支持；反之，当组织希望提高追随者非盲从工作行为的作用时，可以淡化组织支持。可以通过增加追随者的组织支持感来强化参与性追随行为对创造性工作行为的作用，也可以通过降低追随者的组织支持感来增加追随者非盲从追随行为对创造性工作行为的作用。

其二，包容型领导对有效追随行为的积极参与维度与激进创造性工作行为、渐进创造性工作行为之间的关系具有正向的调节作用，对有效追随行为的非盲从行为维度与激进创造性工作行为、渐进创造性工作行为之间的关系具有负向的调节作用。也就是说，包容型领导会强化积极参与追随行为与创造性工作行为之间的关系，会弱化非盲从追随行为与创造性工作行为之间的关系。这一研究结果所给出的管理启示是，对于采用（激进或渐进）创造性工作行为的追随者而言，当组织期望提高追随者积极参与追随时，领导者应该提高自身的包容性；反之，当组织希望提高追随者非盲从工作行为的作用时，领导者的包容性可以适当降低。可以通过增加领导的包容性来强化参与性追随行为对创造性工作行为的作用，也可以通过降低领导包容性来增加非盲从追随行为对创造性工作行为的作用。

其三，组织支持感、包容型领导对有效追随行为的积极参与维度与非创造性常规工作行为之间的负相关关系具有负向的调节作用。组织中采用非创造性常规工作行为的追随者，其感知不到组织支持与领导的包容性，原因在于其采用的是非有效追随行为。这一结果的管理启示是，要想调动所有追随者（员工）的创造性工作动机，使其在工作中都有一定程度的创造性，则首先要使其产生内在的追随动机，提高其积极参与追随行为，使其产生有效追随行为，进而衍生出创造性工作行为；其次要使这类追随者感知到组织支持与领导包容性，调节这类追随者有效追随行为对创造性工作行为的作用强度。

6.3　研究的创新之处、局限性及有待进一步研究的问题

6.3.1　研究的创新之处

本书的创新之处有如下几个方面：

其一，提出了组织中追随者的有效追随行为是一种计划行为的观点。将组织中领导者与追随者之间的二元关系研究向前推进了一步，从仅仅研究领导与追随关系、研究追随者属性的基本状态，进入研究追随者的有效追随行为。基于计划行为理论提出了追随行为态度、追随行为主观规范、追随行为控制与追随行为意图之间关系的假设，提出了追随行为意图与有效追随行为之间关系的假设，并采用所收集到的数据进行了检验，确证了相关假设的有效性。研究中发现追随行为控制对有效追随行为的重要作用，这个发现可以解释组织中的非自愿追随（包括不追随）行为，也解释了LMX理论中的“圈内人”与“圈外人”的存在与形成机理，“圈外人”并非不想追随，他们是有追随行为意图的，但由于追随行为控制，所以在理性支配下选择了不追随行为。

其二，揭示了有效追随行为与其所衍生的创造性工作行为之间的关系。将追随理论中仅研究领导与追随之间的关系向前推进了一步，研究有效追随行为与衍生工作行为的关系。在有效追随行为中区分了两个不同的维度，即积极参与追随行为、非盲从追随行为；在工作行为中区分了激进创造性工作行为、渐进创造性工作行为及非创造性常规工作行为三个维度。提出了有效追随行为（两个维度）与衍生工作行为（三个维度）之间关系的假设，并通过本书的样本数据进行了检验，使相关假设得到了确证。发现追随者积极参与追随行为越强，越有利于其创造性工作行为，非盲从追随行为过强则不利于追随者的创造性工作行为，在管理中要重视追随者的积极参与追随行为与非盲从追随行为的平衡。

其三，揭示了组织中的组织支持、包容型领导对有效追随行为（两个维度）与衍生工作行为（三个维度）之间关系的调节作用。提出相应的假设，并通过本书的样本数据进行了检验，使相关假设得到了确证。发现这两个组织因素在有效追随行为的不同维度与衍生工作行为的不同维度之间的调节作用是不同的，即组织支持感与包容型领导对积极参与追随行为与创造性（激进与渐进）工作行为之间的关系具有正向强化的调节作用，而对非盲从追随行为与创造性（激进与渐进）工作行为之间的关系具有负向弱化的调节作用。

6.3.2 研究的局限性

本书的研究虽取得了一些研究成果，但也存在如下局限性：

一是文献的局限性。目前研究追随理论的文献很多，但主要是研究领导与追随的关系、追随力、追随行为的属性等，研究追随行为与工作行为关系的文献不多，因而本书所进行的理论分析与研究假设可能存在诸多谬误。

二是量表本身具有局限性，且样本量还不够多。本书最终的有效样本量为 409 份，采用的是在全国范围内便利随机抽取法，未能采用按比例随机分层抽样，因而样本本身量不足，代表性可能也不全面。本书涉及 8 个潜变量（11 个维度），共有 11 个测量量表，其中有 7 个量表是采用现有文献中的量表，并根据本书研究目的与内容进行了适当修订，但有 4 个量表是笔者设计的。虽然为了提高效度与信度采用了专家评价法，但是在研究中发现有些量表还是有一定的改进空间。所以，量表本身对研究结果产生了一定的局限性。

三是理论本身的局限性。本书在分析时采用了计划行为理论、内在动机理论、社会交换理论等，还有心理动力理论、行为动力理论等都未能考察；还未能设计一种可观察的实验方法，对相应的假设进行多角度检验。所以，理论分析与关系机理的揭示存在局限性。

四是忽略控制变量的局限性。追随行为所衍生的工作行为可能与组织所在行业、地区、追随者的年龄、工作阅历等变量有关。然而本书未能对此加以区分和限制，也未能将这些变量作为控制变量进行更为细致的研究，这也是本书的局限性。

6.3.3 有待进一步研究的问题

上面对本书研究的局限性的分析与陈述，也给本书研究的进一步工作提出了一些启发，当然克服上述局限性是进一步工作内容之一。另外，本书研究中发现了一些有趣的问题，还有一些解释不完全的结果，这些都是需要进一步研究、深化与澄清的。

其一，参与性追随行为与非盲从性追随行为对追随者工作行为的作用机理需要进一步研究。尽管本书在理论分析部分对有效追随行为与其衍生工作行为之间的关系进行了分析并提出了一些假设，但仍会发现一些问题。比如，研究结果表明“如果追随者越是积极参与的追随者，就越不会采用非创造性常规工作行为”，这是为什么？

其二，组织中最终采用非创造性常规工作行为的追随者的工作机理需要进一步研究。其感知不到组织支持，且由于其采用的是非有效追随行为，所以导致其采用非创造性常规工作行为，这里的机理又是什么？

其三，调节作用的机理需要进一步深入研究。为什么组织支持、包容型领导对有效追随行为的非盲从追随行为与工作行为之间关系的调节作用是负向的？为什么在双调节变量情况下调节作用不显著？

其四，研究方法需要进一步拓展。本书所涉及的问题以及由这些问题所产生的假设，完全可以采用实验对比的方法进行检验，可以对不同追随动机的人的创造性工作行为进行实验研究。未来可以引入控制变量，研究积极追随行为与行业、地区、年龄、工作阅历等之间的关系。

以上是本书应该进一步研究的问题，笔者将沿着这一方向进一步进行研究。

参考文献

[1] ADAMS J. S. Inequity in social exchange [M] // Berkowitz L (Ed), Advances in experimental social psychology. New York: Academic Press, 1965.

[2] AISHA Z., Kamal A. Perceived authentic leadership, psychological capital, and creative work behavior in bank employees [J]. Pakistan Journal of Psychological Research, 2017, 32 (1): 35-53.

[3] Ajzen I. The theory of planned behavior [J]. Organization Behavior and Decision Processes, 1991, 50 (2): 179-211.

[4] Ajzen I. Attitudes, personality, and behavior [M]. Chicago: Dorsey, 1988.

[5] Ajzen I., Madden T. J. Prediction of goal-directed behavior: Attitudes, intentions, and perceived behavioural control [J]. Journal of Experimental Social Psychology, 1986 (22): 453-474.

[6] Akturan A., Cekmecelioglu H. G. The effects of knowledge sharing and organizational citizenship behaviors on creative behaviors in educational institutions [J]. Procedia - Social and Behavioral Sciences, 2016 (235): 342-350.

[7] Alcorn D. Dynamic followership: Empowerment at work [J]. Management Quarterly, 1992, 33 (2): 9-13.

[8] Alikaj A., Ning W., Wu B. Proactive personality and creative behavior: Examining the role of thriving at work and high-involvement HR practices [J]. Journal of Business and Psychology, 2020 (7): 1-13.

[9] Amabile T. M. Motivational synergy: Toward new conceptualizations of

intrinsic and extrinsic motivation in the workplace [J] . Human Resource Management Review, 1993 (3): 185–201.

[10] Amabile T. M. Motivating creativity in organizations: On doing what you love and loving what you do [J] . California Management Review, 1997, 40 (1): 39–59.

[11] Amabile T. M., Conti R., Coon H, et al. Assessing the work environment for creativity [J] . Academy of Management Journal, 1996 (39): 1154–1184.

[12] Anderson N., Potocnik K., Zhou J. Innovation and creativity in organizations: A state-of-the-science review, prospective commentary, and guiding framework [J] . Journal of Management, 2014, 40 (5): 1297–1333.

[13] Atwater L., Carmeli A. Leader–member exchange, feelings of energy, and involvement in creative work [J] . The Leadership Quarterly, 2009 (20): 264–275.

[14] Audia P. G., Goncalo J. A. Past success and creativity over time: A study of inventors in the hard disk drive industry [J] . Management Science, 2007 (53): 1–15.

[15] Avolio B. J., Gardner W. L., Walumbwa F. O., et al. Unlocking the mask: A look at the process by which authentic leaders impact follower attitudes and behaviors [J] . Leadership Quarterly, 2004, 15 (6): 801–823.

[16] Avolio B. J., Walumbwa F. O., Weber T. J. Leadership: Current theories, research, and future directions [J] . Annual Review of Psychology, 2009, 60 (6): 421–449.

[17] Baker S. D. Followership: The theoretical foundation of a contemporary construct [J] . Journal of Leadership & Organization Studies, 2007, 14 (1): 50–60.

[18] Bandura A. Self–efficacy mechanism in human agency [J] . American Psychologist, 1982 (37): 122–147.

[19] Banutu–Gomez M. B. Great leaders teach exemplary followership and serve as servant leaders [J] . Journal of American Academy of Business, 2004

(3): 143–151.

[20] Bass B. M. The Bass handbook of leadership (4th ed.) [M] . New York: Free Press, 2008.

[21] Benner M. J., Tushman M. L. Exploitation, exploration, and process management: The productivity dilemma revisited [J] . Academy of Management Review, 2003 (28): 238–256.

[22] Bennis W. The end of leadership [M] . Organizational Dynamics, 1999.

[23] Berg S. T., Grimstad A., Skerlavaj M., et al. Social and economic leaderemember exchange and employee creative behavior: The role of employee willingness to take risks and emotional carrying capacity [J] . European Management Journal, 2017 (35): 676–687.

[24] Bhanthumnavin D. Perceived social support from supervisor and group members' psychological and situational characteristics as predictors of subordinate performance in Thai work units [J] . Human Resource Development Quarterly, 2003, 14 (1): 79–97.

[25] Bharadwaj S. S., Menon A. Making innovation happen in organizations: Individual creativity mechanisms, organizational creativity mechanisms or both? [J] . Journal of Product Innovation Management, 2000 (17): 424–434.

[26] Bibi A., Afsar B. Leader–member exchange and innovative work behavior: the role of intrinsic motivation, psychological empowerment, and creative process engagement [J] . Perspectives of Innovations, Economics & Business, 2018, 18 (1): 25–43.

[27] Bjugstad K., Thompson K. J., Morris A. A fresh look at followership: A model for matching followership and leadership styles [J] . Journal of Behavioral and Applied Management, 2006, 7 (3): 304–319.

[28] Bligh M. C. Followership and follower–centered approaches [M] . The Sage Handbook of Leadership, 2011: 425–436.

[29] Borman W. C., Motowidlo S. J. Task performance and contextual performance: The meaning for personnel selection research [J] . Human Performance, 1997 (10): 99–109.

[30] Brumm C. A., Drury S. Leadership that empowers: How strategic planning relates to followership [J]. Engineering Management Journal, 2013, 25 (4): 17-32.

[31] Burns J. M. Leadership and followership [M]. New York: Harper & Row, 1978.

[32] Carmeli A., Reiter P. R., Aiv E. Inclusive leadership and employee involvement in creative tasks in the workplace: The mediating role of psychological safety [J]. Creativity Research Journal, 2010, 22 (3): 250-260.

[33] Carmeli A., Cohen M. R., Elizur D. The role of job challenge and organizational identification in enhancing creative behavior among employees in the workplace [J]. Journal of Creative Behavior, 2007, 41 (2): 75-90.

[34] Carmeli A., Schaubroeck J. The influence of leaders' and other referents' normative expectations on individual involvement in creative work [J]. The Leadership Quarterly, 2007 (18): 35-48.

[35] Carrington D. J., Combe I. A., Mumford M. D. Cognitive shifts within leader and follower teams: Where consensus develops in mental models during an organizational crisis [J]. The Leadership Quarterly, 2019, 30 (3): 335-350.

[36] Carsten M. K., Uhl-Bien M. Ethical followership: An examination of followership beliefs and crimes of obedience [J]. Journal of Leadership & Organizational Studies, 2013, 20 (1): 49-61.

[37] Carsten M. K., Uhl-Bien M., West B. J., et al. Exploring social constructions of followership: A qualitative study [J]. The Leadership Quarterly, 2010, 21 (3): 543-562.

[38] Cekmecelioglu H. G., Gunsel A. Promoting creativity among employees of mature industries: The effects of autonomy and role stress on creative behaviors and job performance [J]. Procedia Social and Behavioral Sciences, 2011 (24): 889-895.

[39] Chaleff I. Effective follower [J]. Executive Excellence, 1995, 14 (3):

3–9.

[40] Chaleff I. The courageous follower：Standing up to & for our leaders [J] . Journal of the Society of Project Management，2012，14（1）：49–58.

[41] Chaleff I. The courageous follower：Standing up to and for our leaders [M] . San Francisco：Berrett–Koehler Publishers，1995：231–236.

[42] Chaleff I. Learn the art of followership [J] . Government Executive，1997，29（2）：44–54.

[43] Chaleff I. Rethinking followership：The art of followership：How great followers create great leaders and organizations [J] . Personnel Psychology，2008，62（3）：36–40.

[44] Chaleff I. The courageous follower：Standing up to and for our leaders [M] . San Francisco：Berrett–Koehler Publishers，2009.

[45] Chiara G.，Paola G.，Claudio G. C. A brief scale for investigating followership in nursing [J] . Applied Psychology Bulletin，2015（272）：25–32.

[46] Chin J. L. Introduction to the special issue on diversity and leadership [J] . American Psychologist，2010，65（3）：150–156.

[47] Clercq D. D.，Belausteguigoitia I. Reducing the harmful effect of work overload on creative behaviour：Buffering roles of energy–enhancing resources [J] . Creat Innov Manag，2019（28）：5–18.

[48] Dansereau F.，Graen G. B.，Haga W. A vertical dyad linkage approach to leadership in formal organizations [J] . Organizational Behavior and Human Performance，1975（13）：46–78.

[49] Depree M. Leadership is an art [M] . New York：Doubleday Publishing，1992：75–77.

[50] Dewar R. D.，Dutton J. E. The adoption of radical and incremental innovations：An empirical analysis [J] . Management Science，1986（32）：1422–1433.

[51] Dixon G.，Westbrook J. Followers revealed [J] . Engineering Management Journal，2003（15）：19–26.

[52] Donald R. K. Followership and the relationship between kelley's

followership styles and the big five factor model of personality [D] . Regent University，2018.

[53] Drazin R.，Glynn M. A.，Kazanjian R. K. Multilevel theorizing about creativity in organizations：A sensemaking perspective [J] . Academy of Management Review，1999 (24)：286–307.

[54] Drazin R.，Kazanjian R. K.，Glynn M. A. Creativity and sensemaking among professionals. In J. Zhou，C. E. Shalley (Eds.)，Handbook of organizational creativity [M] . New York，NY：Erlbaum，2008：263–281.

[55] Dvir T.，Shamir B. Follower developmental characteristics as predicting transformational leadership：A longitudinal field study [J] . Leadership Quarterly，2003，14 (3)：327–344.

[56] Eisenberger R.，Fasolo P.，Davis-LaMastro V. Perceived organizational support and employee diligence，commitment，and Innovation [J] . Journal of Applied Psychology，1990，75 (1)：51–59.

[57] Eisenberger R.，Huntington R.，Hutchison S.，et al. Perceived organizational support [J] . Journal of Applied Psychology，1986 (71)：500–507.

[58] Emerson R. M. Social exchange theory [J] . Annual Review of Sociology，1976：335–362.

[59] Emily S. R.，Nir H. Managing hierarchy's functions and dysfunctions：A relational perspective on leadership and followership [J] . Current Opinion in Psychology，2020，33 (6)：126–130.

[60] Ettlie J. E.，Bridges W. P.，O'Keefe R. D. Organization strategy and structural differences for radical versus incremental innovation [J] . Management Science，1984 (30)：682–695.

[61] Farmer S. M.，et al. Employee creativity in Taiwan：An application of role identity theory [J] . Academy of Management Journal，2003，46 (5)：618–630.

[62] Fateh A.，Mustamil N.，Aslam M. Z. Linking authentic leadership and employee creative behavior：The mediating role of autonomous motivation

and job complexity [J] . Marketing and Management of Innovations, 2020 (3): 59–74.

[63] Fateh A., Mustamil N., Shahzad F. Role of authentic leadership and personal mastery in predicting employee creative behavior: A self-determination perspective [J] . Frontiers of Business Research in China, 2021, 15 (3): 1–16.

[64] Fishbein M., Ajzen I. Belief, attitude, intention and behavior: An introduction to theory and research [M] . MA: Addison Wesley, 1975.

[65] Fishbein M., Ajzen I. Understanding attitudes and predicting social behavior [M] . NJ: Prentice–Hall, 1980.

[66] Ford C. M. A theory of individual creative action in multiple social domains [J] . Academy of Management Review, 1996 (21): 1112–1142.

[67] Ford C. M. Dialogue: Creative developments in creative theory [J] . Academy of Management Review, 2000 (25): 284–287.

[68] Frew D. R. Leadership and followership [J] . Personnel Journal, 1977, 56 (2): 90–97.

[69] Galanaki E., Papalexandris N. Desired leadership behaviors for the inclusive leader [J] . SSRN Electronic Journal, 2013 (1): 1–26.

[70] George J. M. Creativity in organizations [J] . Academy of Management Annals, 2007, 1 (1): 439–477.

[71] George J. M., Zhou J. When openness to experience and conscientiousness are related to creative behavior: An interactional approach [J] . Journal of Applied Psychology, 2001, 86 (3): 513–524.

[72] Gilbert G. R., Hyde A. C. Followership and the federal worker [J] . Public Administration Review, 1988, 48 (6): 962–968.

[73] Gilson L. L., Mathieu J. E., Shalley C. E., et al. Creativity and standardization: Complementary or conflicting drivers of team effectiveness? [J] . Academy of Management Journal, 2005 (48): 521–531.

[74] Graen G. B., Cashman C. J. A role–marking model of leadership in formal organizations: A developmental approach [M] . Kent: Leadership

Frontiers，Kent State University Press，1975：143-166.

[75] Griffin M. A.，Neal A.，Parker S. K. A new model of work role performance：Positive behavior in uncertain and interdependent contexts [J]. Academy of Management Journal，2007，50（2）：327-347.

[76] Gupta V.，Singh S. Psychological capital as a mediator of the relationship between leadership and creative performance behaviors：Empirical evidence from the Indian R&D sector [J]. The International Journal of Human Resource Management，2014，25（10）：1373-1394.

[77] Gupta A. K.，Smith K. G.，Shalley C. E. The interplay between exploration and exploitation [J]. Academy of Management Journal，2006（49）：693-706.

[78] Hirak R.，Peng A. C.，Carmeli A.，et al. Linking leader inclusiveness to work unit performance：The importance of psychological safety and learning from failures [J]. The Leadership Quarterly，2012，23（1）：107-117.

[79] Hollander E. P. Inclusive leadership：The Essential Leader-Follower Relationship [M]. New York：Taylor and Francis Group，2009.

[80] Hollander E. P. Inclusive leadership：The Essential Leader-Follower Relationship [M]. New York：Routledge，2012.

[81] Hollander E. P. Ethical challenges in the leader-follower relationship [J]. Business Ethics Quarterly，1995，7（2）：55-65.

[82] Hollander E. P. Leadership，followership，self，and others [J]. The Leadership Quarterly，1992，3（1）：43-54.

[83] Hollander E. P.，Julian J. W. Contemporary trends in the analysis of leadership processes [J]. Psychological Bulletin，1969，71（5）：387.

[84] Hollander E. P.，Webb W. B. Leadership，followership，and friendship：An analysis of peer nominations [J]. The Journal of Abnormal and Social Psychology，1955，50（2）：163.

[85] Hollander E. P. The essential interdependence of leadership and followership [J]. Current Directions in Psychological Science，1992，1（2）：70-77.

[86] Homans G. C. Social behavior：Its elementary forms [M]. New York：

Harcourt Brace Jovanovich, 1974.

[87] Howell J. M., Shamir B. The role of followers in the charismatic leadership process: Relationships and their consequences [J]. Academy of Management Review, 2005, 30 (1): 96–112.

[88] Howell J. P., Bowen D. E., Dorfman P. W., et al. Substitutes for leadership: Effective alternatives to ineffective leadership. In R. P. Vecchio (Ed.). Leadership: Understanding the Dynamics of Power and Influence in Organizations [M]. Notre Dame, IN: Univ Notre Dame Press, 2007: 363–376.

[89] Ismail H. N., Rishani M. The relationships among performance appraisal satisfaction, career development and creative behavior [J]. The Journal of Developing Areas, 2018, 52 (3): 109–124.

[90] Janssen O. Job demands, perceptions of effort–reward fairness and innovative work behavior [J]. Journal of occupational and organizational psychology, 2000 (3): 287–302.

[91] Janssen O., Huang X. Us and Me: Team identification and individual differentiation as complementary drivers of team members' citizenship and creative behaviors [J]. Journal of Management, 2008, 34 (1): 69–88.

[92] Jin M., McDonald B., Park J. Followership and job satisfaction in the public sector: The moderating role of perceived supervisor and performance–oriented culture [J]. International Journal of Public Sector Management, 2016, 29 (3): 218–237.

[93] Kelley R. E. In Praise of followers [J]. Harvard Business Review, 1988, 6 (66): 142–148.

[94] Kelley R. E. The power of followership: How to create leaders people want to follow and followers who lead themselves [M]. New York: Doubleday, 1992: 156–212.

[95] Kelley R. E. Rethinking followership. In R. Riggio, I. Chaleff, J. Lipman–Blumen (Eds.), The art of followership: How great followers create great leaders and organizations [M]. San Francisco, CA: Jossey–Bass, 2008: 5–16.

[96] Kelly K. E., Kneipp L. B. You do what you are: The relationship between the scale of creative attributes and behavior and vocational interests [J]. Journal of Instructional Psychology, 2009, 36 (1): 79-83.

[97] Kelly S. W., Hoch-Peng Sin., Donald E. C. What about the leader in leader-member exchange? The impact of resource exchanges and substitutability on the leader [J]. Academy of Management Review, 2010, 35 (3): 358-372.

[98] Kirton M. J. Adaptors and innovators: Styles of creativity and problem solving [M]. New York: Routledge, 1994: 126-205.

[99] Kirton M. J. Adopters and innovators: A description and measure [J]. Journal of Applied Psychology, 1976 (61): 622-629.

[100] Kleysen R. F., Street C. T. Toward a multi-dimensional measure of individual innovative behavior [J]. Journal of Intellectual Capital, 2001, 2 (3): 284-296.

[101] Kraimer M. L., Wayne S. J. An examination of perceived organizational support as a multidimentional construct in the context of an expatriate assignment [J]. Journal of Management, 2004, 30 (2): 209-237.

[102] Latour M., Rast J. Dynamic followership [J]. Air & Space Power Journal, 2004, 18 (4): 102-110.

[103] Laura C. N. The relationship between emotional intelligence and followership in home-based teleworkers [D]. Indiana Wesleyan University, 2014.

[104] Leroy H., Anseel F., Gardner W. L., et al. Authentic leadership, authentic followership, basic need satisfaction, and work role performance: A cross-level study [J]. Journal of Management, 2015, 41 (6): 1677-1697.

[105] Litzinger W., Schaefer T. Leadership through followership [J]. Business Horizons, 1982, 25 (5): 78-81.

[106] Lovelace K. J., Alves J. C. Work stress and leadership development: The role of self-leadership, shared leadership, physical fitness and flow in managing demands and increasing job control [J]. Human Resource

Management Review, 2007 , 17 (4): 374–387.

[107] Madjar N., Greenberg E., Chen Z. Factors for radical creativity, incremental creativity, and routine, noncreative performance [J] . Journal of Applied Psychology, 2011, 96 (4): 730–743.

[108] Martin R. Followership: The natural complement to leadership [J] . FBI Law Enforcement Bulletin, 2008 (7): 8–11.

[109] McMillin R. Customer satisfaction and organizational support for service providers [D] . USA: University of Florida, 1997: 211–234.

[110] Meindl J. R. On leadership: An alternative to the conventional wisdom [J] . Research in Organizational Behavior, 1990 (12): 159–203.

[111] Meindl J. R., Ehrlich S. B., Dukerich J. M. The romance of leadership [J] . Administrative Science Quarterly, 1985 (30): 78–102.

[112] Miron E., Erez M., Naveh E. Do personal characteristics and cultural values that promote innovation, quality and efficiency compete or complement each other? [J] . Journal of Organizational Behavior, 2004 (25): 175–199.

[113] Mumford M. D., Gustafson S. B. Creativity syndrome: Integration, application, and innovation [J] . Psychological Bulletin, 1988 (103): 27–43.

[114] Nembhard I. M., Edmondson A. C. Making it safe: The effects of leader inclusiveness and professional status on psychological safety and improvement efforts in health care teams [J] . Journal of Organizational Behavior, 2006, 27 (7): 941–966.

[115] Nicolas B., Mark V. V. The nature of followership: Evolutionary analysis and review [J] . The Leadership Quarterly, 2019, 30 (1): 81–95.

[116] Nishii L. H. The benefits of climate for inclusion for gender–diverse group [J] . Academy of Management Journal, 2013, 56 (6): 1754–1774.

[117] Nishii L. H., Mayer D. M. Do inclusive leaders help to reduce turnover in diverse groups? The moderating role of leader–member exchange in the diversity to turnover relationship [J] . Journal of Applied Psychology, 2009, 94 (6): 1412.

[118] Notani A. S. Moderators of perceived behavioral control's predictiveness in the theory of planned behavior: A meta-analysis [J]. Joumal of Consumer Psychology, 1998, 7 (3): 247–271.

[119] Nurfaizal Y., Dwiatmadja C., Setyawati S. M. Psychological capital as mediator between friend support and creative behavior of the owners of SMEs batik craft sector [J]. Quality Management, 2019 (20): 109–113.

[120] O'Reilly C. A., Chatman J. Organizational commitment and psychological attachment: The effects of compliance, identification, and internalization on prosocial behavior [J]. Journal of Applied Psychology, 1986 (71): 492–499.

[121] Oldham G. R., Cummings A. Employee creativity: Personal and contextual factors at work [J]. Academy of Management Journal, 1996 (39): 607–634.

[122] Ospina S. Leadership, diversity and inclusion: Insights from scholarship [J]. Graduate School of Public Service, 2011 (3): 3–30.

[123] Pearce C. L., Conger J. A. Shared leadership: Reframing the hows and whys of leadership [M]. Thousand Oaks, CA: Sage Publications, 2003: 44–52.

[124] Pearce C. L., Manz C. C. The new silver bullets of leadership: The importance of self and shared leadership in knowledge work [J]. Organizational Dynamics, 2005, 34 (2): 130–140.

[125] Peter J. P., Olson J. C. Consumer behavior and marketing strategy [M]. Irwin, Chicago, 1987: 78–117.

[126] Pitron J. E. The influence of exemplary followership on organizational performance: A Phenomenological Approach [D]. University of Phoenix, 2008.

[127] Pittman T. S., William E. R., Earl H. P. Followers as partners: Taking the initiative for action. In William E. R., Robert L. T. (Eds.), Contemporary issues in leadership [M]. Boulder, CO: Westview Press, 1998: 107–120.

[128] Rhoades L., Eisenberger R. Perceived organizational support: A review of the literature [J]. Journal of Applied Psychology, 2002, 87 (4): 698-714.

[129] Rockstuhl T., Dulebohn J. H., Ang S., et al. Leader-member exchange (LMX) and culture: A meta-analysis of correlates of LMX across 23 countries [J]. Journal of Applied Psychology, 2012, 97 (6): 1097-1130.

[130] Scott S. G., Bruce R. A. Determinants of innovative behavior: A path model of individual innovation in the workplace [J]. Academy of Management Journal, 1994, 37 (3): 580-607.

[131] Shalley C., Zhou J. Organizational creativity research: A historical overview. In Zhou J., Shalley C. (Eds.), Handbook of organizational creativity [M]. New York: Erlbaum, 2008: 3-31.

[132] Shalley C. E., Zhou J., Oldham G. R. The effects of personal and contextual characteristics on creativity: Where should we go from here? [J]. Journal of Management, 2004 (30): 933-958.

[133] Shih H. A., Wijaya N. H. Team-member exchange, voice behavior, and creative work involvement [J]. International Journal of Manpower, 2017, 38 (3): 417-431.

[134] Shore L. M., Randel A. E., Chung B. G., et al. Inclusion and diversity in work groups: A review and model for future research [J]. Journal of Management, 2011, 37 (4): 1262-1289.

[135] Simon H. A. Administrative behavior [M]. The Free Press, 1976: 20-44.

[136] Steger A. J., Manners J., George E., et al. Following the leader: How to link management style to subordinate personalities [J]. Management Review, 1982, 71 (10): 22-31.

[137] Sternberg R. J. A propulsion model of types of creative contributions [J]. Review of General Psychology, 1999 (3): 83-100.

[138] Sternberg R. J. The nature of creativity [J]. Creativity Research Journal, 2006 (18): 87-98.

[139] Strickland S., Towler A. Correlates of creative behaviour: The role of leadership and personal factors [J]. Canadian Journal of Administrative Sciences, 2011, 28 (1): 31-41.

[140] Sy T. What do you think of followers? Examining the content, structure, and consequences of implicit followership theories [J]. Organizational Behavior and Human Decision Processes, 2010, 113 (2): 73-84.

[141] Szabo K., Janos R., Szidonia K. Predictors of creative self-efficacy, creative role identity and self-perceived creative behavior [J]. Section Psychology and Psychiatry, 2017 (32): 255-261.

[142] Tang N., Jiang Y., Chen C., et al. Inclusion and inclusion management in the Chinese context: An exploratory study [J]. International Journal of Human Resource Management, 2014, 26 (6): 1-19.

[143] Tastan S. B. Psychological capital: A positive psychological resource and its relationship with creative performance behavior [J]. Anadolu University Journal of Social Sciences, 2016, 16 (2): 101-118.

[144] Temple J. B., Ylitalo J. Promoting inclusive leadership in higher education institutions [J]. Tertiary Education and Management, 2009, 15 (3): 277-289.

[145] Thibaul I., Walker L. Procedural justice: A psychological analysis [M]. Hillsdale, NJ: Lawrence Erlbaum, 1993: 23-25.

[146] Thibaut J. W., Kelley H. H. The social psychology of groups [M]. Oxford: Wiley, 1959.

[147] Tierney P., Farmer S. M., Graen G. B. An examination of leadership and employee creativity: The relevance of traits and relationships [J]. Personnel Psychology, 1999, 52 (3): 591-620.

[148] Triandis H. C., Bontmpo R., Betancourt H., et al. The measurement of the etic asprcts of individualism and collectivism across cultures [J]. Australian Journal of Psychology, 2011, 38 (3): 257-267.

[149] Triandis H. C., Bontmpo R., Villareal M. J. Individualism and collectivism: Cross-cultural perspectives on self-ingroup relationships [J]. Uournal of Personaliity and Social Psychology, 1988, 54 (2):

323–338.

[150] Triandis H. C. Individualism and collectivism [M] . Boulder: Westview Press, 1995.

[151] Trisakhon C., Jermsittiparsert K. Role of stressors and supervisory style in creative behaviour of employees with moderating role of organizational learning capability: A case of thai pharmaceutical firms [J] . Systematic Reviews in Pharmacy, 2019, 10 (2): 259–269.

[152] Uhl–Bien M., Riggio R. E., Lowe K. B., et al. Followership theory: A review and research agenda [J] . The Leadership Quarterly, 2014, 25 (1): 83–104.

[153] Unsworth K. L. Unpacking creativity [J] . Academy of Management Review, 2001 (26): 289–297.

[154] Unsworth K. L., Clegg C. W. Why do employees undertake creative action? [J] . Journal of Occupational and Organizational Psychology, 2010 (83): 77–99.

[155] Van Dyne L., Jehn K. A., Cummings A. Differential effects of strain on two forms of work performance: Individual employee sales and creativity [J] . Journal of Organizational Behavior, 2002 (23): 57–74.

[156] Vicki S. B. Exploration of followership behaviors in the workplace: A phenomenological study [D] . Ann Arbor: Regent University, 2018.

[157] Volery T., Tarabashkina L. The impact of organisational support, employee creativity and work centrality on innovative work behavior [J] . Journal of Business Research, 2021 (129): 295–303.

[158] Volmer J., Spurk D., Niessen C. Leader–member exchange (LMX), job autonomy, and creative work involvement [J] . The Leadership Quarterly, 2012 (23): 456–465.

[159] Walster E., Walster G. W., Berscheid E. Equity: Theory and research [M] . Boston: Allyn &Bacon, 1978.

[160] Walster E., Aronson V., Abrahams D. On increasing the persuasiveness of a low prestige communicator [J] . Journal of Experimental Social Psychology, 1966 (2): 325–342.

［161］ Weick K. E. Making sense of the organization［M］. Oxford，England：Blackwell，2001.

［162］ Weick K. E. Sensemaking in organizations［M］. Thousand Oaks，CA：Sage，1995：98–183.

［163］ Wortman M. S. Strategic management and changing leader–follower roles［J］. The Journal of Applied Behavioral Science，1982，18（3）：370–384.

［164］ Wuffli P. A. Introduction：A framework for inclusive leadership［M］. Berlin：Springer International Publishing，2016.

［165］ Yukl G. Leadership in organizations（8th ed.）［M］. New York：Prentice Hall，2012.

［166］ Yvonne V. R. Multiple foci of commitment and creative work behaviour in inter–organisational innovation projects［D］. University of Bath，2014.

［167］ Zaitouni M.，Mohamed O. L. The impacts of leadership support and coworker support on employee creative behavior［J］. International Journal of Productivity & Performance Management，2018，67（9）：1745–1763.

［168］ Zhou J.，George M. J. When job dissatisfaction leads to creativity：Encouraging the expression of voice［J］. Academy of Management Journal，2001，44（4）：682–696.

［169］ Zhou J. When the presence of creative coworkers is related to creativity：Role of supervisor close monitoring，developmental feedback，and creative personality［J］. Journal of Applied Psychology，2003（88）：413–422.

［170］ Zierden W. E. Leading through the follower's point of view［J］. Organizational Dynamics，1980，8（4）：27–46.

［171］ Zilwa D. D. A new conceptual framework for authentic followership // Followership：What is it，and why do people follow?［M］. Bingley：Emerald Group Publishing Ltd，2014：89–130.

［172］ Zubair A.，Kamal A. Perceived authentic leadership，work–related flow，and creative work behavior：Moderating role of organizational structures

［J］. Abasyn Journal of Social Sciences，2016，9（2）：426–441.
［173］芭芭拉·凯勒曼 . 追随力［M］. 宋强，译 . 北京：中国人民大学出版社，2011：67–79.
［174］宝贡敏，刘枭 . 感知组织支持的多维度构思模型研究［J］. 科研管理，2011，32（2）：160–168.
［175］蔡地，王悦，马金鹏 . 领导越包容，员工工作越主动？——个人—团队匹配和权力距离的作用［J］. 预测，2017，36（5）：1–7.
［176］曹元坤，许晟 . 部属追随力：概念界定与量表开发［J］. 当代财经，2013（3）：82–89.
［177］曹元坤，许晟 . 对追随力研究中若干观点的思考［J］. 江西社会科学，2013（2）：203–206.
［178］陈晓暾，程姣姣 . 包容领导行为与员工创新绩效的关系研究：一个有中介的调节模型［J］. 软科学，2020，34（11）：110–116.
［179］陈彦羽 . 变革型领导对员工追随力的影响研究［D］. 北京：北京交通大学，2018.
［180］陈志霞，陈剑峰 . 组织支持感影响工作绩效的直接与间接效应［J］. 工业工程与管理，2008（1）：99–104.
［181］陈志霞，吴豪 . 内在动机及其前因变量［J］. 心理科学进展，2008，16（1）：98–105.
［182］程敏 . 家长式领导对员工追随和绩效的影响：人际公平的调节作用［D］. 杭州：浙江大学，2015.
［183］程伟波 . 包容性领导对员工态度和行为影响的实证研究［D］. 长沙：中南大学，2014.
［184］邓舒敏 . 追随力对员工工作投入的影响：情感承诺的中介作用和领导组织化身的调节作用［D］. 南昌：江西财经大学，2017.
［185］丁桂凤，张澎涛 . 领导不当督导与追随者规范承诺：追随力的中介作用［J］. 心理与行为研究，2013，11（6）：796–800.
［186］方阳春，金惠红 . 包容型领导风格对高校科研团队绩效影响的实证研究［J］. 技术经济，2014，33（4）：53–57.
［187］方阳春，陈超颖 . 包容型领导风格对新时代员工创新行为的影响［J］. 科研管理，2017，38（S1）：7–13.

［188］方阳春．包容型领导风格对团队绩效的影响：基于员工自我效能感的中介作用［J］．科研管理，2014（5）：152–160.

［189］冯永春，周光．领导包容对员工创造行为的影响机理研究：基于心理安全视角的分析［J］．研究与发展管理，2015，27（3）：73–82.

［190］弗雷德里克·泰勒．科学管理原理［M］．马风才，译．北京：机械工业出版社，2007：4–17.

［191］耿昕．领导授权赋能行为对员工创新行为的影响研究［D］．上海：上海交通大学，2011.

［192］古银华，等．包容型领导对下属创造力的双刃剑效应［J］．管理科学，2017，30（1）：119–130.

［193］古银华，苏勇，李海东．包容型领导、积极情绪与工作绩效的关系研究［J］．浙江工商大学学报，2017（4）：66–75.

［194］顾广娥．家长式领导对 90 后员工追随力的影响研究［D］．贵阳：贵州财经大学，2017.

［195］管春英．包容性领导对员工创新行为的多链条作用机制研究［J］．科学学与科学技术管理，2016，37（6）：159–168.

［196］郭咸纲．西方管理思想史［M］．北京：经济管理出版社，2008：164–167.

［197］韩秀丽．以 A 企业领导力对下属追随力影响研究——以组织氛围作为中介变量［D］．北京：首都经济贸易大学，2019.

［198］何丽君．包容性领导的理念及其实现路径［J］．领导科学，2014（10）：40–42.

［199］赫伯特·西蒙．管理行为［M］．詹正茂，译．北京：机械工业出版社，2019：118–125.

［200］黄勇，杨洁，胡赛赛．组织支持感与员工创造力：相对组织支持感和情感承诺的影响［J］．贵州财经大学学报，2020（5）：80–87.

［201］简浩贤，等．基于组织认同视角的包容性领导与员工敬业度关系研究［J］．管理学报，2017，14（11）：1624–1630.

［202］蒋琬，林康康．领导—员工交换、组织支持感与员工创新性实证分析［J］．北京邮电大学学报（社会科学版），2010，12（3）：91–98.

［203］金星彤．组织公正垂滴影响能否引发员工建言行为？——基于民营企

业的实证分析［J］. 财经问题研究，2018（10）：130–136.
［204］孔靓，李锡元，章发旺. 包容型领导对员工主动性行为的影响：组织自尊与差错管理氛围的中介作用［J］. 管理评论，2020，32（2）：232–243.
［205］李焕荣，张建平. 追随力与员工工作绩效：建言行为与权力距离的作用［J］. 商业研究，2015（12）：105–112.
［206］李露，等. 真实型领导与员工建言行为：有调节的中介效应［J］. 中国临床心理学杂志，2019，27（4）：822–824.
［207］李帅帅. 90 后员工追随力对工作绩效的影响研究［D］. 北京：首都经济贸易大学，2019.
［208］李天柱，侯锡林，马佳. 技术创新成功与失败的纯理论思考［J］. 技术经济与管理研究，2016（3）：24–28.
［209］李燕萍，等. 包容性领导的构建与实施：基于新生代员工管理视角［J］. 中国人力资源开发，2012（3）：31–35.
［210］李兆旺. 变革型领导对员工追随力的作用机制研究［D］. 大连：东北财经大学，2016.
［211］凌茜，莫紫凌，张少雯. 公仆型领导视角下有效追随行为特征的定性研究［J］. 科学与管理，2019，39（2）：19–34.
［212］凌文辁，杨海军，方俐洛. 企业员工的组织支持感［J］. 心理学报，2006，38（2）：281–287.
［213］刘嫦娥，等. 上级无礼行为对员工工作投入的影响机制研究［J］. 管理学报，2019，16（9）：1344–1352.
［214］刘德文，高维和. 顾客参与对员工创新意愿的影响机制研究［J］. 管理学报，2019，16（1）：96–103.
［215］刘钢. 变革型领导与员工角色行为：一个多步多重中介模型［J］. 商业研究，2020（6）：144–152.
［216］刘林，梅强，吴金南. 员工幸福感、工作应激与创新行为：感知组织支持的调节作用［J］. 科技进步与对策，2020，37（7）：145–151.
［217］刘一涛，余福海. 变革型领导、建设性变革义务感与员工建言行为关系的实证研究［J］. 预测，2019，38（5）：29–35.
［218］刘云，石金涛. 组织创新气氛与激励偏好对员工创新行为的交互效应

研究［J］. 管理世界，2009（10）：88–101.
［219］卢小君，张国梁. 工作动机对个人创新行为的影响研究［J］. 软科学，2007，21（6）：124–127.
［220］罗瑾琏，闫佳祺，贾建锋. 社会建构视角下员工积极追随特质对追随行为的影响研究［J］. 管理学报，2018，15（7）：971–979.
［221］罗瑾琏，闫佳祺. 双元领导与员工追随行为的匹配机制研究：一个模糊专家系统模型［J］. 运筹与管理，2019，28（4）：169–174.
［222］罗文豪，陈佳颖. 谦逊领导对员工助人行为的影响机制研究［J］. 当代财经，2020（5）：76–86.
［223］马克斯·韦伯. 经济与社会：第一卷［M］. 阎克文，译. 上海：上海人民出版社，2010：318–415.
［224］马璐，谢鹏，韦依依. 下属默契对员工主动担责行为的影响研究：目标清晰度中介效应与组织支持感调节效应［J］. 中国软科学，2020（2）：129–137.
［225］马跃如，郭小闻. 组织支持感、心理授权与工作投入：目标导向的调节作用［J］. 华东经济管理，2020，34（4）：120–128.
［226］马跃如，蒋珊珊. 团队认知多样性、知识共享与团队创新绩效：基于包容性领导的调节效应检验［J］. 湖南大学学报（社会科学版），2020，34（5）：45–51.
［227］宁赟. 员工组织支持感二维结构模型研究［J］. 中国管理科学，2010（18）：567–571.
［228］裴宇晶. 知识型员工的召唤、职业承诺与工作态度关系的实证研究：组织支持感的调节作用［D］. 南京：南京大学，2014：43–54.
［229］彭坚，曹兵兵. 追随者主动工作行为的上行影响：内隐追随视角［J］. 心理科学进展，2021，29（6）：967–977.
［230］彭坚，等. 积极追随特质一定能提升工作产出吗：仁慈领导的激活作用［J］. 南开管理评论，2016，19（4）：135–146.
［231］彭伟，于小进，朱晴雯. 中国情境下包容型领导量表开发与验证［J］. 科技进步与对策，2017，34（10）：124–130.
［232］彭伟，朱晴雯，陈奎庆. 基于效忠主管和权力距离影响的包容型领导与员工工作投入关系研究［J］. 管理学报，2017，14（5）：686–694.

［233］彭伟，朱晴雯，乐婷．包容型领导影响员工创造力的双路径：基于社会学习与社会交换的整合视角［J］．财经论丛，2017（10）：90–97.

［234］齐蕾，等．服务导向高绩效工作系统对员工服务创新的影响［J］．管理科学，2019，32（3）：16–27.

［235］齐蕾，刘冰，魏鑫．包容型领导对员工建言行为的双重作用机制研究［J］．商业经济与管理，2019（10）：40–48.

［236］秦芬．新生代员工追随力与工作绩效的关系研究［D］．广州：广东财经大学，2015.

［237］沈蕾，张瑞高，俞林．真诚型领导对员工工作繁盛的影响研究：组织支持感和心理资本的多重中介作用［J］．软科学，2018，32（4）：90–94.

［238］宋继文，等．追随力视角下积极挑战行为的概念与作用机制研究［J］．管理学报，2017，14（10）：1445–1455.

［239］苏屹，梁德智．包容型领导对员工创新行为的影响：基于组织和谐的中介作用及组织创新氛围的调节作用［J］．商业经济与管理，2021（1）：27–36.

［240］谭道伦．金融服务业员工组织支持感、组织认同与员工服务创新行为研究［D］．成都：西南财经大学，2011：59–74.

［241］唐春勇，陈冰，赵曙明．中国文化情境下包容性领导对员工敬业度的影响［J］．经济与管理研究，2018，39（3）：110–120.

［242］唐春勇，马茂华，赵宜萱．基于目标接纳中介作用的包容性领导对员工幸福感的影响研究［J］．管理学报，2018，15（2）：201–208.

［243］唐春勇，潘妍．领导情绪智力对员工组织认同，组织公民行为影响的跨层分析［J］．南开管理评论，2010（4）：115–124.

［244］唐鑫，席燕平．辱虐管理对员工积极追随行为影响的统计检验［J］．统计与决策，2017（16）：106–110.

［245］滕飞．个人组织匹配对新进科研人员工作拖延的影响机制：一个整合模型［J］．软科学，2020，34（5）：82–87.

［246］王辉，常阳．包容性领导与员工创造力：一个被调节的中介模型［J］．湘潭大学学报（哲学社会科学版），2019，43（3）：112–116.

［247］王晓燕，安立仁，顾颖．基于 TPB 理论的追随行为意图的前因与后果

研究：来自企业组织调查数据的实证［J］. 统计与信息论坛，2020，35（5）：77-86.
［248］王项 . 追随的内容结构及与绩效的关系研究［D］. 杭州：浙江大学，2011.
［249］王雁飞，郭湘莹，朱瑜 . 基于资源保存理论视角的组织德性对挑战型组织公民行为影响机制研究［J］. 管理学报，2020，17（1）：50-57.
［250］王雁飞，黄佳信，朱瑜 . 基于认知—情感整合视角的包容型领导与建言行为关系研究［J］. 管理学报，2018，15（9）：1311-1318.
［251］王雁飞，周良海，朱瑜 . 组织支持感知对变革支持行为的影响机理研究［J］. 商业经济与管理，2018（8）：26-35.
［252］魏丽萍，陈德棉，谢胜强 . 从真实型领导到真实型追随：一个跨层次双元中介模型［J］. 科学学与科学技术管理，2018，39（9）：149-164.
［253］吴梦颖，彭正龙，何培旭 . 道德型领导及其追随者：道德信仰的被中介的调节效应研究［J］. 预测，2017，36（2）：1-8.
［254］吴士健，杜梦贞，周忠宝 . 和合文化情境下包容性领导如何影响员工越轨创新行为［J］. 科技进步与对策，2020，37（17）：142-151.
［255］席燕平 . 领导风格、员工追随行为与领导效能关系的实证研究［D］. 北京：首都经济贸易大学，2017.
［256］熊正德，张艳艳，姚柱 . 员工主动性人格对其追随力的影响：基于心理资本中介和变革型领导调节作用的研究［J］. 吉首大学学报（社会科学版），2017，38（5）：43-50.
［257］许晟，曹元坤 ."追随力"三概念探析［J］. 江西社会科学，2012（1）：211-216.
［258］许晟，李元清，曹元坤 . 个体人格特质对追随行为的影响：一个调节的中介模型建构［J］. 中国人力资源开发，2017，2（7）：6-15.
［259］许晟，熊文光，袁庆妃 . 不同组织氛围对追随力的影响：员工情感状态的中介效应［J］. 商业研究，2015（9）：137-142.
［260］许晟，杨同华，郑燕平 . 基于 LMX 调节作用的追随力与领导效能关系研究［J］. 商业研究，2014（1）：87-93.
［261］许晟 . 调节焦点视角员工追随选择分化：前因与后果的影响机制［J］.

心理科学进展，2018，26（3）：400–410.

［262］许晟．追随力：内涵、影响因素及对领导效能的作用机理［D］．南昌：江西财经大学，2013.

［263］亚当·斯密．国富论［M］．唐日松，等，译．北京：华夏出版社，2005：13–15.

［264］闫佳祺，贾建锋，罗瑾琏．变革型领导的跨层级传递与追随力：人力资源管理强度和企业性质的调节效应［J］．科学学与科学技术管理，2017，38（10）：147–157.

［265］杨惠丽．追随力对员工创新行为的影响研究［D］．广州：广东工业大学，2018.

［266］杨仕元，卿涛，岳龙华．从支持感到员工创造力：二元工作激情的联合调节作用［J］．科技进步与对策，2018，35（4）：108–117.

［267］杨皖苏，杨善林，杨希．主动性—被动性员工创新行为：基于分布式领导的作用机制研究［J］．中国管理科学，2020，28（6）：182–192.

［268］姚明晖，李元旭．包容性领导对员工创新行为作用机制研究［J］．科技进步与对策，2014（10）：6–9.

［269］袁凌，刘平，褚昊．领导愤怒表达如何影响员工创新过程投入：一个被调节的链式中介模型［J］．科技进步与对策，2021，38（4）：122–131.

［270］原涛，凌文辁．追随力研究述评与展望［J］．心理科学进展，2010，18（5）：769–780.

［271］马剑．包容型领导与追随行为关系研究：基于组织中认同的多重中介作用分析［J］．辽宁大学学报（哲学社会科学版），2020，48（3）：104–113.

［272］曾之光，任旭林，范于丹．领导部属关系好就能激发下属积极追随?［J］．科研管理，2020，41（2）：257–266.

［273］詹小慧，李群．组织支持感与员工创新绩效：一个跨层次的调节模型［J］．当代经济管理，2020，42（1）：71–77.

［274］张宝燕．变革型领导对下属积极追随行为的影响：信任的中介作用［D］．成都：电子科技大学，2019.

［275］张建平．员工追随力与其工作绩效的关系［D］．广州：广东财经大学，

2016.

［276］张蕾，于广涛，周文斌．真实型领导对下属真实型追随的影响：基于认同中介和组织政治知觉调节作用的研究［J］．经济管理，2012，34（10）：97–106.

［277］张鹏飞，董晓东．技术创新失败挽救中“核心科学家”的行为、特征及管理启示［J］．中国科技论坛，2020（2）：122–132.

［278］张瑞高，沈蕾，俞林．领导—成员关系交往对新生代员工旺盛工作的影响研究：组织支持感的多重中介效应［J］．现代财经，2019，39（2）：101–113.

［279］张新颖．包容型领导对追随行为的影响研究［D］．青岛：青岛理工大学，2019.

［280］张艳艳．主动性人格对员工追随力的影响研究［D］．长沙：湖南大学，2018.

［281］张印轩，等．新生代员工易变性职业生涯态度对创造力的影响：一个被调节的中介模型［J］．科技进步与对策，2020，37（16）：128–134.

［282］章志光，寇彧．社会心理学［M］．北京：人民教育出版社，2019：33–35.

［283］赵慧军，席燕平．员工追随行为结构验证及其对工作绩效的影响［J］．中国人力资源开发，2015（15）：40–46.

［284］赵慧军，席燕平．组织体系中的追随研究述评［J］．首都经济贸易大学学报，2014（6）：104–108.

［285］赵慧军．追随行为的探索性研究［J］．经济与管理研究，2013（4）：106–110.

［286］赵书松，张一杰．绩效考核政治对下级创新行为的影响机制研究［J］．管理学报，2019，16（5）：676–685.

［287］郑泉渊．追随力对员工职业成长的影响及其作用机制研究［D］．厦门：厦门大学，2019.

［288］钟竞，邓婕，罗瑾琏．包容型领导对团队绩效及员工创新绩效的影响：有调节的中介模型［J］．科学学与科学技术管理，2018，39（9）：137–148.

［289］周飞，陈钦兰，何美贤．包容型领导与员工创新行为的关系研究［J］．

科研管理，2018，39（6）：22–29.

［290］周文杰，宋继文，李浩澜．中国情境下追随力的内涵、结构与测量［J］．管理学报，2015，12（3）：355–363.

［291］周文泳，胡璟璟．内在动机及其前因变量和结果变量研究进展［J］．郑州航空工业管理学院学报，2012，30（2）：16–26.

［292］朱金强，徐世勇，张丽华．“宽猛相济”促创新：基于阴阳观的视角［J］．南开管理评论，2018，21（5）：200–212.

［293］朱其训．“包容性增长”实现路径探析：基于“包容性领导”的视角［J］．前沿，2011（23）：8–11.

［294］朱瑜，钱姝婷．包容型领导研究前沿探析与未来展望［J］．外国经济与管理，2014，36（2）：55–64.

［295］朱瑜．团队美德如何影响包容型领导与下属主动行为的关系：一个跨层次研究［J］．商业经济与管理，2019（10）：30–39.

［296］祝振兵，罗文豪，曹元坤．领导会视谁为圈内人？内隐追随与领导成员交换关系研究［J］．科技进步与对策，2017，34（11）：140–146.

［297］祝振兵，占小军，李志成．皮格马利翁理论视角下追随原型与团队创新的关系研究［J］．管理学报，2019，16（10）：1477–1485.

［298］佐藤昌治．授权型领导对绩效和组织公民行为的影响［D］．南京：南京大学，2017.

附录　正式调查问卷

追随行为与衍生创造性工作行为的问卷调查

尊敬的女士 / 先生：

您好！这是一项关于员工追随的研究，非常感谢您抽出宝贵的时间回答下面的问题。答案仅用于学术研究，无对错、好坏之分。问卷采用匿名的形式，数据严格保密，请您放心回答。为了保证本研究的质量，请根据您的真实情况认真填答，请勿遗漏任何一道题目。祝您工作顺利，事业蒸蒸日上！

第一部分　基本情况。请按您的实际情况在相应答案前面的“□”上打“√”。

1. 您的性别：

□男　　□女

2. 您的受教育程度：

□高中及以下　　□大专　　□本科

□硕士　　□博士

3. 您的年龄：

□ 20 岁及以下　　□ 21~30 岁　　□ 31~40 岁

□ 41~50 岁　　□ 51 岁以上

4. 您企业所在的行业：

□ IT　　□地产　　□建筑

□餐饮 □教育 □金融
□制造生产 □化工 □医疗
□通信 □能源 □交通运输
□其他

5. 您企业的性质：

□国有企业 □民营企业 □外资企业
□合资企业 □其他

6. 您企业的人数：

□ 50 人及以下 □ 51~100 人 □ 101~200 人
□ 201~500 人 □ 501~1000 人 □ 1000 人以上

7. 您工作岗位性质：

□管理岗 □技术岗 □营销岗
□服务岗 □文秘 □生产
□财务 □其他岗位

8. 您在目前公司工作年数：

□ 1 年及以下 □ 2~5 年 □ 6~10 年
□ 11~20 年 □ 20 年以上

9. 您的工作职务：

□普通员工 □基层管理者 □中层管理者
□高层管理者 □其他

第二部分　请根据您的切身感受和体会，对下面句子与您真实感受的符合程度做出评定，在相应数字上打“√”。每题有 5 个选项，符合程度由低到高：1= 完全不符合，2= 比较不符合，3= 不确定，4= 比较符合，5= 完全符合。每题只选择一个选项。

题项	您的选择				
	完全不符合	比较不符合	不确定	比较符合	完全符合
【追随行为态度】					
1. 我的领导是一个很有战略能力的领导	1	2	3	4	5

续表

题项	您的选择				
	完全不符合	比较不符合	不确定	比较符合	完全符合
2. 与我的领导一起工作会取得很好的工作成绩	1	2	3	4	5
3. 我的领导是一个有人文关怀的人	1	2	3	4	5
4. 与我的领导一起工作我会心情愉快	1	2	3	4	5
5. 我的领导有很好的工作经验	1	2	3	4	5
6. 与我的领导一起工作我会很快提升能力	1	2	3	4	5
7. 我的领导有很好的社会关系网络	1	2	3	4	5
8. 与我的领导一起工作，我的交往圈子扩大且能力得以提升	1	2	3	4	5
【感知追随行为主观规范】					
9. 我的家人（特别是父母）希望我在组织中听从领导，有好的绩效	1	2	3	4	5
10. 我的父母是有经验的人，他们要求我听从领导是为了我好	1	2	3	4	5
11. 同事们都对领导表现出追随并积极工作	1	2	3	4	5
12. 我如果不追随领导，就有可能被轻视或被视为没有上进心，有可能在竞争中失利	1	2	3	4	5
13. 领导很器重我，希望我跟随他（她）努力工作	1	2	3	4	5
14. 我如果不配合领导工作，在各方面的发展都会受到影响	1	2	3	4	5
【感知追随行为控制】					
15. 我是有能力的人，我的工作得到领导的认可与重用	1	2	3	4	5
16. 只要我努力工作就可以达到工作目标	1	2	3	4	5
17. 我一般情况下会很好地理解领导的意图	1	2	3	4	5
18. 我与领导有很好的沟通，理解领导的要求不难	1	2	3	4	5
19. 我可以控制我的情绪，即使有时任务困难我还是设法完成	1	2	3	4	5
20. 在过去，我能很好地完成领导交给我的任务	1	2	3	4	5
【追随行为意图】					
21. 与我的领导一起工作是我的最大愿望	1	2	3	4	5

续表

题项	您的选择				
	完全不符合	比较不符合	不确定	比较符合	完全符合
22. 我的领导安排的工作我很乐意完成	1	2	3	4	5
23. 与我的领导一起工作时我愿意贡献我的才智	1	2	3	4	5
24. 在本单位工作能实现我的人生目标	1	2	3	4	5
25. 总体上讲，我愿意在我的领导指导下努力工作	1	2	3	4	5
【积极参与追随行为】					
26. 我个人的工作目标和公司的首要目标相一致	1	2	3	4	5
27. 我对工作和公司充满热情，愿意为其付出最大的努力	1	2	3	4	5
28. 当开始一项新的工作或任务时，我会迅速在一些领导看重的任务中取得成功	1	2	3	4	5
29. 我的领导可以无须过多监督，就将一项困难的任务交给我；他相信我不仅能高质量地完成，必要时还能弥补一定的缺陷	1	2	3	4	5
30. 即使我不是团队项目的领导者，我仍然会积极贡献，并超额完成任务	1	2	3	4	5
31. 即使得不到任何好处，我仍然会主动帮助同事使他们变得更好	1	2	3	4	5
【非盲从追随行为】					
32. 我是在自己的人生目标和梦想指引下工作的	1	2	3	4	5
33. 与完全等候或仅接受领导的指示相反，我会自己判断哪些活动对实现公司目标最关键	1	2	3	4	5
34. 我会独立地想出并坚持那些对实现领导或公司目标很重要的新想法	1	2	3	4	5
35. 我会尽量独立解决难题（技术方面或组织方面），而不是让领导解决	1	2	3	4	5
36. 我会主动坦白自己的优点和缺点，而非避而不谈	1	2	3	4	5
【激进创造性工作行为】					
37. 我一般不墨守成规，而是视情境去改变工作方式	1	2	3	4	5
38. 如果能发现全新的工作方法，我会在工作中进行尝试	1	2	3	4	5

续表

题项	您的选择				
	完全不符合	比较不符合	不确定	比较符合	完全符合
39. 我经常会产生一些新的想法，并设法将其用在工作中	1	2	3	4	5
40. 我会积极地制订适当的计划来实现我工作的全新思路	1	2	3	4	5
【渐进创造性工作行为】					
41. 在工作中我会对现行的工作方式或流程稍做改进	1	2	3	4	5
42. 我认为进行增量改进，修改完善工作方法是明智的	1	2	3	4	5
43. 我非常善于调整已经存在的工作思路，对流程进行优化	1	2	3	4	5
44. 在工作中我常常修改已经存在的或现有的工作方式，以适应当前的需要	1	2	3	4	5
【非创造性常规工作行为】					
45. 我一般情况下会严格按照现有的工作方式完成工作	1	2	3	4	5
46. 我认为如果采用一种新的工作方式而导致工作目标不能完成就得不偿失	1	2	3	4	5
47. 如果没有特别的激励，我宁愿采用现成的工作流程	1	2	3	4	5
48. 我认为采用已有的工作方式更为安全可靠	1	2	3	4	5
【组织支持感】					
49. 公司关心我的福利	1	2	3	4	5
50. 公司重视我的贡献	1	2	3	4	5
51. 公司尊重我的观点和意见	1	2	3	4	5
52. 当我在工作中遇到困难时，公司会帮助我的	1	2	3	4	5
53. 当我在生活上遇到困难时，公司会尽力帮助我的	1	2	3	4	5
54. 公司尊重我的目标和价值	1	2	3	4	5
55. 公司会原谅我的无心之过	1	2	3	4	5
56. 公司关心我的个人发展	1	2	3	4	5
57. 公司在意我的个人感受	1	2	3	4	5

续表

题项	您的选择				
	完全不符合	比较不符合	不确定	比较符合	完全符合
58. 公司为我提供良好的工作环境和条件设施	1	2	3	4	5
59. 公司为我提供工作所需的人员和信息支持	1	2	3	4	5
60. 公司为我提供工作所需的培训或相关支持	1	2	3	4	5
【包容型领导】					
61. 领导愿意倾听新的观点	1	2	3	4	5
62. 领导能留意新的机会，从而改进工作进程	1	2	3	4	5
63. 领导愿意讨论期待的目标以及达到目标的新途径	1	2	3	4	5
64. 领导鼓励我在出现新问题、失败或错误时找他（她）	1	2	3	4	5
65. 领导可以被找来讨论新出现的问题	1	2	3	4	5
66. 如果有问题或工作不顺利时，随时可以找领导咨询	1	2	3	4	5

请检查一下是否有漏选的题目，谢谢您的支持！